Silberburg-Verlag

Hermann G. Abmayr

Wir brauchen kein Denkmal

Willi Bleicher: Der Arbeiterführer und seine Erben

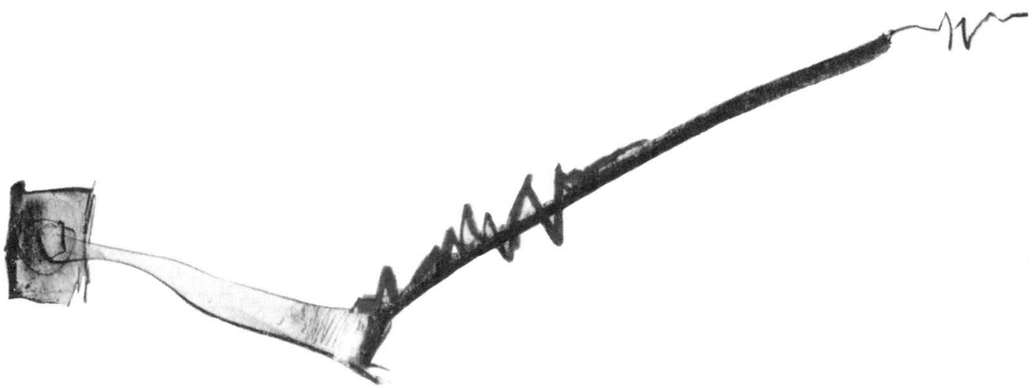

Inhalt

Hermann G. Abmayr, Stuttgart, ist Journalist, Film- und Buchautor

Er verstand es immer wieder, durchzuhalten: Willi Bleicher in Schauspielerpose – und an der Spitze eines Demonstrationszuges (Seite 7, rechts)

Kein Partei-Historiker kann den Querkopf aus Stuttgart für sich vereinnahmen

Denkmäler sind dazu bestimmt, eingerissen zu werden

»Wir brauchen kein Denkmal«, erklärte mir ein früherer Genosse von Willi Bleicher. Denn Denkmäler seien dazu bestimmt, eines Tages wieder eingerissen zu werden. In den siebziger und achtziger Jahren wurde dem Stuttgarter Arbeiterführer ein Glorienschein verpaßt. Die einen haben Legenden gestrickt, die anderen haben sich ausgeschwiegen, weil Bleicher, ein Mann mit Widersprüchen, nicht in ihr Weltbild paßte.

Bleichers Leben ist von Tiefschlägen und Niederlagen geprägt. Er verstand es immer wieder, durchzuhalten, aufzustehen, von vorn zu beginnen. Er paßt in kein Schema. Er konnte rücksichtslos sein gegen sich und andere, aber er hat seine Sensibilität bewahrt. Als Linker forderte er äußerste Disziplin, doch selbst handelte er gern spontan, ließ sich von seinem Gefühl leiten.

Ich habe nicht über den Metaller Willi Bleicher geschrieben, sondern über den Menschen und den »homo politicus«. »Wir brauchen kein Denkmal« ist nicht die Fleißarbeit eines Historikers, sondern das Buch eines Journalisten, der Akzente setzt. Ich wollte weder die Geschichte der IG Metall in Baden-Württemberg schreiben noch die Tariferfolge der Südwest-Metaller würdigen. Ich behandle die beiden großen Arbeitskämpfe 1963 und 1971.

Trotz großer Unterschiede haben Bleichers Erben eines gemeinsam: Sie sehen in ihm ein Vorbild. Willi Bleicher war ein »Königsmacher« in der IG Metall. Ohne ihn wären Eugen Loderer, Hans Mayr und Franz Steinkühler vermutlich nicht Gewerkschaftsvorsitzende geworden. Aus Bleichers Umfeld stammen die baden-württembergischen DGB-Landesvorsitzenden Karl Schwab, Lothar Zimmermann (beide wechselten später zum DGB-Bundesvorstand) und Siegfried Pommerenke. Die Stuttgarter IG-Metall-Bezirksleiter Ernst Eisenmann und Walter Riester sind von ihm stark beeinflußt worden. Das gilt auch für viele andere haupt- und ehrenamtliche Gewerkschaftsfunktionäre – vor allem in Baden-Württemberg.

Ich habe mich bemüht, ein spannendes Buch zu schreiben und die nötige Distanz zu Bleicher und seinen Erben zu bewahren. Die ersten Kapitel kann und möchte ich keinem Leser ersparen. Beim Rest des Buches darf auch geschmunzelt werden, denn Willi Bleicher und seine Vita haben auch heute noch Unterhaltungswert.

In der zweiten Auflage wurden Satz- und Flüchtigkeitsfehler korrigiert. In die Zeittafel und im entsprechenden Kapitel habe ich Bleichers Kandidatur für die Verfassunggebende Landesversammlung 1946 neu aufgenommen.

Stuttgart, im Oktober 1992
Hermann G. Abmayr

Jugend der I.G. Metall
BISCHOFF

Das Konzentrationslager verfolgt Willi Bleicher das ganze Leben lang

Aber das alles war nur der Vorhof der Hölle

Stuttgart, Oktober 1977, Hotel Graf Zeppelin: Hier hatte Willi Bleicher noch sechs Jahre zuvor mit den Metallunternehmern um Lohnprozente gestritten. Jetzt feiert man seinen siebzigsten Geburtstag. Unter den Gästen: Gewerkschaftsprominenz, ehemalige Häftlinge aus dem KZ Buchenwald, Freunde, Angehörige.
Das »Milieu dieses Raumes« liege ihm nicht, sagt der Jubilar, es sei das »unserer Gegner«. Bleicher bedankt sich für die Glückwünsche und für die vielen Blumensträuße. Er legt die Blumen »im Geiste«, sagt er und zögert, »im Gedenken an ...«, setzt er fort, schluckt und hantiert nervös mit den Zetteln auf dem Rednerpult. Sein Gesicht verzerrt sich leicht, er will den Satz zu Ende bringen: »... im Gedenken an all die Toten ...«, die Stimme wird zittrig, »... insbesondere an meine Kameraden aus Buchenwald auf ihr Grab.« Seine Augen sind glasig geworden. Leise und fast schon im Gehen hat er den Satz abgeschlossen.

Bis an sein Lebensende hat Willi Bleicher das KZ verfolgt, auch wenn er es sich meist nicht anmerken ließ. Bei seinem siebzigsten Geburtstag konnte Bleicher den Schmerz und die Erinnerung jedenfalls nicht mehr unterdrükken. Hier spielte er nicht den »eisernen Willi«, der die Interessen der Metaller mit Härte und Zähigkeit vertritt. Hier zeigte er nicht seine harte Schale, sondern seinen weichen Kern, einen Kern, der während der Nazi-Zeit furchtbar verletzt wurde.
Niemand weiß, woran Bleicher am Schluß seiner Dankesrede genau gedacht hat. War es der Buchenwald-Kamerad, der lieber sterben wollte als unter Folter die Kameraden zu verraten? Oder waren es Häftlinge, die bei einem Todesmarsch noch kurz vor der Befreiung 1945 jämmerlich zugrunde gingen?

Im Laufe von acht Jahren haben die Nazis in Buchenwald über 200 000 Menschen eingesperrt, mehr als 50 000 haben den Lagerterror nicht überlebt. Auch starke Persönlichkeiten, wie Willi Bleicher, wurden bis an ihr Lebensende von den schrecklichen KZ-Erinnerungen verfolgt. Die Gäste der Geburtstagsfeier im Hotel Zeppelin wußten es, doch Unbeteiligte können bestenfalls ansatzweise nachvollziehen, wie es den Häftlingen tatsächlich erging.

40 Jahre vorher ahnt Willi Bleicher noch nicht, wie brutal der Nazi-Terror werden sollte. Er sitzt im Gefängnis. Im Sommer 1938 hofft er, nach 32 Monaten Haft, endlich wieder zu seiner Freundin Helene Beck und seiner Familie zurückkehren zu können. Doch nach der Entlassung bringt man ihn in »Schutzhaft« ins rund 30 Kilometer entfernte Konzentrationslager Welzheim. Schon bei der Einlieferung in das alte Arrestgebäude wird er fürchterlich verprügelt. Er muß Zellen saubermachen, mit einem Streichholz die Bodenritzen

auskratzen. Putzen, Hiebe, putzen, Fußtritte. Eine Schikane nach der anderen.
Einziger Lichtblick: Er trifft seinen Jugendfreund und Nachbarn aus dem Stuttgarter Stadtteil Luginsland Frieder Schlotterbeck. Die beiden »telefonieren« über den Ausguß von Zelle zu Zelle und nutzen jede Gelegenheit, um sich zu unterhalten. Bleicher kann von zu Hause erzählen, denn die Mutter, die Schwester und die Freundin hatten ihn im Gefängnis besucht und oft geschrieben.

KZ-Häftling Schlotterbeck hat eine Art Kapo-Funktion in der Schreinerei des Lagers. Willi Bleicher war früher oft bei ihm und seiner Familie. Jetzt denkt er wieder an seine Kindheit und die Jugend in Luginsland. Er mochte die Familie Schlotterbeck; Vater Gotthilf war weniger streng als der eigene Vater. Bei den Nachbarn herrschte ein rauher, aber freundlicher Ton. »Da waren die Kinder eingebettet in Liebe, in Fürsorge und Geduld«, erinnert sich Bleicher. Das war anders als bei ihm zu Hause. Bei den Schlotterbecks diskutierten die Eltern und die Kinder miteinander, »und die Mutter hatte auch etwas zu sagen«.[1]
Bei Wanderungen auf die Schwäbische Alb durfte der junge Willi mitgehen. Gotthilf Schlotterbeck erklärte dann den Gesteinsaufbau. Und wenn er an einem Fahrrad bastelte, erläuterte er den Buben die technischen Funktionen.
Willi Bleicher kannte den Unterschied zwischen Sozialdemokraten und Kommunisten noch nicht, doch was die Nachbarn da vorlebten, imponierte ihm. Der damalige Schreinerlehrling Frieder Schlotterbeck war bereits Mitglied beim »Kommunistischen Jugendverband Deutschlands« (KJVD). Mit ihm ist Willi Bleicher zu den ersten Versammlungen gegangen. Jetzt treffen sich die beiden wieder. Sie sind ihrer Sache treu geblieben, sind nicht umgekippt wie so mancher Genosse. Sie hatten versucht, Widerstand gegen das Nazi-Regime zu leisten. Vergeblich.

Nach einigen Wochen im KZ Welzheim wird Willi Bleicher entlassen. Man bringt ihn nach Stuttgart. Er ist voller Hoffnung, überzeugt, daß er jetzt tatsächlich frei sein wird. In der Mittagszeit fährt der Wagen durch Waiblingen. Arbeitermädchen sitzen in der Sonne und essen ihr Vesperbrot. »Ich hatte mächtig Hunger damals«, berichtet Bleicher. »Ich freute mich schon auf Pfannkuchen und Salat, wenn ich heimkomme.« Bleicher nahm an, daß er am Hauptbahnhof in Stuttgart entlassen würde. Aber im Polizeigefängnis in der Landeshauptstadt teilt ihm der Wachtmeister mit, daß er nach Buchenwald komme. Keine Begründung, keine Angaben über die Dauer. Bleicher kann sich von dem 1937 auf dem Ettersberg bei Weimar errichteten Konzentrationslager keine Vorstellung machen. Er denkt, er hätte »alle Leidensstationen der Hölle hinter sich, aber das alles war nur der Vorhof«. Die »Hölle« sollte er erst in Buchwald kennenlernen.

15. Oktober 1938, Ankunft am Bahnhof in Weimar: SS-Männer stehen da – mit Stahlhelm, das Gewehr im Anschlag. Auf einem Pritschenwagen werden die Gefangenen nach Buchenwald gefahren. »Wer spricht, wird erschossen«, drohen die SSler.
In der Aufnahmebaracke heißt es: »Aufstellen! In Reih und Glied! Gesicht zur Wand! Hände hoch – auf dem Nacken zusammenlegen!« Befragungen, Stockhiebe, Tritte in die Hoden. Ein Kopf knallt gegen die Wand. Der Häftling hatte eine falsche Antwort gegeben. Er sei Friseur, beteuert er erneut. Wieder bekommt er Prügel. »Du bist Landstreicher von Beruf«, erklären die Nazis, »du bist arbeitsscheu, und deshalb bist du hier.« Bleicher muß es mitansehen.

Die Neuen gehen durchs Lagertor. »Jedem das Seine«, steht da zu lesen. Der Lagerälteste, der Chef der von der SS eingesetzten Selbstverwaltungsorgane der Häftlinge, brüllt sie an. Das Lager sei weder ein Sanatorium noch ein Zuchthaus. Wer das Leben hier nicht aushalte, möge in den Drahtzaun gehen, der elektrisch geladen sei: »In einer Sekunde ist dann alles vorbei.« Die Verwaltung der Häftlinge steht damals unter dem Kommando der »Grünen«. Auf ihrer Jacke tragen sie ein grünes Stoffdreieck – das Symbol für die Kriminellen.

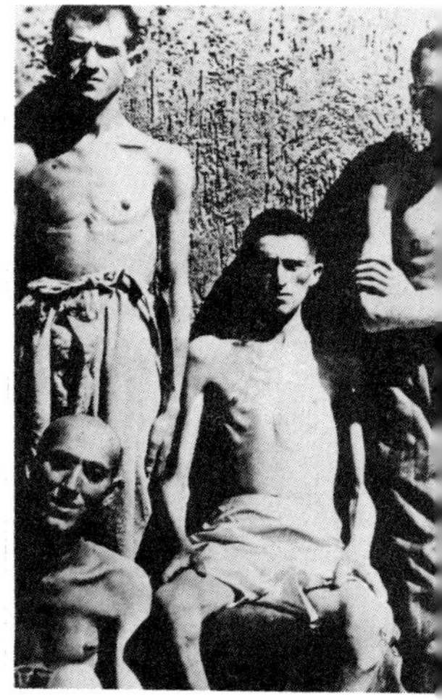

»Das Lager ist kein Sanatorium«: KZ-Häftlinge in Buchenwald

»Und jetzt linksum, marsch, marsch«, schreit der Lagerälteste, »den Appellplatz hinunter!« Die Häftlinge rennen über das Gelände, das eher einer Baustelle gleicht. Nur einer bleibt zurück; er hinkt. Bleicher denkt nicht lange nach, er greift ihm unter den Arm und läuft mit ihm weiter. Das hätte ihm eine Tracht Prügel einbringen können, doch Bleicher handelt einfach. »Ich habe auch damals gespürt, daß man in keinem Augenblick das Gefühl für Humanität und Hilfsbereitschaft verlieren darf«, erklärt er nach 1945 häufig.

In der Effektenkammer müssen die Häftlinge ihre Habe abgeben. Im Bad werden die Kopf- und Schamhaare geschnitten. In der »Desinfektion« muß Willi Bleicher in eine Brühe steigen, auf der Haare und sonstiger Unrat schwimmen. Letzte Station: Schreibstube. Der Mann aus Stuttgart wird registriert, bekommt die Häftlingsnummer 1162.

Der wichtigste Freund im Lager: Robert Siewert

Willi Bleicher kommt in Block 37. Der Blockälteste empfängt ihn freundlich; er trägt das rote Dreieck der politischen Häftlinge. Bleicher kann aufatmen. Erste Ratschläge: Nicht auffallen beim Bettenbau, denn sonst müsse der ganze Block dafür büßen. Der Blockälteste erklärt dem Neuen, wie das Bett und der Spind frühmorgens verlassen werden müssen. Der Strohsack muß gerade und scharfkantig daliegen. Keine Falte darf zu sehen sein. Schlimmer als preußischer Kasernendrill.

»Wo kommt du her? Weshalb bist du eingesperrt?« fragt der Blockälteste.
»Wegen Vorbereitung zum Hochverrat«, sagt Bleicher.
»Bist du Sozialdemokrat, oder bist du Kommunist?«
Bleicher erklärt, er sei aus der KPD ausgeschlossen worden und habe für die Kommunistische Partei-Opposition, die KPO, gearbeitet.
Bleicher ist im KZ Buchenwald der erste »Rote« aus Württemberg; er kennt niemanden. Aber er spürt die Solidarität im Lager, »riecht«, daß es unter den politischen Gefangenen ein System von Kontakten gibt. Noch am selben Abend kommt der Häftling Robert Siewert mit einem halben Laib Brot zu ihm. Siewert gehörte der Reichsleitung der Oppositionskommunisten in Berlin an. Noch weiß Bleicher nicht, daß der KPO-Mann einer seiner wichtigsten Freunde und Leidensgefährten im Lager werden wird. Gleich in den ersten Wochen treffen sich die beiden immer wieder am Abend nach der Arbeit.

Mit der Zeit wird Bleicher von den politischen Häftlingen akzeptiert. »So bin ich dann in den Kreis aufgenommen worden und mußte mich bewähren«, erinnert er sich. Niemand habe sich dabei verstellen können. »Da mußt du teilen, da gehst du mit auf den Lokus, da gehst du mit in den Schlafraum, da gehst du mit in den Waschraum – alles wird unter der Kontrolle der Kumpels gemacht. Und da messen sie dich, ob du ein Kerl bist, der teilen kann, der hilfsbereit ist.« Und schnell hatte man erkannt, ob einer verzweifelt oder ideologisch gefestigt war.

Willi Bleicher muß im Straßenbaukommando arbeiten, dem viele Roma und Sinti angehören. Seinen ersten Arbeitstag in Buchenwald wird er nie vergessen: Früh um fünf Uhr stehen die Häftlinge auf; nach dem Morgenappell marschieren sie etwa fünf Kilometer lang in Richtung Weimar zu ihrem Arbeitsplatz. Es ist noch dunkel. Plötzlich reißt ein Wachposten einem jungen Roma die Mütze vom Kopf und schmeißt sie weg. Der Junge ahnt nichts und will sie zurückholen. Schon knallt es, und er liegt tot da. Auf der Flucht erschossen, wird es später heißen. Der Wachposten wird belobigt und bekommt einen Tag Extra-Urlaub.
Das Kommando baut die Straße von Weimar nach Buchenwald und verlegt die Wasserleitung. Bleicher muß den Graben ausheben und Steine auf einen Wagen laden. Der österreichische Häftling neben ihm schafft es nicht. Der SS-Posten treibt ihn an. Bleicher will helfen. »Bleib weg, Kerl!« ruft der Posten. »Er lädt die Steine, bis er kaputt ist.« Er sei Offizier gewesen, sagt der Österreicher, und mit hohen Auszeichnungen aus der Armee ausgeschieden. Weil er im Ersten Weltkrieg am Rücken verwundet worden sei, könne er die schweren Brocken nicht heben. Erst jetzt gibt der SS-Mann nach.

»Nicht das Gefühl für Hilfsbereitschaft verlieren«: Ankunft in Buchenwald

Gegen 18 Uhr marschieren die Häftlinge wieder zurück ins Lager. Jeder muß einen großen Stein auf den Schultern hochschleppen, damit der Appellplatz gepflastert werden kann. Nach dem Nachtessen heißt es Bäume schleppen. Sieben Tage in der Woche; nur einmal im Monat haben die Gefangenen sonntagnachmittags frei.

Die Häftlinge seien oft so lange drangsaliert worden, bis sie aufgaben, sich erhängten oder in den elektrischen Zaun liefen, erzählt Willi Bleicher. Als er selbst einmal beim Straßenbau haufenweise Kies schaufeln muß, glaubt ein Oberscharführer, endlich sein Opfer gefunden zu haben. Direkt hinter dem Kieshaufen stehen die Wachposten. Der SS-Mann sieht, wie sich Bleicher abmüht, daß er seine Arbeit nicht schafft, daß er jeden Moment aufgeben müßte. Todesängste. Bleicher mobilisiert seine letzten Kräfte; er hält durch. Schikane gehört zu seinem täglichen Leben. »Wenn es regnete, wurden wir in unseren Drillichanzügen patschpudelnaß. Und dann kam der Abendappell. Der dauerte manchmal Stunden. Wenn etwas nicht stimmte, wenn zum Beispiel einer durchgedreht war – das kam allerdings selten vor – oder wenn einer irgendwo in der Ecke Selbstmord verübt hat, dann mußte der erst gesucht werden. Und bis er gefunden war, mußte das ganze Lager stehen.« Da war es keine Seltenheit, daß der Vordermann oder der Nebenmann vor Entkräftung zusammenbrach.

Gelegentlich wird Willi Bleicher später zu Sonderarbeiten vergattert. Als der besonders brutale und korrupte Lagerkommandant Karl Koch zusammen mit seiner Frau Ilse im Februar 1942 ins Konzentrationslager Maidanek bei Lublin umzieht, muß Bleicher mit einigen Kameraden beim Packen helfen. Dabei geht eine Tasse zu Bruch. Ilse Koch, die berüchtigte »Kommandeuse von Buchenwald«, läßt den Verantwortlichen bestrafen. Bleicher muß auf den Bock: 15 Stockhiebe. Abends zeigt er einigen Mithäftlingen sein Hinterteil. Es ist mit blauen Striemen überzogen.
Ständig wird er Zeuge der sadistischen Praktiken der SS. Das beginnt beim Schuhputzen. Da läßt sich ein Scharführer von einem jüdischen Häftling die Stiefel glänzen und drückt ihn dann so lange in eine tiefe Pfütze auf dem Platz, bis der Mann erstickt. Eines von vielen Beispielen. Bleicher sieht sie sein Leben lang immer wieder vor seinem inneren Auge.

Kurz nach dem Krieg wird Willi Bleicher öffentlich über seine Erlebnisse im KZ berichten. Er spricht im Stuttgarter Stadtteil Degerloch bei einer großen Versammlung. Doch die Leute halten seine Schilderungen für übertrieben. Ungläubig schauen sie den Referenten an, ziehen die Mundwinkel herunter, rümpfen die Nase. Spöttisches Grinsen muß sich Bleicher ansehen. Er registriert es genau. 20 Jahre lang wird er deshalb nicht mehr vor einer größeren Öffentlichkeit über Buchenwald sprechen.

Immer wieder berichtet er später auch über die Degerlocher Versammlung: »Die Leute konnten gar nicht fassen, was ein Mensch alles auszuhalten imstande ist. Meine Zuhörer damals waren ja fast alle ehemalige Soldaten, die im Feld gestanden hatten und in der Kriegsgefangenschaft waren. Sie verglichen nun ihr Schicksal mit dem meinen und sagten, wenn das alles wahr wäre, was ich erzählte, könnte ich nicht mehr leben.« Denn Kriegsgefangene hätten unter solchen Umständen auch nicht überlebt. Bei den Landsern im Feld sei »mehr oder weniger jeder sich selbst der Nächste gewesen. Bei uns war das anders. Wir brachen das Stück Brot mit dem Hungrigen, und wir versuchten, dem Schwachen Halt zu geben«.

Aber auch die »ideologische Klarheit« habe den Häftlingen Halt gegeben. »Wir hofften, daß der Faschismus eines Tages untergehen werde, und das hielt uns aufrecht. Unsere Hoffnung ging in Erfüllung, während die des Landsers, nämlich den Krieg zu gewinnen, zuschanden wurde. Er stand am Kriegsende vor einem Scheiterhaufen und mußte begreifen, daß alle Opfer und sein Einsatz an Leben sinnlos waren, daß seine Heimat zerstört und die Familie zerrissen war.«

Willi Bleicher empfindet Solidarität im Konzentrationslager »als etwas Herrliches«. Die politischen Häftlinge sprechen sich nicht als Genossen an, sondern als »Kumpel«. Das ist nicht nur eine Vorsichtsmaßnahme. Bleicher: »Der Kumpel im Bergwerk steht ständig mit dem Tod auf du und du«, und deshalb bedeute dieser Begriff mehr als das Wort Genosse.

»Wir hofften, daß der Faschismus eines Tages untergehen werde«: Stube im KZ Buchenwald

Nach etwa zwei Monaten harter Arbeit im Straßenbau kommt Willi Bleicher für einige Zeit zu den Dachdeckern, die für den Bau der SS-Häuser zwischen Weimar und Buchenwald eingesetzt werden. Er hat Glück, denn die Arbeit ist leichter; der Kapo ist zwar ein »Grüner«, aber dennoch ein »anständiger Kerl«.

Anläßlich des fünfzigsten Geburtstags von Adolf Hitler werden in Buchenwald etwa 2300 Häftlinge entlassen, vorwiegend sogenannte Asoziale, doch auch Politische sind darunter, zum Beispiel der Kapo der Effektenkammer. Eine Schlüsselposition, die immer von den Häftlingen mit dem roten Winkel eingenommen wurde, ist damit frei geworden. Ein Kommunist aus Oberschlesien, der polnisch, russisch und deutsch spricht, erhält das Amt. Ein »Prachtskerl«, erinnert sich Willi Bleicher, der zur gleichen Zeit in das Kommando kommt. Vermutlich hatten politische Häftlinge ihn empfohlen.

In der Effektenkammer muß Willi Bleicher das Eigentum der Gefangenen aufbewahren, Kleider, Wertgegenstände oder Papiere. Alles wird in einen Sack gesteckt und samt Mottenkugeln an der Decke aufgehängt. Bleicher legt Wert auf äußerste Korrektheit. Der neue Kapo der Effektenkammer wird – eine seltene Ausnahme – noch nach Kriegsbeginn entlassen. Ein SS-Arzt hatte sich für ihn eingesetzt, der dafür reichlich Gold und Edelsteine bekam, erinnert sich Willi Bleicher, der jetzt die Nachfolge übernimmt.

In Zusammenarbeit mit den Kumpels der Bekleidungskammer gelingt es Bleicher und seinem Kommando, Bedürftigen mit Unterwäsche oder Schuhen zu helfen. Das sind besonders die Zugänge aus Polen oder der Sowjetunion, später die aus westlichen Ländern. Die Gegenstände müssen unauffällig aus den Säcken verstorbener Kameraden entnommen werden.

Als einmal die Häftlingskleidung ausgeht, schickt die SS aus Auschwitz Zivilsachen von Menschen, die dort vergast worden waren. Manchmal ist in die Kleidungsstücke Geld oder Schmuck eingenäht. Dieses Geld benutzen die Häftlinge zum Teil dazu, andere zu unterstützen, ihnen zum Beispiel etwas zum Essen zu kaufen. Gleichzeitig kann das SS-Personal bestochen werden. Mancher Scharführer der SS langt schon bei der Abgabe der Effekten zu, wenn er Geld, Goldringe oder andere Wertsachen sieht. Der Mann wird damit teilweise abhängig von den Häftlingen der Effektenkammer, die ihn beobachten.

Willi Bleicher erlebt die ersten Judentransporte: »Es waren alles reiche Juden aus der Gegend von Frankfurt und Mannheim. Juden, die alle ihre Auswanderungsanträge in der Tasche hatten.« Sie seien in Omnibussen gekommen und hätten gedacht, sie kämen in Buchenwald in ein Auswanderungslager. Und dann der Empfang der SS: »Das war ein Schlagen und Prügeln; die Juden hatten Banknoten bei sich, Juwelen, was sie eben an Wertgegenständen hatten. Sie waren ja aufgefordert, alle Wertgegenstände mitzunehmen. Da flogen die Geldscheine herum. Die Juden wurden mit Ausdrücken empfangen wie ›du Judensau‹, ›du Dreckschwein‹ oder ›euch Banditen reißen wir den Arsch auf‹.«
Bleicher ist auch für die Abfertigung der Juden in der Effektenkammer zuständig. Sein Aufseher ist damals ein SS-Oberscharführer, den die Häftlinge Thommy nennen. Bleicher hält ihn für einen »recht anständigen Kerl«, der nur ein Interesse hat: Er will nach oben nicht auffallen. Thommy hat ein gutes Verhältnis zu Lagerkommandant Karl Koch und seiner Frau Ilse. Die beiden sind scharf auf teure Uhren, Schmuck oder Pelze. Das nutzen die Gefangenen, um das Ehepaar über Thommy als Mittelsmann zu korrumpieren. So können sie auf Entscheidungen der SS Einfluß nehmen.

Zwar war es ein Ziel der Politischen, unter den Häftlingen die Korruption zu bekämpfen, ganz unterbinden konnten sie dies aber nicht. Vor allem die Kriminellen versuchten, sich auf Kosten anderer zu bereichern. Als die »Grünen« noch die meisten Kommandos führten, war dies besonders schlimm. Doch auch mancher Funktionsträger unter den politischen Häftlingen hat seine Macht mißbraucht, berichtet Eugen Kogon, der ebenfalls Häftling in Buchenwald war, in seinem Buch »Der SS-Staat«. Manche Nutznießer hätten »ein Leben wie die Barone geführt, während ihre Kameraden zu Hunderten starben«.

Bleicher hat in der Effektenkammer auch Zugang zu bestimmten Papieren der Ankömmlinge. Er weiß, warum einer eingeliefert wurde. Er kann die Anklageschrift und das Urteil von Genossen lesen, die aus dem Zuchthaus kommen, berichtet er. Das ist wichtig für die illegalen Strukturen im Lager, denn so hat man die Möglichkeit, die Häftlinge besser einzuschätzen.
Bald trifft Bleicher frühere Genossen aus Württemberg. Im September 1939 kommt Ludwig Becker, den Bleicher seit Ende der zwanziger Jahre kennt. Die Kommunisten hatten den Landtagsabgeordneten 1929 aus der KPD ausgeschlossen. Bis 1933 war Becker Bevollmächtigter des Deutschen Metallarbeiterverbandes (DMV) in Schwenningen und Vorsitzender der Naturfreunde in Württemberg, einer Industriestadt in Südwürttemberg, gewesen. Den 15 Jahre jüngeren Bleicher hat er zuletzt im Frühjahr 1933 gesehen. Damals brachte er ihn über die »grüne Grenze« in die Schweiz. Nach dem Überfall auf Polen hatten die Nazis Becker und andere ehemalige Funktionäre der Arbeiterbewegung in »Schutzhaft« auf den Asperg bei Ludwigsburg gebracht. Von dort aus kam er nach Buchenwald.

Wenige Tage später sieht Bleicher seinen Stuttgarter Genossen Eugen Ochs. »Es gab eine herzliche Begrüßung«, berichtet Eugen Ochs, der aus dem KZ Dachau kam. Er muß in der Strafkompanie arbeiten, wird schlecht verpflegt. Eines Sonntagmorgens marschiert sein etwa 20 Mann starkes Kommando durch die Lagerstraße in Richtung Wald, um Bäume zu schleppen. Willi Bleicher geht zum Kapo, der ebenfalls ein »Roter« ist. Bleicher nennt zwei Häftlingsnummern. Beide müßten mitkommen in die Effektenkammer, da in ihren Effekten etwas nicht stimme. Die drei gehen dann allerdings nicht in die Effektenkammer, sondern zu Block 37. Hier gibt ihnen Willi Bleicher zur Stärkung drei Schläge Kartoffelsuppe.

Drei Schläge Kartoffelsuppe zur Stärkung: Jugendgenosse Eugen Ochs

Briefe von der Mutter (Mitte) und der Schwester (mit Kind); rechts Freundin Helene mit Willi Bleicher (verdeckt) – in besseren Zeiten

Gemeinsame Spaziergänge: Willi Bleicher als junger Mann

Später kommt auch Ochs in ein erträglicheres Kommando, in die Häftlingsküche. Er trifft sich jetzt mit Bleicher und Becker für einige Zeit fast jeden Abend zum Spaziergang. Hier informieren sie sich gegenseitig über die Neuheiten im Lager, diskutieren über ihre illegale politische Arbeit seit 1933 und über das, was kommen wird. Doch die Möglichkeiten, sich zu treffen, werden für Bleicher immer seltener. Die Transporte von und nach Buchenwald nehmen so stark zu, daß kaum mehr Zeit bleibt.

Inzwischen haben die politischen Häftlinge die meisten Lagerfunktionen übernommen. Der Einfluß der Kriminellen ist stark zurückgegangen. Doch dann ändert sich die Führung des Lagers. Der Kampf zwischen den »Grünen« und den »Roten« beginnt erneut. Die »Grünen« werfen den Politischen vor, sich illegal zu organisieren und Feindsender zu hören. Tatsächlich haben sie selbst in einem Kanalschacht einen Kurzwellenempfänger aufgestellt und verbreiten Meldungen aus dem Ausland über »grüne« Lagerspitzel unter den »Roten«, um sie dann zu denunzieren.

Etwa 50 Häftlingsfunktionäre mit rotem Winkel werden jetzt abgelöst und in Strafkommandos geschickt. Willi Bleicher kommt in die Gärtnerei, das gefürchtetste Kommando neben dem Steinbruch; er muß Latrinen tragen. Die Häftlinge haben dem Kommando deshalb die Nummer 4711 gegeben.

Obwohl bei den »Roten« tatsächlich Feindsender gehört werden und obwohl sie sich tatsächlich illegal politisch betätigen, können die Kriminellen für ihre Anschuldigungen keine ausreichenden Beweise liefern. Auch sorgen sie wohl für mehr Unruhe und Unordnung, als der SS lieb ist. Nach einiger Zeit gewinnen die Politischen den Kampf, auch Bleicher kann seine Funktion als Kapo der Effektenkammer wieder übernehmen.

Trotz aller Schikanen gelingt es einem kleinen Teil der Häftlinge, sich gelegentlich zu zerstreuen. Sie machen in der raren Freizeit Musik, singen die Lieder ihrer Heimat oder führen Sketche auf. Andere, wie Ludwig Becker oder Eugen Ochs, spielen Schach. Es gibt sogar Meisterschaften, berichtet Ochs. Häftlinge mit privilegierten Funktionen spielen sonntags, wenn sie über genügend Kraft und Energie verfügen, gelegentlich Fußball oder Ringtennis, Lieblingssport von Willi Bleicher.

Bleicher erhält Post von der Mutter, die er sehr verehrt, und von seiner Schwester Maria. Sie schicken ihm monatlich Geld, anfangs zehn, später zwanzig Reichsmark. Er freut sich über die Briefe seiner Freundin Helene Beck. Er denkt oft an die Wanderungen mit ihr. An Sonntagnachmittagen sind sie am Neckar entlangspaziert. Und im Sommer haben sie sich mit Freunden und Freundinnen im Freibad der Naturfreunde in Stuttgart-Rohr getroffen. Beide waren sie in der kommunistischen Jugendbewegung aktiv. Hier hatten sie sich kennengelernt, hier hatten sie sich bei Vorträgen oder Versammlungen getroffen.

Helene Beck hat Willi Bleicher bewundert, »weil er schön sprechen und seine Gedanken und Gefühle entsprechend wiedergeben konnte, ja, weil er einfach lieb und nett war«, berichtet sie. Obwohl das junge Paar kaum Geld hatte, machte es ab und zu Urlaub in einem Naturfreundehaus im Schwarzwald oder auf der Schwäbischen Alb.

Das alles ist rund zehn Jahre her. Damals hoffte Bleicher noch, die Welt ändern zu können, jetzt sitzt er im Konzentrationslager, versucht durchzuhalten und schreibt Briefe an die Geliebte in Stuttgart. Doch die Post wird zensiert, Bemerkungen über das Lager sind ohnehin untersagt. Was er gerne geschrieben hätte, darf er nicht schreiben, was erlaubt ist, er-

scheint ihm nichtssagend. Ähnlich geht es auch den anderen Häftlingen.
Ob er Buchenwald je wieder lebend verlassen wird, weiß Bleicher nicht. Und wenn ja: Wann wird der Tag gekommen sein? Im Gefängnis wußte er wenigstens, daß er zu einer bestimmten Zeit wieder frei sein würde. Aber jetzt?
Seit dem Beginn des Krieges im September 1939 rechnet kaum mehr jemand mit einer baldigen Entlassung.
Ein Gnadengesuch von Bleicher-Bruder Paul hatte die »Kanzlei des Führers« bereits im Juni 1939 abgelehnt. Willi Bleicher müsse in »Erziehungshaft« bleiben, denn man erwarte, daß er sich »sofort nach seiner Entlassung wieder illegal und staatsfeindlich betätigen würde«.
Bleicher gibt die Hoffnung jedoch nicht auf, seine Freundin irgendwann einmal wiederzusehen. Bei vielen politischen Häftlingen sind die Ehen und Freundschaften bereits in die Brüche gegangen. Bleicher schätzt später, daß 80 Prozent der Ehen von politischen Häftlingen geschieden wurden. Er muß es wissen, denn die Scheidungsurteile kamen in die Effektenkammer. Die Frauen waren verzweifelt. Sie hielten die Ungewißheit nicht mehr aus, wurden häufig von den Nazis oder der Geheimen Staatspolizei (Gestapo) unter Druck gesetzt, manchmal direkt zur Scheidung gedrängt.

Mit den Freundinnen im Rohrer Freibad; Bleicher mit Stirnband; rechts neben ihm Frieder Schlotterbeck und Gertrud Leibbrand

1940 trifft Willi Bleicher ein schwerer Schlag. Die Freundin aus Stuttgart schreibt zum letzten Mal. Sie teilt ihm die Trennung mit. Die beiden hatten sich zuletzt im Gefängnis in Ulm an der Donau gesehen. Dort hatte Helene Beck ihn besucht.
Seit Bleichers Verhaftung Anfang 1936 lebten sie inzwischen getrennt. Er ist nun 33, Helene Beck 30 Jahre alt. Elf Jahre lang waren die beiden befreundet, wollten eine Familie gründen. 1938 hatte Bleicher zum letzten Mal ein Kleinkind gesehen, das Kind seiner Schwester Maria. Sie hatte es bei einem Gefängnisbesuch mitgebracht. Damals hoffte er noch, bald selbst Vater zu werden. Doch Nazi-Deutschland hat die Pläne durchkreuzt.
Helene Beck war nach der Verbüßung ihrer zweijährigen Haft isoliert. Nach den Regeln der Konspiration durfte sie mit den ehemaligen Genossen keinen Kontakt mehr aufnehmen. Viele waren ohnehin inhaftiert. An den Wochenenden besuchte sie oft die Familie Bleicher in Luginsland.
1940 lernt sie einen Österreicher kennen – auch er Kommunist; die beiden verlieben sich und heiraten. Helene Beck bekommt mit 31 Jahren das langersehnte Kind.

Trennung nach elf Jahren: Helene Beck

Die Rettung des kleinen Stefan Jerzy Zweig

Allein diese Spur hätte mein Leben lebenswert gemacht

Tausende Häftlinge sind bereits durch die Effektenkammer gegangen. Tausende haben hier ihr persönliches Eigentum abgegeben. Plötzlich steht vor Willi Bleicher unter Hunderten von nackten und bärtigen Gestalten, die gerade aus Polen gekommen sind, ein knapp dreijähriger Knabe mit blondem Haar. Mit großen Augen schaut der Kleine Willi Bleicher an. »Hilflos und gleichsam hilfesuchend klammert er sich an seinen Vater.« Ein Häftling aus der Desinfektion hatte den Knaben bei der Abfertigung eines Transports aus Polen gesehen und den Kapo der Effektenkammer informiert. Bleicher nimmt den Jungen aus der Gruppe heraus, schneidet ihm das Haar, desinfiziert ihn und gibt ihm zu essen.

Das Lager ist nicht für kleine Kinder vorgesehen. Die SS will Arbeitssklaven und keine »nutzlosen Esser«. Wenn das Kind der SS überlassen würde, so befürchten Bleicher und einige seiner Kameraden, könnte es nach Auschwitz geschickt und vergast werden. Spontan entscheidet er sich dafür, den Knaben zu verstecken, obwohl er damit viel riskiert. Bleicher: »Mich überkam es einfach«. Bruno Apitz, der selbst Häftling in Buchenwald war, schildert die Rettung 1958 in seinem Roman »Nackt unter Wölfen«. Später hat die DEFA den Stoff in der DDR verfilmt. Apitz hat die Namen der Gefangenen, einige Ereignisse und deren zeitliche Abfolge verändert, um die Handlung in eine künstlerische Fassung zu bringen. Willi Bleicher zum Beispiel heißt in »Nackt unter Wölfen« Höfel.
Wie der kleine Bub genau gerettet wurde, ist heute schwer zu rekonstruieren. Manchmal werden Erlebnisse von Zeitzeugen mit der Romangeschichte vermischt. Die verschiedenen Darstellungen der Beteiligten widersprechen sich zumindest in Details. Verwechslungen sind nicht auszuschließen. Immerhin lebten im Lager mehrere Hundert Jugendliche und Kinder.
Unter dem letzten Buchenwald-Kommandanten Hermann Pister scheint sich ihre Situation etwas gebessert zu haben. Willi Bleicher führt das auf dessen Frau zurück, die noch ein BDM-Mädel gewesen sei: »Als diese junge Frau einen kleinen Russenjungen sah, hat sie sich seiner erbarmt und hat wahrscheinlich ihrem Alten gesagt, laß doch die Kinder im Lager. Die Kinder durften von dortan nicht mehr ausrücken.«

Zacharias Zweig, der Vater des im Januar 1941 in Krakau geborenen Kindes, hat 1961 einen Bericht über die Rettung seines Sohnes Stefan Jerzy verfaßt. DDR-Bürger konnten ihn 1964 in einer Sonderausgabe der »Berliner Zeitung am Abend« lesen, allerdings mit zum Teil politisch motivierten Auslassungen. In Westdeutschland ist der Bericht erst 1987 zum ersten Mal erschienen.
Nach Darstellung von Zacharias Zweig ist sein Sohn bei der Ankunft in Buchenwald nicht in einem Koffer oder in einem Sack versteckt, wie es in einigen Veröf-

fentlichungen heißt. Auf dem Weg von der Bahnstation zum Lager marschiert das Kind in einer Fünferreihe mit anderen Häftlingen zum Lagertor. Die Wachposten sind verwundert. Der Zug geht in Richtung Baderäume. Plötzlich kommt ein hoher SS-Mann und fragt: »Wo ist das Kind? Raustreten!« Zacharias Zweig tritt aus der Reihe, nimmt die Mütze ab und stellt sich in »Habachtstellung« auf. Er bittet den SS-Offizier, das Kind im Lager zu belassen. Es geht hin und her. Zuletzt sagt der SSler: »Gut, das Kind bleibt bei dir.« Zweig ist erleichtert. Es sollte sich allerdings erweisen, berichtet er 1961, daß die Worte des SS-Mannes nicht der Wahrheit entsprachen.
Der Vater geht mit dem Transport weiter zu den Baderäumen. Die Häftlinge fragen ihn nach seiner Herkunft, seinem Beruf. Ein polnischer Häftling spricht ihn in seiner Muttersprache an. Wenn das Kind bisher überlebt habe, bleibe es ein Symbol des Widerstandes gegen Hitler und verdiene, gerettet zu werden, erklären ihm die Männer mit dem roten Dreieck. Jetzt bekommt Zweig wieder Mut, berichtet über seine Herkunft und seinen Leidensweg.

Schon drei Jahre zuvor war die Familie des Rechtsanwalts aus Krakau in das Räderwerk der Judenverfolgung der Nazis geraten. Sie unternimmt alles, um zusammenzubleiben. Leben in der Illegalität, Ghettoaufenthalt und verschiedene Konzentrationslager

haben die Familienmitglieder bis dahin überstanden. Als die ersten Lager in Polen wegen der anrükkenden Roten Armee evakuiert werden, konnten sie ihre Trennung nicht mehr verhindern. Während des Transports nach Deutschland gelingt es Zacharias Zweig, wenigstens sein Söhnchen bei sich zu verstecken. So waren beide nach Buchenwald gekommen. Mutter und Tocher werden die Nazi-Zeit nicht überleben. Ihre Endstation heißt Auschwitz.
In Buchenwald kümmert sich Willi Bleicher um Juschu, so der Kosename von Stefan Jerzy Zweig, als wäre er sein eigener Sohn. Zärtlich und mit viel Hingabe spielt er mit dem Kleinen. Das ist nicht selbstverständlich, denn die Männer sind nach so langer Haft einen

Sollte in Auschwitz vergast werden: Stefan Jerzy Zweig

rauhen Umgang und eine grobe Sprache gewohnt. Die Österreicher beispielsweise sind anfangs wegen der ihnen eigenen Höflichkeitsformeln geradezu verhaßt. Ihr »Bittschön« beantworten die Häftlinge mit »Leck mich am Arsch!«

Auch Willi Bleicher konnte Mithäftlinge grob behandeln, konnte sie kränken. Er galt als unberechenbar, erinnert sich Mithäftling Hans Gasparitsch: »Bleicher war ein Polterer, ein Haudegen, aber ein Kamerad und solidarisch bis zur Selbstaufgabe.«

Das gilt für die Rettung von Stefan Jerzy Zweig. Willi Bleicher bringt das Kind, obwohl es aus einer jüdischen Familie und aus Polen stammt, in seiner Nähe unter. Juschu bekommt einen roten Winkel, wie die politischen Gefangenen. Der Vater muß zunächst in den Quarantäneblock im »Kleinen Lager«. Er wird in einem Zelt untergebracht, muß auf der Erde schlafen und tagsüber Schwerstarbeit im Steinbruch leisten.

Die ersten Tage sind für Bleicher und die anderen Häftlinge besonders schwierig. Das Kind weint ständig. Es kann die Trennung vom Vater nur schwer verkraften. Führende Häftlinge im Lager werfen Bleicher Abenteurertum und Disziplinlosigkeit vor. Sein Verhalten dem Kind gegenüber löst eine heftige Diskussion aus. Er habe ohne Rücksicht auf Verluste vollendete Tatsachen geschaffen, einfach emotional gehandelt, nicht an die möglichen Folgen gedacht.

Juschus Rettung ist umstritten: Drei Buchenwald-Kameraden mit dem Kleinen

Die Kritiker, auch einige Kumpels in Bleichers eigenem Kommando, sprechen sich dagegen aus, Juschu weiter zu verstecken. Vor allem die Kameraden des Lagerhäftlingsschutzes warnen davor, daß das mühsam aufgebaute illegale Netz der Genossen zerstört werden könnte. Schlimmste Repressalien der SS seien die Folge. Beteiligte und Unbeteiligte müßten mit dem Tod rechnen. Dennoch, Willi Bleicher bleibt bei seinem Entschluß, den auch die anderen schließlich akzeptieren.

Juschu hat die Häftlingsnummer 67 509 und bleibt in Bleichers Kommando. Der neue Kommandoführer der SS in der Effektenkammer duldet die Aufnahme des Kleinen. Da die Effektenkammer nicht am allgemeinen Morgen- und Abendappell teilnehmen muß, fällt das Kind wohl auch im Lager nicht weiter auf.

Juschu hat sich inzwischen ein wenig an die neue Umgebung gewöhnt. Der Vater kann sein Söhnchen regelmäßig besuchen, auch dafür sorgen die Häftlinge. Aber nachts weint der Kleine immer noch. Bleicher bittet Zacharias Zweig deshalb, drei Wochen lang nicht mehr zu kommen. Als Zweig den Knaben dann wieder sieht, traut er seinen Augen nicht. Juschu trägt einen extra für ihn zugeschnittenen Anzug. Häftlinge haben ihn genäht. Auf dem Boden liegen Spielsachen, die Bleichers Kameraden in den Munitionswerken des Lagers insgeheim angefertigt haben. Von da an besucht der Vater seinen Sohn jeden Sonntagnachmittag.

Täglich kümmert sich ein Erzieher um Juschu, vermutlich ein junger Häftling aus der Effektenkammer. Juschu hat nur mit erwachsenen Männern zu tun und mit einer Wolfshündin namens »Senta«, die die Effekten bewacht. Während sie gegenüber Fremden scharf ist, darf der Kleine auf ihr reiten.

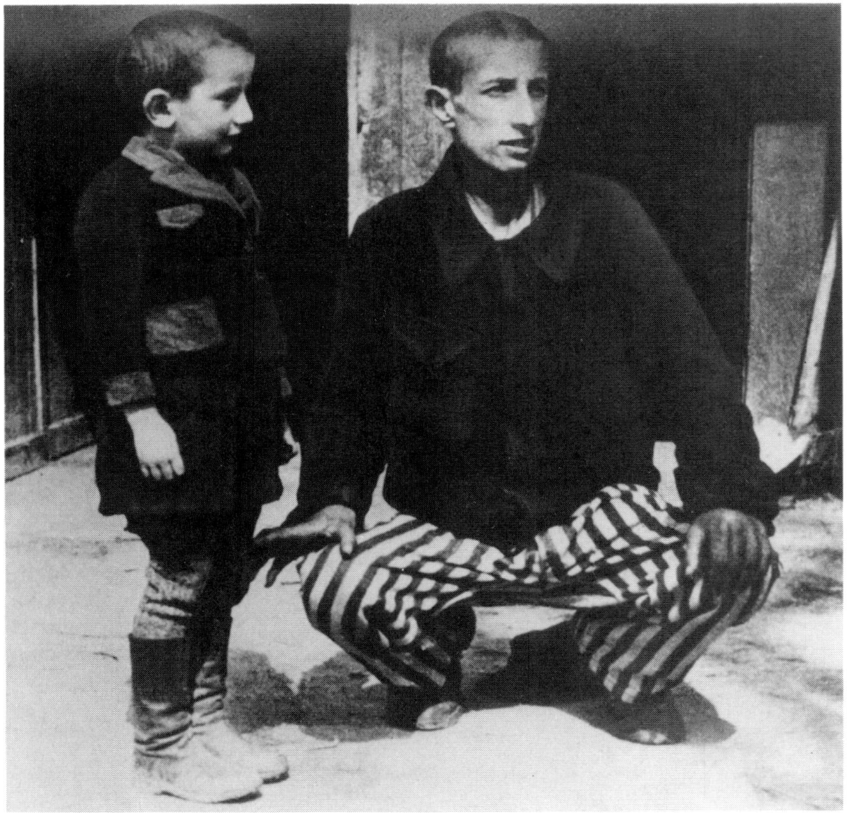

»In dem freudlosen und nervenaufreibenden Leben« in Buchenwald, berichtet Häftling Walter Vielhauer, war der kleine Stefan Jerzy Zweig »unser Sonnenschein«. Vielhauer war einer seiner späteren Betreuer. »Trotz der grauenvollen Umgebung« im Lager habe der Bub »manche Freude erlebt, weil er uns viel Freude gab.«

Nach dem Bericht von Zacharias Zweig muß die SS von der Existenz des Jungen gewußt haben. Der kleine Stefan habe auch am allgemeinen Appell teilgenommen. Hier widersprechen sich die Schilderungen der verschiedenen Zeitzeugen. Auch ein SS-Mann soll in dieser Zeit einmal mit seinem Sohn gespielt haben, berichtet Zweig. Es war vermutlich ein zwangsverpflichteter Student aus Württemberg. Andere SS-Leute hätten mit »schiefen Augen« auf das Judenkind geschaut. In der DDR-Veröffentlichung des Berichts fehlt dieser Passus.[2]

»Unser Sonnenschein«: Juschu wird von einem Häftling betreut

Eines Tages, so Zacharias Zweig, wird sein Söhnchen schwer krank. Bleicher und die Kumpels in der Effektenkammer beschließen, dies vor der SS geheimzuhalten und das Kind nicht ins Krankenrevier zu bringen. Dort arbeiten wohl Häftlinge als Ärzte, doch unter strenger Kontrolle von SS-Medizinern. Willi Bleicher traut ihnen nicht. Sie würden sich um das Kind nicht kümmern, vermutet er, und es eher umbringen. Er läßt es deshalb insgeheim von einem Häftling, einem jüdischen Arzt aus Holland, behandeln. Juschu wird langsam wieder gesund, bleibt aber weiterhin erkältet.

Laut Zacharias Zweig soll sich Bleicher nach eigenen Angaben im Zusammenhang mit Juschu

manchmal unvorsichtig verhalten haben. Er habe sich deshalb Vorwürfe gemacht.
Im Herbst 1944 will die SS das Kind zusammen mit anderen nach Auschwitz schicken. Willi Bleicher vermutet, daß der SS-Kommandoführer der Gärtnerei sich über Juschu beschwert hat. Jedenfalls habe ihn ein Oberscharführer zur Rede gestellt. Zwei Tage danach sei die Aufforderung gekommen, Juschu zum Todestransport fertig zu machen. Bleicher setzt, zusammen mit Kameraden, nun alles in Bewegung, um das Kind zu retten. So versuchen die Männer, einen SS-Arzt davon zu überzeugen, Juschu im Krankenbau aufzunehmen, doch der lehnt ab.
Man spricht jetzt mit dem Kommandanten des Konzentrationslagers, Hermann Pister, erklärt, daß der Fall mit den Kriegsinteressen der Deutschen nichts zu tun habe. Doch Pister beruft sich auf einen Befehl aus der Kanzlei Himmlers, der die Säuberung aller Lager von Kindern, Jugendlichen und Kranken fordere.

»Nackt unter Wölfen«: Romanautor Bruno Apitz

Bleichers Bemühungen bleiben erfolglos. Selbst mit Bestechung ist nichts zu machen. In einer Stunde muß Zacharias Zweig sein Söhnchen am Lagertor abliefern. Er will das Kind nach Auschwitz begleiten; auch das wird abgelehnt. Die SS hatte 200 Roma-, Sinti- und Judenkinder ausgewählt, die von ihren Vätern oder Häftlingsbeschützern zum Teil mit Gewalt getrennt werden. Alles Weinen und Schreien nützt nichts. Die SS-Aufseher halten die Kinder und Jugendlichen mit in Anschlag gebrachten Karabinern und Maschinenpistolen in Schach.
Zacharias Zweig wartet mit seinem Söhnchen noch in der Effektenkammer. Er ist verzweifelt. Die Häftlinge im Kommando stehen wie versteinert da. Plötzlich beginnt Willi Bleicher laut zu weinen und zu schreien. Er schlägt mit dem Kopf an die Wand und verflucht Hitler und sein ganzes System. »Ich gebe das Kind nicht mehr her«, ruft er. Die Kameraden sind um Bleicher besorgt. Er hat offensichtlich die Nerven verloren.

Kurze Zeit später kommt ein Kumpel mit der rettenden Nachricht in die Effektenkammer. »Lauf sofort ins Revier«, ruft er Zweig zu. »Das Kind wurde als Kranker aufgenommen, lauf schnell, vielleicht kommt die Kontrolle, um festzustellen, ob das Kind krank ist ...« Zweig rennt mit Juschu zum Krankenbau, wo ihn bereits ein SS-Arzt – er war vermutlich bestochen – und ein Sanitäter erwarten. In der Typhusabteilung verabreicht der Sanitäter dem Kind eine Spritze. Juschu bekommt sofort starkes Fieber. Er ist gerettet.
Zur gleichen Zeit fahren 200 Kinder und Jugendliche im Alter von drei bis 16 Jahren nach Auschwitz. Einige Namen, darunter auch der von Stefan Jerzy Zweig, sind auf der Transportliste gestrichen und durch andere ersetzt worden.[3]
Juschu bleibt noch eine Zeitlang im Krankenbau. Später bringen ihn die Häftlinge aus Sicherheitsgründen im »Kleinen Lager« unter, einem der schlimmsten Lagerbereiche, in dem ein Teil der oft völlig erschöpften Neuankömmlinge aufgenommen wird. Tragödien unvorstellbaren Ausmaßes spielen sich hier ab. Es gibt kaum sanitäre Einrichtungen. Und es herrscht Seuchengefahr. Überall liegen Kranke und Sterbende. 150 bis 200 Tote zählt man zeitweise pro Tag. Die SS meidet diesen mit Stacheldraht vom übrigen Lager getrennten Bereich so gut sie kann. Deshalb ist der kleine Stefan Jerzy Zweig hier relativ sicher.
Die Häftlinge bringen ihn in einem kleinen Zimmer des Lagerältesten Eugen Waller unter. Der Vater kann ihn wieder besuchen. Der Häftling, der sich schon zuvor um Juschu kümmerte, betreut den Kleinen auch dort. Willi Bleicher kommt häufig zu Besuch. Doch bald sollte er von Juschu getrennt werden. Nach der Befreiung von Buchenwald wird er ihn noch einmal sehen. Juschu spielt gerade mit amerikanischen Soldaten.

Erst 1964 begegnen sich die beiden wieder, in Stuttgart. Bleicher wohnt hier zusammen mit seiner Frau Anneliese, mit Sohn Gerhard und Tochter Ingeborg in einem kleinen Häuschen im Stadtteil Sommerrain. Er ist stolz auf die beiden Kinder. Endlich ist damit ein lang ersehnter Wunsch in Erfüllung gegangen. »Für seine Kinder würde er alles tun«, wissen Freunde der Familie zu berichten.

Zum ersten Mal wieder in Buchenwald: Stefan Jerzy Zweig zusammen mit Robert Siewert (links) und Willi Bleicher

Stefan Jerzy Zweig, »das Kind von Buchenwald«, ist inzwischen ein junger Mann geworden; er studiert in Frankreich. Der Vater lebt in sehr bescheidenen Verhältnissen in Israel. Er war zunächst mit seinem Sohn nach Polen zurückgekehrt, dann nach Frankreich ausgewandert. Die Ermordung seiner Frau und seiner Tochter quälen ihn, auch die eigenen Horrorerlebnisse im KZ lassen ihn nicht zur Ruhe kommen. Nicht einmal von materiellen Nöten ist er frei.

Wie ein Prominenter wird Stefan Jerzy Zweig im Januar 1964 am Stuttgarter Hauptbahnhof empfangen. Fernsehkameras verfolgen die Ankunft »des Kindes von Buchenwald« und das Wiedersehen mit dem Retter. Zweig weiß nicht, wie dieser Mann aussieht, von dem ihm der Vater erzählt hat. An der roten Nelke im Knopfloch würde er ihn erkennen, hatte ihm Bleicher deshalb zuvor mitgeteilt.

Stefan Jerzy Zweig ist für einige Tage Gast der Familie. In dem Bleicher-Häuschen am Rande der Landeshauptstadt feiert man zusammen seinen dreiundzwanzigsten Geburtstag. Dann fährt Bleicher mit ihm nach Buchenwald. Er zeigt und erzählt ihm vieles, stellt ihm einige frühere Häftlinge vor. Die Medien in Ost und West berichten über den Mann, der sein Leben für die Rettung eines Kindes eingesetzt hat. Bleicher selbst hatte zuvor nie öffentlich darüber gesprochen, doch jetzt kann und will er sich wohl nicht mehr zurückhalten. Sein Ansehen wächst, auch im Unternehmerlager, in dem er als Bezirksleiter der Industriegewerkschaft Metall in Baden-Württemberg bereits gefürchtet ist.

Einige Jahre später ehrt die Gedenkstätte Yad Vashem in Israel Willi Bleicher. Er darf ein Bäumchen auf dem »Berg des Gedenkens« in Jerusalem pflanzen, eine Ehre, die nur wenigen Deutschen zuteil wird. Heute ist daraus ein großer Baum geworden.

Willi Bleicher darf ein Bäumchen auf dem »Berg des Gedenkens« in Jerusalem pflanzen.

»Der Junge lebt. Er ist am Leben geblieben«, sagt Willi Bleicher 1977 vor jungen Gewerkschaftern. Und: »Wenn nichts innerhalb meines Lebens an Spuren übriggeblieben wäre, nur diese Spur hätte es gerechtfertigt, hätte mein Leben lebenswert werden lassen – auch wenn ich ganz unten geblieben wäre nach 1945.«

Trotz Folter, Hunger und Todesmarsch überlebt Bleicher die Haft

Ich dachte, ich bin verrückt geworden

Die Häftlinge in Buchenwald sind über den Kriegsverlauf relativ gut unterrichtet, denn sie hören »Feindsender«. Die Niederlagen der Wehrmacht ermutigen sie. Die SS ist teilweise verunsichert. Die jungen Aufseher sind inzwischen durch ältere, gemäßigtere Kräfte ersetzt worden. Keine besonders intelligenten Männer; die Häftlingsfunktionäre sind ihnen geistig meist weit überlegen.
Im Frühjahr 1943 will Willi Bleicher ein Zeichen setzen. Er organisiert mit einem kleinen Kreis von Kumpels eine Mai-Feier im Keller der »Desinfektion«, der von der SS gewöhnlich gemieden wird. Die Himmler-Schergen haben Angst vor Läusen und der damit verbundenen Seuchengefahr. Der Gebäudekomplex war deshalb auch vom übrigen Lager getrennt worden. Eine kurze Ansprache, ein Gedicht, und zum Schluß summen die Teilnehmer leise das alte Kampflied »Brüder, zur Sonne, zur Freiheit«.

Mit diesem Lied ist Willi Bleicher aufgewachsen. Mai-Feiern kennt er bereits seit seiner Kindheit im Stuttgarter Stadtteil Untertürkheim. Die Familie wohnt damals in unmittelbarer Nähe der Daimler Motorengesellschaft.
Bleicher erinnerte sich im Alter an einen 1. Mai – es war 1921 –, der auf einen Sonntag fiel. Fast alle Arbeiter sind damals beim Umzug dabei. Die Eltern haben ihre Kinder festlich gekleidet, die Mädchen tragen Kränze auf dem Haar, lange Zöpfe und weiße Kleidchen. Wer nicht mitmarschiert, gilt als Außenseiter. Fast in jeder Wohnung der Daimler-Arbeiter hängt damals ein Bild von August Bebel, einem der Gründerväter der deutschen Sozialdemokratie.

1933 erlebt Willi Bleicher die Mai-Feiern in Würzburg. Aus Angst vor den Nazis wohnt er dort für kurze Zeit bei der Schwester seiner Freundin und deren Mann, einem Gewerkschaftsangestellten. Willi Bleicher sieht, wie in Arbeitervierteln nicht mehr die roten Fahnen mit Hammer und Sichel wehen oder die Fahnen mit den drei Pfeilen, dem Symbol der SPD-dominierten Eisernen Front. Auf den gleichen roten Stoff haben Arbeiterinnen jetzt das Hakenkreuz genäht. Schon Wochen zuvor hat er in Stuttgart dasselbe Spiel von Wendehälsen beobachtet. Es blieb »eine seiner größten Enttäuschungen«.
Arbeiter und Unternehmer marschieren am 1. Mai 1933 in Würzburg und anderswo Seite an Seite. Der Rundfunk überträgt die Hitler-Rede aus Berlin reichsweit. Applaus auch vor den Lautsprechern vor Ort. Der 1. Mai ist zum erstenmal ein gesetzlicher Feiertag. Die Nazis erfüllen damit eine alte Forderung der Arbeiterbewegung.

Früher hatten die Kapitalisten Arbeiter wegen der Teilnahme an Mai-Kundgebungen entlassen, erinnert sich Bleicher. Am 1. Mai 1929 gab es in Berlin bei einer

verbotenen Mai-Kundgebung Tote. Statt Klassenkampf ist 1933 »Volksgemeinschaft« angesagt. Bleicher: »Gemeinsam erlebten Arbeiter und Unternehmer ein großes Feuerwerk, gemeinsam fraßen sie eine rote Wurst oder ein bißchen Salat und tranken ein Maß Bier, das der Unternehmer bezahlen mußte und bezahlt hat. Ja, zum erstenmal war da eine Einheit zustandegekommen.«
Stolz erklärt der Würzburger Gewerkschaftssekretär, bei dem Willi Bleicher wohnt, am Abend nach den Feiern: »Siehst du, Willi, das haben wir nie erreicht, daß der 1. Mai ein Feiertag wird. Das haben wir nie erreicht, daß die Unternehmer mitmarschieren müssen. Das haben wir nie erreicht, daß anschließend Feste gefeiert werden.« Am folgenden Tag besetzen die Nazis die Gewerkschaftshäuser und entlassen die Funktionäre, auch den Kollegen aus Würzburg.

Die Gewerkschaften haben die Nazis nicht bekämpft, die Arbeiterparteien SPD und KPD sahen den Hauptfeind lange Zeit jeweils in der anderen Partei. Darüber diskutiert Willi Bleicher mit seinen Kumpels im KZ seitdem immer wieder. Der Aufstieg der Nazis sei nicht zuletzt ein Ergebnis des Versagens der Arbeiterbewegung gewesen, sagt er. An die Einheit und die Solidarität appellieren die Häftlinge deshalb auch bei ihrer illegalen Mai-Feier 1943 in der »Desinfektion« in Buchenwald. Zu einer Spaltung wie in den Jahren vor der Nazi-Herrschaft sollte es nie wieder kommen.
Ein Jahr später erweitert Willi Bleicher den Teilnehmerkreis der illegalen Mai-Feier. Die Kumpels sind mutiger geworden, denn die militärische Lage für Nazi-Deutschland hat sich weiter verschlechtert. Die Häftlinge hoffen auf ein schnelles Ende des Nazi-Regimes und des Krieges. Schon um vier Uhr morgens wecken zwei Kameraden die Kumpels im Schlafraum der Effektenkammer. Geräuschlos gehen sie in den Koffer-Raum. »Kampfmai 1944 – trotz alledem«, steht da.
Robert Siewert beginnt mit einer kurzen Ansprache. Er ist wegen seiner Integrität und Hilfsbereitschaft einer der angesehensten Gefangenen im Lager. Siewert spricht gedämpft, erinnert sich Häftling Walter Laune 1955: Er »lobt die siegreiche Sowjetunion, die die faschistische Bestie mit schweren Schlägen aus dem Land der Werktätigen hinauswirft«. Er würdigt den Vorsitzenden der KPD, dessen Politik er jahrelang bekämpft hat, spricht jetzt von »unserem Teddy, unserem Genossen Ernst Thälmann, der seit elf Jahren streng isoliert in irgendeinem Gestapo-Gefängnis sitzt«. Er gedenkt der Gefallenen des antifaschistischen Kampfes, erinnert an die »Führer des Weltproletariats, an die Genossen Lenin und Stalin«. Und dann wörtlich: »Unser Leben gehört unserer Partei, der Partei der Arbeiterklasse. Wir werden alles tun und nicht zurückweichen, bis wir gesiegt haben.« Zum Schluß erklingt in verschiedenen Sprachen die »Internationale«. Als die SS um fünf Uhr morgens das Kommando Effektenkammer weckt, ahnt sie nichts von der morgendlichen Mai-Feier. Den Häftlingen hat sie Mut gemacht.

Bleicher erlebt den 1. Mai 1933 in Würzburg

Willi Bleicher ist während seiner Haftzeit nie ganz von der Außenwelt abgeschnitten. Schon im Untersuchungsgefängnis in Stuttgart-Bad Cannstatt verfolgte er in der Zeitung den Verlauf des spanischen Bürgerkriegs. Auch in Buchenwald werten die politischen Gefangenen die Tageszeitungen aus. Bleicher läßt sich von Genossen, die illegal Auslandssender hören, die Neuigkeiten berichten oder hört selbst mit. Die Kumpels haben einen gut funktionierenden geheimen Nachrichtendienst geschaffen. Die führenden

Die Unternehmer marschieren mit

Leute sind deshalb besser informiert über die Lage in Deutschland und der Welt als viele Deutsche außerhalb des Lagers.
Eine wichtige Quelle sind die Neuankömmlinge. Bleicher und seine Freunde lassen sich die Stimmung in der Bevölkerung der verschiedenen Länder schildern. Sie erfahren dabei auch Beunruhigendes aus dem kommunistischen Lager. Ludwig Becker zum Beispiel, der erst 1939 inhaftiert wird, schildert ihnen den Verlauf der von Josef Stalin inszenierten Moskauer Prozesse, soweit er sie verfolgen konnte. In deren Folge waren Kampfgefährten Lenins und andere führende Männer aus Partei, Verwaltung, Wirtschaft und Militär hingerichtet worden. Unter Folter hatte man von ihnen Geständnisse erpreßt. Alles Propaganda der Gegenseite?, fragt sich so mancher politische Gefangene jetzt.
Und wie ist der Hitler-Stalin-Pakt einzuschätzen? »Die Temperatur war auf dem Null-Punkt in diesen Tagen«, berichtet Bleicher später. »Sie war auf dem Null-Punkt in den Tagen, als die Franzosen in wenigen Wochen kapitulieren mußten. Sie war auf dem Null-Punkt, als Polen und Holland überfallen wurden, Norwegen, Dänemark.« Und dann der »ungemein zügige Vormarsch in Rußland«.
1941 hätten wohl auch gläubige Stalin-Anhänger zugeben müssen, daß der Pakt nichts genutzt hatte. Die Sowjetunion habe damit immerhin Zeit gewonnen, rechtfertigen ihn die Genossen dennoch. Moskau, der Vatikan der kommunistischen Weltbewegung, konnte schließlich nicht gefehlt haben.
Immer wieder diskutiert man in der Effektenkammer über die Fehler der Vergangenheit. Auch der ehemalige sozialdemokratische Reichstagsabgeordnete Hermann Brill nimmt daran teil. Bleicher nennt den glühenden Verfechter einer Volksfront wegen seines enormen Wissens ein »wandelndes Lexikon der Arbeiterbewegung«. Er diskutiert häufig mit dem »scharfen Dialektiker«. Doch er bleibt skeptisch, denn der Sozialist Brill vertritt zum Teil radikalere Positionen als die Kommunisten.

Sprecher der schwäbischen Kommunisten im KZ: Hans Rueß

Für manchen jungen Häftling ist die Lagerzeit eine Art politische Schule. Sie lernen von den älteren, Bleicher und Eugen Ochs, wohl vor allem von Robert Siewert und Ludwig Becker, den beiden führenden Oppositionskommunisten im Lager. Die Stuttgarter Freunde studieren heimlich ein Buch über den »historischen Materialismus«. Ochs hat es über einen Kumpel vom ehemaligen SPD-Reichstagsabgeordneten Rudolf Breitscheid bekommen, der außerhalb des Lagers in einer Sonderbarakke festgehalten wird.
Bleicher klammert sich, wie die meisten übrigen politischen Häftlinge, an den Marxismus und den Leninismus. Er glaubt an das Ende des Faschismus und hofft auf eine sozialistische Zukunft. Das gibt ihm Kraft, vielleicht die entscheidende Kraft zum Überleben. Die politischen Gefangenen gleichen dabei den Priestern und den Zeugen Jehovas, die sich im Lager auf ihren christlichen Glauben stützen.

Gläubig blicken die meisten Kommunisten gen Moskau. Die häufig noch jungen KPD-Genossen sind in den letzten Jahren der Weimarer Republik politisch erzogen worden. Oppositionelle Kommunisten wurden damals heftig bekämpft. Die von Moskau gesteuerte kommunistische Internationale (Komintern) duldete keinen Widerspruch.
Schon sehr früh hatte sich gegen die Mehrheitsfraktion der Komintern die »linke Opposition« gebildet. Ihr Kopf war Leo Dawidowitsch Bronstein, genannt Trotzki, 1917 zusammen mit Lenin der wichtigste Führer der Oktoberrevolution. Trotzki hatte den Stalinismus prinzipiell kritisiert und schließlich eine politische Revolution gegen die herrschende Clique in Moskau gefordert. Dogmatisch hatte er am Leninismus festgehalten, zu dem er ursprünglich selbst ein distanziertes Verhältnis hatte. 1940 ermorderte ein Agent der sowjetischen Geheimpolizei Leo Trotzki in dessen mexikanischem Exil.
Erst Ende der zwanziger Jahre entstand innerhalb der kommunistischen Bewegung die »rechte Opposition«. Sie kritisiert die »ultralinke Politik«, die die Kommunistische Internationale ihren Partei-

en 1928 verordnet hatte. In Deutschland bekämpfte die von Ernst Thälmann geführte KPD seitdem die Sozialdemokraten als »Sozialfaschisten«. Kommunistische Gewerkschafter bauten gegen die von den Sozialdemokraten dominierten Gewerkschaften des »Allgemeinen Deutschen Gewerkschaftsbundes« (ADGB) die »Rote Gewerkschaftsopposition« (RGO) auf. Nicht die Nazis oder die bürgerlichen Parteien galten als Hauptfeind, sondern die Sozialdemokraten (und damit auch die von ihnen geführten Gewerkschaften). Vor allem dagegen wandte sich die Opposition innerhalb der KPD. Ihre Führer waren der frühere KPD-Vorsitzende Heinrich Brandler und der aus Württemberg stammende August Thalheimer. Ende 1928 gründeten sie die Kommunistische Partei-Opposition, die KPO, der sich auch Willi Bleicher angeschlossen hatte.

Als die Komintern dann Mitte der dreißiger Jahre eine Hundertachtzig-Grad-Wende nach rechts vollzieht, herrscht über Jahre hinweg Verwirrung bei den Kommunisten in den Konzentrationslagern. Die illegale KPD-Führung in Buchenwald beauftragt die jeweiligen Leiter der Landsmannschaften, den Genossen die neue Politik zu erklären. Bei den Schwaben übernimmt das der Esslinger Kommunist Hans Rueß, der jedoch seine Schwierigkeiten hat: So mancher Genosse will ihm den Rechtsschwenk der KPD-Spitze nicht glauben. Man wirft ihm vor, er habe sich von den KPO-Leuten um Bleicher beeinflussen lassen.
Bei Becker, Ochs und Bleicher hat Hans Rueß mehr Glück. Sie fühlen sich in ihrer Kritik am ultralinken Kurs der KPD bestätigt. Jetzt will die KPD nicht nur mit den Sozialdemokraten und anderen Organisationen der Arbeiterbewegung zusammenarbeiten, wie dies die KPO gefordert hatte, sondern auch mit den »demokratisch gesonnenen Teilen der Bourgeoisie«. »Volksfront« heißt das neue Schlagwort.
Die Differenzen scheinen verschwunden zu sein. Deshalb nähert sich Willi Bleicher wohl der KPD wieder an. Die schwäbische Gruppe, berichtet Mithäftling Albert Fischer, habe ihn nach einer gewissen Bewährungsprobe in die Partei wieder aufgenommen. Daß der Stuttgarter in Buchenwald allerdings von Anfang an linientreuer KP-Mann gewesen sei, wie es in den siebziger und achtziger Jahren heißt, gehört ins Reich der zahlreichen Bleicher-Legenden.[4]

Buchenwald-Widerstandskämpfer Walter Bartel, später Sekretär des damaligen SED-Vorsitzenden Wilhelm Pieck und Universitätsprofessor, hat zumindest angedeutet, daß Bleicher ein harter Brocken war, härter übrigens als manch anderer Häftling der KP-Opposition. Im Gegensatz etwa zu Robert Siewert habe Bleicher nicht nur Zwischenfragen gestellt, sondern Gegenargumente formuliert, »die aus der Vergangenheit stammten«.

Kaum zu glauben, diese Äußerungen über Siewert, denn er gehörte bis zu seiner Verhaftung der illegalen Reichsleitung der Organisation in Berlin an. Da er bei den SED-Oberen 1950 aus politischen Gründen in Ungnade gefallen ist, hatte er sich gegen die Darstellung des Ost-Berliner SED-Funktionärs nicht wehren können. Bis dahin war Siewert Vizepräsident und Innenminister in Sachsen-Anhalt. Dann mußte er Selbstkritik üben und Schuldbekenntnisse verfassen, in denen die KP-Opposition als »Agentur des Finanzkapitals« dargestellt wird. Siewert blieb aber Mitglied der Sozialistischen Einheitspartei (SED) in der DDR.

Eugen Ochs schreibt Siewert, den er seit 1934 kennt, keineswegs eine derart unterwürfige Haltung im KZ zu. Wie Willi Bleicher habe er an seiner KPD-Kritik festgehalten. Schon Ende 1939 habe ihm Bleicher von einer heftigen Diskussion berichtet, die er mit zwei führenden KPD-Genossen hatte. Albert Kunz und Walter Bartel hätten von ihm eine Selbstkritik verlangt. Er sollte zugeben, daß die Politik der KPD richtig und die der Opposition falsch gewesen sei. Bleicher habe dies abgelehnt. Die KPD-Leute hätten derartige Versuche dann unterlassen.

Bei einem Fliegerangriff der Alliierten im August 1944 auf die Rüstungsbetriebe des Konzentrationslagers Buchenwald sterben

Annäherung an die KPD: Bleicher-Mithäftling Albert Fischer

Gefängnisrundgang: Ernst Thälmann, genannt Teddy

weit über 300 Häftlinge, darunter der Sozialdemokrat Rudolf Breitscheid. Vier Wochen später meldet die Presse, daß bei einem »Terrorangriff« die ehemaligen Reichstagsabgeordneten Breitscheid und Thälmann ums Leben gekommen seien. Die kommunistischen Häftlinge glauben nicht, daß ihr »Teddy« Opfer eines Bombenangriffs geworden ist, denn er sei nie in Buchenwald gewesen. Bei Breitscheid dagegen wissen sie, wo er untergebracht war und daß er bei dem Angriff ums Leben gekommen ist. Der KPD-Führer Ernst Thälmann muß also ermordet worden sein.

Für Bleicher ist der Fall von Anfang an klar. SS-Oberscharführer Werner Berger, sein damaliger Chef in der Effektenkammer, hatte ihm nämlich schon Wochen zuvor triumphierend erklärt: »Willi, heute ist dein Thälmann erschossen worden.« Bleicher mußte ihm dann ein Bad herrichten, die Stiefel blitzblank putzen und ein Päckchen mit Schnaps und Kommisbrot zu den Angehörigen nach Mannheim schicken. Auch andere Häftlinge hatten Hinweise auf eine Ermordung Ernst Thälmanns. Mit der Zeitungsmeldung besteht für die Kommunisten im Lager nun kein Zweifel mehr.

Beim Fliegerangriff ums Leben gekommen: Sozialdemokrat Rudolf Breitscheid

Willi Bleicher und die wichtigsten Häftlinge in der Effektenkammer wollen eine Trauerfeier für den ermordeten KP-Chef organisieren. Einen offiziellen Beschluß des internationalen Lagerkomitees der Häftlinge gibt es nicht. Der von Kommunisten beherrschte, relativ mächtige Lagerschutz kritisiert das Vorhaben aus Sicherheitsgründen. Die Veranstaltung findet vermutlich gegen den Willen der illegalen KPD-Führung statt. Walter Bartel äußert jedenfalls in den siebziger Jahren gegenüber Mitarbeitern der Gedenkstätte in Buchenwald, die einst abtrünningen KPO-Leute Siewert und Bleicher hätten mit der Feier ihr schlechtes Gewissen gegenüber Thälmann beruhigen wollen.

80 bis 100 Häftlinge verschiedener Nationen kommen zur Trauerfeier in einen öden Kellerraum, in dem Öfen zur Desinfektion der Häftlingskleidung stehen. Bleicher ließ ihn mit schwarzem Stoff drapieren. Aus der Gärtnerei waren Blumen und Lorbeerbäume herbeigeschafft worden. Am Ende des Raumes steht ein übergroßes Thälmann-Bild, das der Schwabe Edo Leitner mit Kohle aus einem Buch abgezeichnet hat. Es ist mit Trauerflor umrahmt.

Die Feier beginnt. Ein Häftling entzündet zwei Spiritusschalen. Willi Bleicher eröffnet mit wenigen Worten. Ein tschechischer Violinspieler intoniert den russischen Trauermarsch; die Anwesenden summen leise mit. Ein Häftling rezitiert ein Gedicht von Heinrich Heine, und Robert Siewert hält die Ansprache. Am Schluß erheben die Genossen die geballte Faust und verharren minutenlang in tiefem Schweigen.

Alles ist gutgegangen; wieder einmal hat das Sicherheitssystem der Häftlinge offenkundig funktioniert. Doch kurze Zeit danach, Bleicher hatte gerade seinen 37. Geburtstag gefeiert, wird der Stuttgarter in der Effektenkammer abgeholt und in den SS-Bunker gebracht.

Die Thälmann-Feier war verraten worden. Auch Robert Siewert und andere Teilnehmer werden in verschärfte Haft genommen. Lagerkommandant Hermann Pister kommt selbst in den Bunker. Bleicher versucht sich zu rechtfertigen. Die Feier, sagt er, habe den Opfern des Bombenangriffs der Alliierten gegolten, diesen »Banditen« und »Arschlöchern«. Pister glaubt ihm nicht; er weiß mehr, erkundigt sich nach dem Thälmann-Bild.

Später folgt eine zweite Untersuchung. Bleicher wird nun von der Gestapo (Geheime Staatspolizei) verhört, die den SS-Leuten in Buchenwald mißtraut. Bleicher kommt am 9. November 1944 ins Weimarer Polizeigefängnis in eine Stehzelle. Man zieht ihm einen Sack voller Hühnerkot über den Kopf. Nach etwa fünf Stunden wird er wieder vernommen. Er muß neben einem heißen Kachelofen stehen und wird gezwungen, mit einem Kohlenkasten auf den Armen Kniebeugen zu machen. 100, 200 oder 300. Bleicher ist am Ende seiner Kräfte. Doch er bleibt standhaft, macht keine wesentlichen Aussagen, bagatellisiert die Vorgänge und gibt vor allem keine Namen preis.

Die Stenotypistin verlangt, daß Willi Bleicher die Hose herunterzieht. Er muß sich über den Schreibtisch legen. Der Gestapo-Beamte drückt seine Zigarre auf dem Hintern des Häftlings aus. Höllische Schmerzen, doch Bleicher bleibt standhaft. Er wird zurück in die Zelle gebracht. Dort bekommt er einen Lachkrampf. »Ich dachte, ich bin verrückt geworden«, erzählt er später. »Ich habe gelacht und gelacht, bei all meinen Schmerzen. Es war ein Nervenzusammenbruch und gleichzeitig der Triumph, daß ich standhalten konnte. Denn das war das Schlimmste, was einem passieren konnte: ein Verräter zu sein.«

Nicht alle können standhalten. Ein Schreiner aus der Effektenkammer zum Beispiel, auch er ein Württemberger, gibt wohl etwas zuviel preis. Er wird ins Lager entlassen. Die SS will ihn beobachten, um möglicherweise weitere Hinweise zu bekommen. Doch der Mann nimmt sich vorher das Leben. Auch als die SS-Leute einen früheren Chefredakteur der Kommunistischen Partei in der Tschechei suchen, finden sie nur noch dessen Leiche. Der Journalist wollte lieber sterben, bevor er zum Verräter würde. Im Krankenrevier ließ er sich deshalb von einem Sanitätshäftling eine tödliche Spritze geben.

Immer wieder werden verdächtige Häftlinge vernommen. Bleicher kommt nach einer Woche zurück in den Bunker nach Buchenwald.

Anfang Dezember ist er wieder im Gestapo-Gefängnis in Weimar. Was hinter den Kulissen vorgeht, kann er nur vermuten. Jedenfalls sollen Bleicher und Siewert jetzt verlegt werden. Die Füße und Hände der Gefangenen sind mit Handschellen und Ketten verbunden. Von Gestapo-Leuten bewacht, marschieren sie so zum Bahnhof. Sie fahren mit dem Zug nach Arnstadt. Von dort müssen sie – wieder verkettet – nach Ichtershausen (Thüringen) marschieren. Sie werden ins dortige Gefängnis eingeliefert.

Lieber sterben, bevor man zum Verräter wird

Die Beamten binden Bleicher und Siewert ein schwarzes Tuch über den Kopf. So führt man sie durch verschiedene Gefängnistrakte. Plötzlich heißt es: »Halt!« Die beiden Gefangenen werden gedreht, müssen sich mit dem Gesicht zur Wand aufstellen. Willi Bleicher flüstert Siewert zu: »Sie wollen uns umlegen, wir wollen uns dagegen wehren.« Es geschieht nichts. Die Schein-Erschießung sollte den Gefangenen zusätzlich Angst einjagen. Die Gestapo-Männer bringen die Häftlinge nun in Zellen. Erst jetzt werden die Tücher abgenommen.

Zeitweise sitzt Willi Bleicher in Einzelhaft. Die Zelle ist unbeheizt. Er wird schlecht versorgt, hat Hunger. Aus Verzweiflung beißt er auf seinem Ledergürtel herum. Den Gürtel wird er später mit nach Stuttgart bringen.

Robert Siewert kommt Ende Dezember 1944 zurück nach Weimar und dann wieder in die Ar-

restzelle von Buchenwald. Für die Häftlinge auf dem Ettersberg beginnen Wochen des Hoffens und Bangens.
Auch wenn Adolf Hitler zum letzten Aufgebot ruft, ist der Krieg längst verloren. Die deutsche Wehrmacht ist auf dem Rückzug. Die Front kann bald Weimar und Buchenwald erreichen. Will die SS noch rechtzeitig ihre Spuren auf dem Ettersberg verwischen? Soll das Lager, bevor die Amerikaner kommen, gar in die Luft gesprengt werden? Das sind die Fragen, die die Häftlinge jetzt bewegen.

Dramatische Tage und Stunden bis zuletzt, bis zum 11. April 1945, als die SS angesichts der ausweglosen Situation aufgibt und den Abzug beginnt. »Die Würfel sind gefallen«, schreibt Eugen Kogon. »Zurück blieben die Posten auf den Wachtürmen, die bei näherkommendem Schlachtenlärm in den umliegenden Wald fliehen.« Jetzt tritt, nach Kogons Bericht, der von den »Roten« kontrollierte Lagerschutz der Häftlinge in Aktion . Die bewaffneten Männer durchschneiden den Stacheldraht, besetzen die Wachtürme und das Tor zum Lagereingang und hissen die weiße Fahne. So finden die ersten Amerikaner das befreite Buchenwald mit den noch verbliebenen rund 21 000 Insassen vor.

Die Legende von Bleichers Selbstbefreiung

Auch Willi Bleicher soll nach verschiedenen Darstellungen an der »Selbstbefreiung« der Häftlinge teilgenommen haben, dies berichtet beispielsweise die Stuttgarter Zeitung anläßlich des vierzigsten Jahrestages der Befreiung. Mit der Waffe in der Hand habe er gegen die SS gekämpft, heißt es in anderen Darstellungen. Wieder eine der vielen Legenden, die auch im Westen verbreitet wurden. Tatsächlich hat man Bleicher zu dieser Zeit im Gefängnis in Ichtershausen schikaniert.

Robert Siewert dagegen und Zacharias Zweig samt seinem Söhnchen sind seit dem 11. April endlich frei. Zweig berichtet über die letzten Stunden im KZ Buchenwald: »Plötzlich legten wir uns Rechenschaft über die Ruhe ab, die im großen Lager herrschte. Wir erhielten die Nachricht, daß die Lagerbesatzung die Flucht angetreten hatte.« In dem 1964 in der DDR veröffentlichten Zweig-Bericht heißt es dagegen, daß die Lagerbesatzung »in die Flucht geschlagen« sei. Die folgenden sieben Sätze sind ganz gestrichen. So einfach ging das.

Ein weiterer Absatz fehlt in der »BZ am Abend«. Hier berichtet Zweig über die Diskussion eines möglichen bewaffneten Aufstandes der Häftlinge. In dieser Frage habe es unterschiedliche Meinungen gegeben. Die deutschen Häftlinge hätten sich dagegen ausgesprochen und sich damit durchsetzen können.

Ludwig Becker, Eugen Ochs und Willi Bleicher haben sich, soweit bekannt ist, immer geweigert, von einer Selbstbefreiung der Häftlinge zu sprechen. Bleicher hat sich zumindest im kleinen Kreis darüber lustig gemacht. DDR-Historiker verbreiteten dieses Märchen jahrzehntelang. Auch in den Westmedien tauchte die Version auf.

Auch in Gewerkschaftskreisen hält sich die Geschichte. So hat Lothar Zimmermann, ein Bleicher-Zögling aus Württemberg, anläßlich eines Festaktes in der DGB-Jugendbildungsstätte Hattingen im Sommer 1991 diese Selbstbefreiungsthese verbreitet. Er hielt die offizielle Rede bei der Umbenennung der Bildungsstätte in »Willi-Bleicher-Haus«.
Zimmermann ist nicht irgendwer. Er war IG-Metall-Bevollmächtigter in einer der wichtigsten Verwaltungsstellen im Südwesten, in Esslingen, Vorsitzender des DGB in Baden-Württemberg – der Vorgänger von Siegfried Pommerenke – und ist inzwischen langjähriges geschäftsführendes Bundesvorstandsmitglied der Gewerkschaftsdachorganisation in Düsseldorf.
Zimmermann ging bei seiner Festansprache in Hattingen noch einen Schritt weiter. Er hat Bleicher zum Verantwortlichen für die Ausbildung an der Waffe »befördert«. Zwar hatte Ludwig Becker, der als Soldat im Ersten Weltkrieg diente, seinem Freund Bleicher in Buchenwald einmal gezeigt, wie man mit einer Pistole umgeht; zwar sind in der Effektenkammer wohl einige Waffen versteckt wor-

Gruppe württembergischer Buchenwald-Häftlinge nach der Befreiung: Ludwig Becker (Mitte), Robert Leibbrand (sechster von links), Hans Rueß (elfter von links), Hans Gasparitsch (sitzend, zweiter von links)

den, und Bleicher dürfte davon gewußt haben, doch er gehörte nie zur illegalen militärischen Organisation der politischen Häftlinge.
Eugen Ochs, Buchenwald-Häftling und später Bevollmächtigter der IG Metall in Ludwigsburg, warnte immer vor der Selbstbefreiungsthese, so auch in seinem 1984 erschienenen Buch »Arbeiter im Widerstand«: »Bei allem Verständnis dafür, daß manche Kommunisten nicht von Soldaten des hochkapitalistischen Amerika befreit sein wollten, halte ich es für richtiger, bei den Tatsachen zu bleiben und nicht durch eine andere Version die Glaubwürdigkeit der Berichte über KZs zu gefährden.«[5]

Willi Bleicher ist Anfang April 1945 weit von einer Befreiung, geschweige denn einer Selbstbefreiung, entfernt. Noch einmal muß er Todesängste ausstehen. Betrunkene Gestapo-Beamte wollen ihn und den früheren Lagerältesten Erich Reschke im Gefängnis von Ichtershausen abholen. Doch der Direktor wiegelt ab. Am nächsten Tag erklärt er, er wolle keine politischen Häftlinge mehr haben. Er hat Angst, denn die Front ist nah.

So werden die politischen Gefangenen weggeschafft. Die anderen Polizeigefängnisse allerdings wollen die Männer nicht aufnehmen. Die Gestapo übergibt sie deshalb dem Volkssturm. Wieder geht es hin und her, bis der Transport südlich von Plauen in Bad Elster landet, einem Außenlager von Buchenwald, wo Bleicher Häftlingsfunktionäre trifft, die er noch von Buchenwald her kennt. Schon am nächsten Tag wird das Lager aufgelöst. Die Gefangenen kommen auf Transport. Ziel: das Konzentrationslager Theresienstadt. Einige hundert Häftlinge, vor allem Juden aus Rumänien und Ungarn, Ärzte, Intellektuelle, marschieren etwa zwei Wochen lang durchs Erzgebirge, bewacht von nervösen SS-Leuten, vor allem sogenannten Beutedeutschen, die kaum Deutsch können.[6]

Kurz nach der Haftentlassung: Willi Bleicher

Die Häftlinge bekommen kaum Verpflegung, müssen in den kalten Nächten im Freien schlafen. Unterwegs sehen sie Männer, vermutlich Deserteure der Wehrmacht, die an Bäumen aufgehängt wurden. Täglich sterben zehn, zwanzig oder mehr Menschen. Die Gefangenen verscharren die Toten notdürftig am Wegrand. In einem kleinen Städtchen im Sudetenland bekommen die ausgehungerten Häftlinge von der Besitzerin einer Fischfabrik eingemachten Fisch und Kartoffeln. Sie stürzen sich wie Tiere darauf. Bleicher und andere Männer versuchen, das Essen organisiert zu verteilen, doch es gelingt ihnen nicht. Auch mit Gewalt können sie das Unglück nicht verhindern. Bleicher: »Ich habe dort zum erstenmal mit dem Stock reingehauen.« Aber es habe nichts genutzt. Wie besessen würgen die ausgemergelten Männer den Fisch hinunter und essen dann, um den Durst zu stillen, auch noch Schnee. Für viele bedeuted das den sicheren Tod.
Vielleicht hundert Gefangene ziehen weiter. Nur wenige überleben den Todesmarsch. Sie stoßen Ende April in Klingenthal an der Grenze zur Tschechoslowakei auf amerikanische Soldaten. Die SS-Bewacher hatten sich abgesetzt. Die ersten Tage der Freiheit sind bitter. Die Amerikaner weisen die Häftlinge in ein Kriegsgefangenenlager in Eger ein. Hier bekommt Willi Bleicher Kontakt zu ehemaligen Landsern. Sie seien heute noch bereit, gegen den »Iwan« zu kämpfen, sagen sie. Willi Bleicher ist entsetzt.
Nach der Entlassung aus dem Gefangenenlager sollen die wenigen ehemaligen KZ-Häftlinge vom Bürgermeister in Klingenberg versorgt werden. Dort wehen noch die roten Fahnen von den Feiern zum 1. Mai – für Bleicher »das Symbol der Freiheit«. Er erinnert sich wieder an die illegalen Mai-Feiern in Buchenwald. Jetzt kann also die neue Zeit beginnen, denkt er. Doch dann befiehlt der amerikanische Kommandant, die Fahnen sofort einzuholen.[7]

Bleicher geht zurück nach Buchenwald, will seine Effekten holen und Genossen und Freunde treffen. Viele sind bereits abgereist. Der ehemalige Kapo der Effektenkammer ärgert sich über die Verhältnisse im Lager. Er hätte sich einen geordneteren Übergang gewünscht. Besonders empört ist er über den Zustand der Effektenkammer, wo mitgenommen wurde, was nicht niet- und nagelfest war. Dabei habe gerade er alles dafür getan, um das Eigentum der Häftlinge sicherzustellen und »in guter Verwahrung zu halten«.

Er besucht Mithäftling Hermann Brill in Weimar. Die amerikanischen Militärbehörden hatten dem Sozialdemokraten die Funktion des Regierungspräsidenten in Thüringen übertragen. Bleicher kritisiert die Verhältnisse im Lager; er verlangt, daß den ausländischen Häftlingen Transportmöglichkeiten verschafft werden, damit sie möglichst bald nach Hause kommen.

Die beiden ehemaligen Buchenwalder dürften auch über die aktuellen politischen Aufgaben diskutiert haben. Brill hatte schon im Februar 1944 im KZ zusammen mit Walter Wolf von der KPD, Ernst Thape (SPD) und Werner Hilpert (Zentrum, später CDU und hessischer Finanzminister) ein »Volksfrontkomitee« gegründet, mit dem er nach der Zerschlagung des Nazi-Regimes eine »einheitliche, sozialistische und demokratische Organisation« schaffen wollte.

»Einheitsfront«: Mai-Kundgebung im befreiten Buchenwald

Zwei Tage nach der Befreiung veröffentlichten Brill und 33 weitere Sozialdemokraten das »Buchenwalder Manifest«. Im Gegensatz zu den Kommunisten, die sich zur selben Zeit in Buchenwald und anderswo auf die Forderung nach einem »freien, demokratischen Deutschland« beschränken, sehen die Buchenwalder Sozialdemokraten im Sozialismus die »unmittelbare Gegenwartsaufgabe«. Und: »Die Planwirtschaft hat den sozialistischen Aufbau zu leisten.«

Brill und Genossen wollen alle »auf dem Boden des Klassenkampfes stehenden Parteien und Gewerkschaften« vereinen. Sie verlangen die »Einheit des praktischen Handelns, der proletarischen Aktion«. Anders als die Kommunisten machen sie sich auch Gedanken darüber, wie es in Deutschland endlich zu echten demokratischen Verhältnissen kommen kann. Die parlamentarische Demokratie à la Weimarer Republik, die den Faschismus nicht verhindern konnte, sei dafür kein Modell. Die Brill-Gruppe will mehr Basisdemokratie; sie erstrebt »einen neuen Typ der Demokratie, die sich nicht in einem leeren, formelhaften Parlamentarismus erschöpft, sondern den breiten Massen in Stadt und Land eine effektive Betätigung in Politik und Verwaltung ermöglicht«. Als Sofortmaßnahme schlagen die Sozialdemokraten die Bildung »antifaschistischer Volksausschüsse« vor, »die sobald als möglich durch Heranziehung antifaschistischer Organisationen auf eine urdemokratische Grundlage zu stellen sind«.

Der Kommunist Willi Bleicher dürfte diese radikale Position entsprechend der Politik seiner Partei nicht geteilt haben. So äußert er sich zumindest in einem Brief an Ernst Thape 1975: »Er [Brill] war einer jener Sozialdemokraten, die da vermeinten, daß am Ende des Faschismus die Diktatur des Proletariats die einzige Form des Überwindens des Faschismus sei.« Den Kommunisten schreibt Bleicher dagegen »eine realistischere Einschätzung« zu. Sie hätten »die Einheitsfront aller Sozialisten und Demokraten zur Überwindung des Faschismus« propagiert.

Gegen formelhaften Parlamentarismus: KZ-Häftling Hermann Brill (SPD)

Wie aus dem Bäckergesellen ein Daimler-Schlosser wird

Der Lehrberuf bleibt ihm immer ein Trauma

Als Willi Bleicher Mitte 1945 nach über neun Jahren Haft von Buchenwald nach Stuttgart zurückfährt, ist er entsetzt: »Zum ersten Mal erlebte ich die grausigen Hinterlassenschaften des Nationalsozialismus: zerstörte Städte, Ruinen um Ruinen, unübersehbare Trümmerhaufen, unbegehbare Straßen, Chaos.« In einem Güterzug trifft Bleicher drei Männer, die sich immer noch uneingeschränkt zu den Nazis bekennen. Es entwickelt sich ein heftiger Streit. Was Bleicher aus dem Lager erzählt, wollen die drei nicht glauben. Als sie vom Zug abspringen, sagen sie, ihre Stunde werde noch einmal kommen. Bleicher ist wütend.

Letzte Station: der Güterbahnhof in Stuttgart-Untertürkheim, ein Stück seiner Kindheit. Er ist zerstört. Willi Bleicher geht nach Luginsland, wo das Elternhaus steht: drei Viertel aller Häuser sind beschädigt, 15 ganz zerstört. Bleicher hat Angst, zögert weiterzugehen, denn er weiß nicht, ob die Familie noch lebt. Er erkundigt sich zuerst bei seiner Tante. Erleichterung – Eltern und Geschwister sind am Leben geblieben; das Bleicher-Häuschen in der Annastraße 8 ist zwar von einer Brandbombe getroffen worden, doch es ist nicht schwer beschädigt.

»Bub, was haben sie aus dir gemacht«, sagt die Mutter, als sie ihren Sohn wieder sieht. Haft, Hunger, Folter und Todesängste haben den einst vitalen und attraktiven Mann gezeichnet. Es gibt Pfannenkuchen und Salat, die Lieblingsspeise des Heimkehrers.
Bleicher liebt und verehrt seine Mutter. In all den vielen Jahren hatte sie zu ihm gehalten und mit ihm gelitten. Bis zuletzt wußte Wilhelmine Bleicher nicht, ob ihr Sohn die letzten Monate der Nazi-Diktatur überlebt hatte. In Radio Luxemburg wurden immer wieder Suchmeldungen durchgegeben. Keine Antwort. Das einzige Lebenszeichen stammte vom Dezember des Vorjahres. Ludwig Becker und Eugen Ochs waren nach ihrer Heimkehr in Luginsland gewesen und hatten den Eltern mitgeteilt, daß Bleicher im Dezember 1944 im thüringischen Ichtershausen eingesperrt war. Sie hatten Bleichers Koffer aus Buchenwald mit nach Stuttgart gebracht; ihn konnten sie den Eltern übergeben. Die Freunde waren überzeugt, daß Bleicher tot sei. Doch das hatten sie der Mutter nicht gesagt.

Willi Bleicher kann sich zunächst im zivilen Leben nur schwer zurechtfinden. Vieles belastet ihn. Die Not der Leute, ihre Rücksichtslosigkeit. Und plötzlich will keiner mehr in »der Partei«, der NSDAP, gewesen sein. Er ist enttäuscht von den Menschen, die nicht einmal jetzt dazu bereit sind, die Nazi-Herrschaft zu verurteilen und ihre Irrtümer einzugestehen. Er leidet unter den schlimmen Meldungen über Nachbarn, Freunde oder

Genossen. Viele sind tot oder werden vermißt. Die Nazis und ihre Richter ließen noch kurz vor Kriegsende fast die gesamte Nachbarfamilie Schlotterbeck umbringen. Mit ihr hatte Bleicher schöne Kinder- und Jugendjahre verbracht. Von ihr hatte er viel gelernt, auch wenn es später politischen Streit gab.

Willi Bleicher erinnert sich wieder an die Zeit nach dem Ersten Weltkrieg. Auch damals herrscht in den Stuttgarter Arbeitervierteln große Not. Vater Paul Bleicher muß eine achtköpfige Familie ernähren. Er ist Schlosser und arbeitet bei der Daimler Motorengesellschaft in Untertürkheim. Er hatte bei der Reichsbahn gelernt und dann beim Aufzugbauer Hahn gearbeitet. Bereits im Jahr 1900 hat er bei Daimler in Cannstatt Automobile gewartet, auch die Karossen des Königs sollen dabei gewesen sein.
Daimler wird es in Cannstatt bald zu eng. Man baut ein Werk im nahen Untertürkheim. Paul Bleicher geht mit in das noch vom Weinbau lebende Neckardorf.

Doch trotz König und Daimler bekommt Paul Bleicher wenig Lohn; äußerst sparsame Mahlzeiten, ja Hunger, sind keine Seltenheit. Berüchtigt unter den 1900 Untertürkheimer Daimler-Arbeitern ist damals die »Welschkornsuppe«, eine Maissuppe, auf der kein Fettauge zu sehen ist, erinnert sich Willi Bleicher. Während die Weingärtnersbuben zum Frühstück ein Butterbrot bekommen, gibt es bei Bleichers häufig nur diese dünne Brühe. Statt Butter nehmen sie Schmalz. Das Brot ist rar; die Mutter muß es wegschließen. An Fleisch oder Wurst ist kaum zu denken. Auf einem kleinen Gartengrundstück baut man Mais, Kartoffeln und Gemüse an.
Die achtköpfige Familie wohnt in einer engen Dreizimmerwohnung in einem dunklen Hinterhof in Untertürkheim. 1913 bezieht sie eine neu gebaute Daimler-Werkswohnung, die mit Gasleitungen ausgestattet ist. Gaslicht ersetzt jetzt die Petroleumbeleuchtung. Ein Fortschritt zwar, aber die Wohnung ist mit drei Zimmern wieder viel zu klein.

Die Bleicher-Kinder kennen weder Unterhosen noch Unterhemden, erzählt Willi Bleicher später. Im Sommer gehen sie meist barfuß. Die teuren Spielsachen, die sie in Stuttgart während der Weihnachtszeit in den Schaufenstern sehen, kann sich die Mutter nicht leisten. Das ist bei den Kindern der Weingärtner und Geschäftsleute in Untertürkheim anders. Willi Bleicher wird das nie vergessen. Noch als Rentner schwärmt er von »großen Schaukelpferden mit den richtig großen Schwänzen«, von Lokomotiven und Dampfmaschinen. Damals sei ihm zum erstenmal die Frage gekommen, wer sich das alles kaufen könne.
Den Ersten Weltkrieg erlebt der junge Willi bewußt mit. Er geht inzwischen zur Schule. Auch in Un-

Die sanfte Mutter und der strenge Vater: Wilhelmine und Paul Bleicher am Hochzeitstag

Fünfzig Jahre später bei der Goldenen Hochzeit im Kreise der Familie. Zweite Reihe dritter von rechts Willi Bleicher

tertürkheim Begeisterung bei den meisten Erwachsenen. Der Siebenjährige findet nichts daran und singt mit, wenn sie krakeelen: »Jetzt wollen wir Frankreich schlagen ...«
Er sieht verwundete französische Soldaten und Offiziere auf dem Güterbahnhof in Untertürkheim: Ihre Verbände sind blutgetränkt. Fiebernd stehen sie da mit ihren Franzosenkäppis, unrasiert, wie eine Herde zusammengetriebener Schafe. Nichts glänzt mehr an den Uniformen oder an den roten Hosen mit dem Offiziersstreifen. Der kleine Willi sieht genau hin.

Einmal erreicht er das Klassenziel nicht

Die Untertürkheimer Frauen kommen und begaffen die französischen Kriegsgefangenen, die in Pferdewagen verladen werden. Sie bespucken die Männer, als seien sie Untermenschen. Bleicher versteht die Welt nicht mehr; er denkt an die Kinder der Franzosen, an die Frauen und Mütter. »Das hat sich tief, tief in meine Seele eingegraben«, wiederholt er seitdem immer wieder.

Daimler wird zum Rüstungsbetrieb. Die Arbeiter in Untertürkheim bauen Flugzeugmotoren, Artillerieschlepper, Halbkettenfahrzeuge und Plattformwagen für Geschütze. Der junge Bleicher darf in einem dieser Monster einmal mitfahren: »Es war unheimlich für mich, aber kein Vergleich mit dem, was heute ein Panzer ist.«
Bleichers Vater wird eingezogen; nach vier Wochen kommt er zurück, denn Daimler braucht ihn für die Rüstungsproduktion.
Die Verpflegung wird immer schlechter. Der Hurra-Patriotismus verschwindet nach und nach. In den Arbeiterorganisationen in Untertürkheim kommt es zu heftigen Auseinandersetzungen. Die Kriegsgegner gewinnen unter den Arbeitern und unter den zahlreichen Arbeiterinnen, die jetzt bei Daimler ihre Männer ersetzen müssen, an Einfluß. Immer mehr Funktionäre bekennen sich zur »Unabhängigen Sozialdemokratischen Partei Deutschlands« (USPD), die einen Waffenstillstand und die Abschaffung der Monarchie fordert.
Schon einen Tag nach dem Aufstand der Kieler Matrosen bildet sich in Stuttgart am 4. November 1918 ein Arbeiter- und Soldatenrat. Tausende marschieren in die Innenstadt. Die Mehrheit der Daimler-Beschäftigten schließt sich, trotz der Warnung von gemäßigten sozialdemokratischen Vertrauensleuten, dem Zug an. Vor dem Schloß fordern die Demonstranten Frieden, die Abdankung des deutschen Kaisers und des Königs von Württemberg, freie Wahlen, die Enteignung der Banken und Industrien sowie die Verkürzung der Arbeitszeit auf sieben Stunden.

Als der Arbeiterrat inhaftiert wird, führt die Empörung in den Betrieben zu einer explosiven Stimmung. Erst jetzt rufen die Führer der SPD und der Gewerkschaften zum Widerstand auf.
Am 9. November stehen nun auch bei Daimler in Untertürkheim alle Räder still. Der elfjährige Willi Bleicher verteilt Aufrufe, die ihm irgendein Erwachsener in die Hand gedrückt hat. »Mensch Junge, bist du doof. Das sind doch Flugblätter von den Blauen«, schimpft deshalb ein Arbeiter. Er meint den rechten Flügel der Sozialdemokratie, der in Stuttgart die roten Beitragsmarken durch blaue ersetzt hatte. Der kleine Willi versteht das nicht; weil er den Mann gut kennt, verteilt er dann die Flugblätter der radikaleren USPD.

Die Schule erlebt Willi Bleicher als Horror. Dies ändert sich auch nach dem Krieg und nach der Novemberrevolution nicht. Mancher Lehrer führt sich wie ein Unteroffizier auf. Die schlecht ausgebildeten Pädagogen prügeln ihre Schüler je nach Lust und Laune, verteilen Tatzen und Hosenspanner. Bleicher bekommt mit Abstand die meisten Schläge. Der Standardspruch seines Lehrers in der Untertürkheimer Wilhelmsschule: »Bleicher raus, so dumm bist du nicht!« Bleicher gilt zwar als klug und aufgeweckt, doch er ist renitent und faul. Wenn der Lehrer etwas wissen will, verweigert er oft die Antwort. Einmal erreicht er wohl deshalb das Klassenziel nicht.
Der junge Bleicher fühlt sich auf der Gasse wohl. Da ist er den anderen überlegen. Schon damals hat er »das Mundwerk auf dem rechten Fleck«, berichtet Mitschüler Eugen Schimpf. Bleicher ist

ein Anführertyp, der »Chef« einer kleinen Jugendbande. Er spielt gern Fußball, meist in der Konradstraße in Luginsland, barfuß und mit Stoffbällen. Willi Bleicher teilt dabei die Mannschaften ein; er hat das Sagen. Bei Fußballspielen auf dem Cannstatter Wasen treten die Arbeiterjungs aus Untertürkheim und Luginsland gegen Realschüler an. »Ich war so hart gegen diese jungen Realschüler, und sie fürchteten mich; wenn ich an den Ball ging, dann gingen sie weg«, erinnert sich Bleicher. »Ich glaube, ich habe damals so einen primitiven Klasseninstinkt abreagiert.«

»Anerkennung treu geleisteter Dienste«: Paul Bleichers 25jähriges Jubiläum bei Daimler

Willi Bleicher ist ein guter Turner; er gehört zur Schülerinnen- und Schülerabteilung des örtlichen Turnclubs. Später wird er Kassier in dem Verein, der sich nun »Freie Turn- und Sportvereinigung Untertürkheim-Luginsland« nennt und sich zum deutschen Arbeiterturn- und Sportbund bekennt. Schwimmen gehört zu Bleichers Lieblingssportarten. Mutproben im noch nicht kanalisierten Neckar sind seine Spezialität. So überredet er seine Freunde, bei eisiger Kälte und Schneegestöber zu baden. Im Sommer hat er eine ganz besondere Idee: Er steigt hinter dem damaligen Daimler-Gelände auf einen Güterzug, der gerade langsam über die hölzerne Neckarbrücke fährt. An einer bestimmten Stelle springt er in den Fluß. Die Freunde müssen es nachmachen, wenn sie nicht als Feiglinge gelten wollen. Eugen Schimpf: »Wir haben schon damals gespürt, daß der Willi etwas anderes ist als wir alle.«

Religion ist Opium fürs Volk, wird Bleicher später sagen. In seiner frühen Jugend ist das anders. Die Mutter ist eine fromme Frau, Klein-Willi interessiert sich zumindest in den ersten Schuljahren für den Religionsunterricht. Doch er wäre nicht Bleicher, wenn er dem Untertürkheimer Pfarrer Johannes Lechler im Konfirmandenunterricht nicht große Schwierigkeiten machen würde.

Bleichers Urteil über den Pfarrer ändert sich später: Lechler war »ein Mann, der das Evangelium lebte, der sich selbstlos aufopferte, dem Armut physische Schmerzen bereitete«. Er sei deshalb ein wahrer Sozialist gewesen. Bei der Beerdigung des evangelischen Pfarrers kommen Freidenker und Katholiken; fast ganz Untertürkheim ist unterwegs, so Bleicher, »um Abschied zu nehmen von ihm, dem Mensch, nicht von seiner Religion«. Auch der Kommunist Bleicher bleibt übrigens noch viele Jahre Kirchenmitglied. Die meisten seiner Genossen sind längst den Freidenkern beigetreten.

Der junge Bleicher lernt schon früh die Angst vor der Arbeitslosigkeit kennen, die Furcht selbst von hochqualifizierten Facharbeitern vor dem »blauen Brief«, das Zittern der Mütter vor jedem Freitag. 1920 erlebt Willi Bleicher zum erstenmal bewußt, was Streik und Aussperrung für Arbeiter bedeuten können. Auch der Vater ist betroffen; die Bleichers sind verschuldet, denn sie wohnen inzwischen in einem eigenen Häuschen, wenige Kilometer oberhalb des Neckartals in Luginsland.

Untertürkheimer Arbeiter hatten angesichts der Wohnungsnot in der Neckargemeinde 1911 zur Selbsthilfe gegriffen und eine Baugenossenschaft gegründet. Unterhalb von Kappel- und Rotenberg entstand eine kleine »Kolonie«, die Gartenstadt Luginsland. Vor allem Daimler-Arbeiter haben sich dort mit viel Eigenarbeit Häuschen gebaut. Und sich dabei verschuldet. Nach der Aussperrung sehen sie sich in ihrer Existenz bedroht.

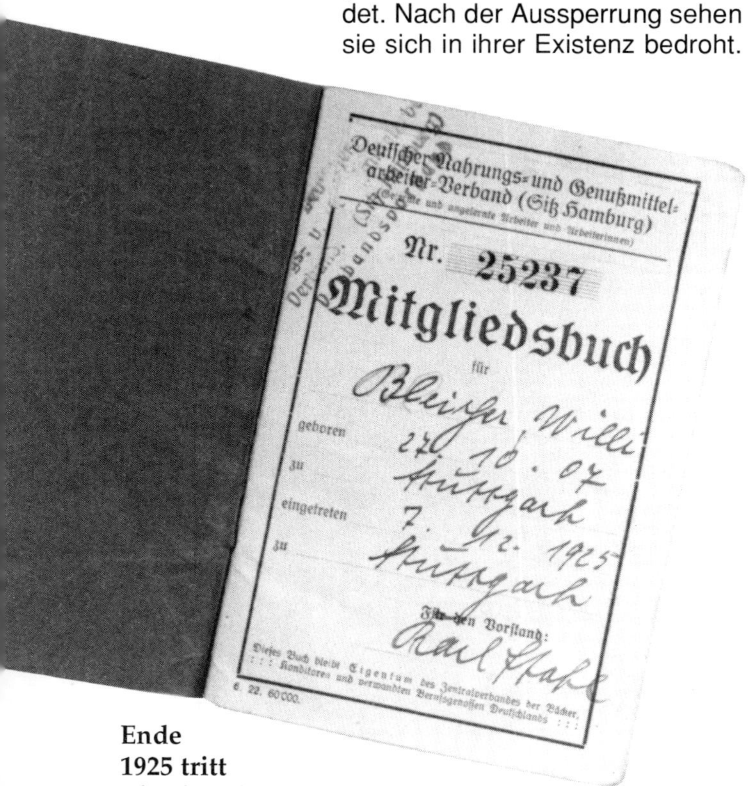
Deutscher Nahrungs- und Genußmittelarbeiter-Verband (Sitz Hamburg)

Nr. 25237

Mitgliedsbuch

für Bleicher Willi

geboren 27. 10. 07

zu Stuttgart

eingetreten 7. 12. 1925

zu Stuttgart

Für den Vorstand:

Dieses Buch bleibt Eigentum des Zentralverbandes der Bäcker, Konditoren und verwandten Berufsgenossen Deutschlands

E. 22. 60000.

Ende 1925 tritt Bleicher der Gewerkschaft der Nahrungsmittelarbeiter bei

Auch die Bleichers wissen weder ein noch aus.
Für Willi Bleicher hat der Arbeitskampf noch eine andere Bedeutung. Eigentlich sollte er, nach dem Willen des Vaters, Werkzeugmacher werden. Da Daimler die Bewerber einer strengen Aufnahmeprüfung unterzog, hätte der Lernfaule bei den Untertürkheimer Autobauern wohl kaum eine Chance gehabt, vermutet sein Schulkamerad Eugen Schimpf. Ausschlaggebend für Bleichers Berufswahl sind ohnehin der Streik, der Hunger und der Besuch des Untertürkheimer Pfarrers Lechler, der der Familie rät, den Sohn das Bäckerhandwerk erlernen zu lassen. Bäcker streikten nicht, und Brot brauche man immer, begründet Lechler seinen Vorschlag. Endlich mal Brot essen, soviel man will, denkt sich der junge Willi. Er ist begeistert. Vater Paul Bleicher sieht für die Familie einen Vorteil: ein Esser weniger. Und die Mutter denkt schon an die Zukunft: Wie man sich bettet, so liegt man, sagt sie. Klein Willi könnte ja nach der Ausbildung ein Bäckermädchen heiraten und ein Geschäft aufmachen. Auch das imponiert dem Sohn.

Als Vierzehnjähriger beginnt Willi Bleicher bei Meister Gottfried Pfisterer in der Stuttgarter Innenstadt eine Bäckerlehre. Drei Jahre lang muß der Junge um vier Uhr in der Früh aufstehen, zehn bis zwölf Stunden am Tag arbeiten, manchmal noch länger. Er muß schwere Säcke schleppen, Bleche putzen und die Backstube fegen. Er wird herumgeschubst, bekommt nur ein paar Mark als Wochenlohn und hat keinen Urlaub.
Kost und Logies sind frei. Doch beim Essen ist die Meisterin sparsam, und die Unterbringung ist eher grausam: ein Kellerzimmer ohne Licht, das Bleicher mit drei Gesellen teilt. Da es keine Toilette gibt, steigen die vier aus dem Fenster und verrichten ihre Notdurft im Freien. Waschen können sie sich nur am verdreckten Spültisch in der Küche.
Willi Bleicher findet das nicht tragisch. Er ist stolz darauf, wie ein starker Mann schwere Säcke schleppen zu können. Schließlich rackern sich auch der Meister und die Meisterin von früh bis spät ab; auch sie haben keinen Urlaub: Nur so können sie ihren beiden Söhnen ein Studium ermöglichen.

Die Lehrlinge sind, wie überall, billige Arbeitskräfte, lernen nur wenig; die Schule besuchen sie nach dem zehnstündigen Arbeitstag – einmal in der Woche zwei Stunden lang. Sie sitzen dann da, kämpfen mit dem Schlaf oder sind bereits eingenickt. Danach müssen sie noch einmal in die Backstube, Teig anmachen oder den Ofen richten. Den jungen Willi stört es nicht. Er ist voll bei der Sache, identifiziert sich mit der Bäckerei. Samstagnachmittags darf er zur Familie nach Luginsland. Die Meisterin gibt ihm gelegentlich »süße Stückle« mit.
Am wohlsten fühlt er sich bei der Nachbarsfamilie Schlotterbeck oder bei Ausflügen mit der Kommunistischen Jugend. Vater Gotthilf Schlotterbeck übt einen großen Einfluß auf ihn aus. Bleicher mag ihn; für seinen eher gefühlskalten Vater dagegen empfindet er wenig. Der alte Schlotterbeck und sein Sohn Frieder haben den jungen Willi schließlich für

kommunistische Ideen begeistert.
Obwohl er wenig Zeit hat, bekommt Bleicher seit Lehrbeginn einiges vom Stadtleben mit. Die Bäckerei liegt rund fünf Minuten vom Hauptbahnhof entfernt, am Rande des »Gerichtsviertels«. Hier wohnen Professoren, Generäle, Richter und Rechtsanwälte, Leute, wie Bleicher sie in Untertürkheim nur selten zu Gesicht bekam. Sie und ihre Frauen kaufen in der kleinen Bäckerei in der Schützenstraße 14 ein. Das Einwickelpapier müssen sie mitbringen, die Zeitung von gestern. Bleicher, der sich keine Zeitung leisten kann, ist begierig nach den Resten. Er liest viel, zumindest wenn er Zeit hat – auch abends noch beim Schein des Ofenfeuers: keine Arbeiterzeitungen, liberale Blätter wie den »Schwäbischen Merkur« und das »Stuttgarter Tagblatt«.
Im dritten Lehrjahr bekommt Willi Bleicher erste Zweifel. Die Arbeit gefällt ihm nicht mehr. Den Wunsch nach Selbständigkeit hält er für unsinnig. Schließlich will er sich nicht »zu Tode rackern« wie sein Lehrherr, nur um über die Runden zu kommen.

1925 hat Willi Bleicher ausgelernt. Die Gesellenprüfung dauert nicht lange: Ein paar Fragen vor dem Innungsausschuß und zwei Stunden mithelfen bei einem anderen Bäcker. Bleicher arbeitet noch einige Zeit bei seinem Meister, volontiert zwischendurch in einer Konditorei und geht wieder in den Lehrbetrieb zurück. Die Meisterin hatte ihn gerufen, da ihr Mann überraschend gestorben war.
Mit dem neuen Meister versteht sich der junge Bäckergeselle nicht. Der Achtzehnjährige ist inzwischen selbstbewußter geworden. Er erklärt offen, daß er Gewerkschaftsmitglied sei. Ende 1925 war er dem »Deutschen Nahrungs- und Genußmittelarbeiter-Verband« beigetreten. Als Bäcker eines Kleinbetriebs gilt er dort als Exot, denn die Gewerkschaft hat vor allem in Brauereien, Nudelfabriken oder bei Konsumvereinen Einfluß.

Der junge Bleicher geht jetzt abends meist nicht mehr in die Backstube, sondern zu Versammlungen. Zu den Demokraten, den Sozialdemokraten oder den Kommunisten. Es wird spät, das Aufstehen in der Früh um vier Uhr fällt schwer. Der übermüdete Bäcker backt dann auch einmal zu große oder zu kleine Brötchen. Und so kracht es eines Tages. Der Meister schmeißt ihm etwas an den Kopf. Bleicher verläßt die Bäckerei und meldet den Vorfall der Gewerkschaft in der Suttgarter Holzstraße. Er bekommt für eine Woche Lohn nachbezahlt.
Nach einem Zwischenspiel in einer Bäckerei der Konsumgenossenschaft entscheidet er sich endgültig gegen seinen Lehrberuf. Bei seinen Freunden und Genossen bleibt er der »Bäck«. So mancher kennt nicht einmal Bleichers richtigen Namen, nur das Spottlied: »Oh Wanderer, bist du ein Bäck, so geh von diesem Grabe weg, denn unter diesem Grabesdeckel wohnt ein Allmachts-Bäcka-Seckel.«
Auch ideologische Motive könnten für Bleichers Abkehr vom erlernten Beruf mit ausschlaggebend gewesen sein. Immerhin gehört er inzwischen der KPD-Jugend an. Aber mit Bäckern konnte man weder Massenstreiks noch Revolutionen machen. Das ging nur mit Industriearbeitern. Auf sie hat sich die Linke immer konzentriert. Bleicher jedenfalls jobbt jetzt als Hilfsarbeiter; meist jedoch ist er arbeitslos.

Begeistert Bleicher für kommunistische Ideen: Gotthilf Schlotterbeck

Bei der kommunistischen Jugend fühlt er sich wohl: Bleicher (2. Reihe, 4. von links), Junggenossen

So schlicht beginnt das Berufsleben des späteren Bezirksleiters der IG Metall in Baden-Württemberg, des »letzten großen Arbeiterführers der BRD«, wie er oft genannt wird. Die Legende freilich macht schon den jungen Bäckerstift zum Schlosserlehrling bei Daimler und den Hilfsarbeiter, der mal hier, mal da jobbt, zum Facharbeiter; aus dem unbedeutenden Jugendfunktionär bei der Bäckergewerkschaft wird der Stuttgarter Jugendleiter des Deutschen Metallarbeiterverbandes (DMV). Bereits im ersten Lehrjahr sei Bleicher der Gewerkschaft beigetreten.

Der Leiter der Metalljugend hieß nicht Willi Bleicher, sondern Alfred Albrecht (erste Reihe, zweiter von links)

Die Legenden über den jungen Willi Bleicher halten sich bis in die neunziger Jahre hinein.
Mehrmals heißt es bei den Recherchen zu diesem Buch hinter vorgehaltener Hand: Bleicher war eigentlich Bäcker, aber das kann man ja wohl nicht schreiben. Andere Interviewpartner dagegen haben offen über Bleichers Vergangenheit gesprochen.

Niemand hatte an der Schlosser-Legenden gekratzt, obwohl jeder Vorsitzende der IG Metall und alle Bezirksleiter zumindest eines sicher wissen mußten, nämlich daß Bleicher nicht Metallfacharbeiter, sondern gelernter Bäcker war. Eugen Ochs hat dies häufig genug unter Vertrauten erzählt; der ehemalige Daimler-Lehrling wußte auch, daß der Jugendleiter der Metaller in Stuttgart nicht Bleicher, sondern Alfred Albrecht hieß. Bleicher selbst hat dies zumindest im engsten Kollegenkreis zugegeben.
Keiner hat das Spiel durchkreuzt, weder die politischen Gegner noch die Historiker in Ost und West; weder die baden-württembergische Landeszentrale für politische Bildung noch die Stadt Stuttgart, die Bleicher 1982 eine Straße gewidmet hat; weder die vielgescholtenen Unternehmer noch die böse bürgerliche Presse. Wie sollte sie auch? Schließlich war Bleicher nicht der Vorsitzende der »Gewerkschaft Nahrung, Genuß, Gaststätten«, und schließlich hieß es bei den Pressestellen der IG Metall in Stuttgart und Frankfurt immer wieder, der »legendäre Arbeiterführer« habe einst den Schlosserberuf erlernt. Ein Blick in die Personalakte hätte genügt. Hier heißt es in einem von Bleicher selbst verfaßten Lebenslauf aus dem Jahr 1958, er habe nach der Volksschule eine Bäckerlehre absolviert.
Doch welcher Journalist ist auf die Idee gekommen, die offiziellen Berufsangaben der größten Einzelgewerkschaft der Welt zu bezweifeln? Nur ganz wenige Journalisten sollen die Geschichte gekannt haben. »Die haben dann immer wieder gelacht, wenn einer das Schlosser-Märchen verbreitet hat«, erinnert sich Karl Schwab, der viele Jahre Erster Bevollmächtigter der IG Metall in Stuttgart war. Zehntausende von Metallern haben Willi Bleicher in den sechziger und siebziger Jahren bewundert, ja verehrt. Sie sahen in ihm natürlich den ehemaligen Schlosser, der einer der Ihren war. Sein wahrer Lehrberuf blieb bis heute tabu. So verbreitete DGB-Vorstandsmitglied Lothar Zimmermann noch im Sommer 1991 das Märchen vom Daimler-Schlosser, als die DGB-Jugendschule Hattingen in »Willi-Bleicher-Haus« umbenannt wurde.

Willi Bleicher selbst hat kräftig zur Legendenbildung beigetragen, vermutlich ist er auch ihr Erfinder. Nicht nur, daß er die falschen Darstellungen drei Jahrzehnte lang akzeptierte, er hat sie selbst verbreitet. So erklärte er zum Beispiel im Westdeutschen Rundfunk gegenüber Sibylle Krause-Burger Ende 1972 wörtlich: »Beruflich habe ich das Schlosserhandwerk erlernt und bin 1923 zur Gewerkschaft gekommen.« Nicht einmal das Eintrittsdatum stimmt.
Bei der ersten Bundesjugendkonferenz des Deutschen Gewerkschaftsbundes 1950 in Hamburg gibt Bleicher an, er sei 1922 der Gewerkschaft beigetreten. In einer Verwaltungsakte der IG Metall heißt es ein Jahr später, er sei von 1925 bis Mai 1933 Jugendleiter des Deutschen Metallarbeiterverbandes in Stuttgart gewesen.
Bei mehreren Versammlungen im Untertürkheimer Werk von Daim-

ler-Benz hat Willi Bleicher als Bezirksleiter der IG Metall in Baden-Württemberg während der sechziger Jahre »lauthals verkündet, daß er Schlosser ist«, berichtet Frieder Schimpf, der damalige stellvertretende Betriebsratsvorsitzende. Die beiden kannten sich schon aus Kinder- und Jugendjahren, doch auch Schimpf schwieg: »Da haben wir eben den Mantel der christlichen Nächstenliebe darübergelegt; wir wollten dem Willi ja nicht schaden.«

Eugen Loderer, mit dem Willi Bleicher seit Ende der vierziger Jahre befreundet ist, sagt ihm immer wieder: »Willi, das Bäckerhandwerk ist ein ehrbarer Beruf.« Ernst Eisenmann, Bleicher-Schüler und späterer Bezirksleiter der IG Metall im Südwesten, erklärt, der Metallfacharbeiter sei Bleicher »fast etwas Heiliges« gewesen. »Sein Lehrberuf war ihm deshalb immer ein Trauma.« Und Eisenmann-Nachfolger Walter Riester, der zumindest von dem späten Bleicher stark beeinflußt wurde, sagt: »Es gab ein paar Dinge, die man beim Willi akzeptiert hat, weil man ihn mochte.«

Dabei wirkten in Baden-Württemberg noch zwei wichtige Metall-Funktionäre, die einst Bäcker waren, die Bevollmächtigten in Stuttgart und Heidelberg, Karl Schwab und Rudi Bock. Stuttgart war bereits damals die größte und wichtigste Verwaltungsstelle der IG Metall. Ohne die Stuttgarter hätte auch Bleicher kaum erfolgreiche Arbeitskämpfe führen können. Doch kein Facharbeiter bei Daimler oder Bosch wußte, daß ihn zwei gelernte Bäcker in Urabstimmungen und Streiks führten.

»Das wollten die nicht wissen«, erklärt Karl Schwab. So habe es der Gesamtbetriebsratsvorsitzende von Daimler, Ernst Schäfer, peinlichst vermieden, Schwabs wahren Beruf in einem größeren Kreis bekannt zu machen. Als ihn einmal ein Daimler-Manager auf den talentierten neuen Stuttgarter Bevollmächtigten anspricht und nach dessen Ausbildung fragt, lenkt Schäfer ab und nennt Schwab einen Refa-Spezialisten, einen Fachmann für die Arbeitsbewertung. Der Facharbeiter-Mythos mußte gepflegt werden. Der Metallfacharbeiter, und der bei Daimler ohnehin, fühlte sich eben als etwas Besseres; er gehörte seit Jahrzehnten zur Arbeiterelite. Und die Betriebsratsfürsten kultivierten dieses Bild, so gut sie konnten. Vielleicht ging es Bleicher ähnlich. Vielleicht wollte und mußte er auf die konservative Stimmung unter den Metallfacharbeitern Rücksicht nehmen, von der er immer wieder sprach. Und er kannte die Stimmung der Massen wie kaum ein anderer. Seit Anfang der sechziger Jahre hing der Erfolg der IG Metall im ganzen Bundesgebiet vor allem von diesem schwäbischen »Arbeiter-Adel« ab. Ohne oder gar gegen ihn war kein Arbeitskampf zu gewinnen.
Und darum ging es Willi Bleicher zuallererst. »Wenn's der Revolution nutzt ...«, sagte er in der Bezirksleitung der Gewerkschaft in der damaligen Kanzleistraße in Stuttgart. Das war flapsig, denn er konnte sehr wohl einen Streik von einer Revolution unterscheiden. Doch was er meinte, war klar: Wenn's der Sache dient ...

Zwei Bäcker als Streikführer der IG Metall in Baden-Württemberg: Karl Schwab (links) und Willi Bleicher

Facharbeiter-Mythos: Daimler-Betriebsrat Ernst Schäfer

Der Weg von der KPD zu den Oppositionskommunisten

Aber der Willi hat doch eine Gosch für drei

Ende der sechziger und Anfang der siebziger Jahre beschimpft der IG-Metall-Bezirksleiter Willi Bleicher die Aktivisten der »radikalen Linken« als Sektierer und »Spintisierer«. Er scheut nicht davor zurück, ihnen Transparente aus der Hand zu reißen. Die langhaarigen jugendlichen Demonstranten, Studenten und Schüler, Lehrlinge und Jungarbeiter passen nicht in sein Weltbild. Ob er sich damals an seine eigene Jugend erinnert hat, wo er zusammen mit Junggenossen auch Versammlungen der SPD sprengen konnte?

Der Bleicher der späten zwanziger und frühen dreißiger Jahre ist ein junger Radikalinski. Besonders gern attackiert er die Sozialdemokraten. Wenn er bei SPD-Veranstaltungen das Wort ergreift, kommt es nicht selten zum Eklat. Als er bei einer Versammlung in der Untertürkheimer »Sängerhalle« zu heftig gegen den »Verrat« der sozialdemokratischen Reichsregierung unter Hermann Müller polemisiert, ziehen ihn die Genossen von der Bühne. Sie hatten 1928 mit der Losung »Für Kinderspeisung – gegen Panzerkreuzer« die Reichstagswahlen gewonnen und wenige Monate später den Bau des ersten Panzerkreuzers beschlossen. Bleicher sieht darin Verrat.
Bei einer Wahlversammlung greift er den späteren SPD-Vorsitzenden Kurt Schumacher an, den die Stuttgarter Sozialdemokraten 1920 als Redakteur für ihre »Schwäbische Tagwacht« engagiert hatten. Der sieben Jahre ältere und rhetorisch sehr begabte Intellektuelle läßt den Arbeiterjugendlichen aus Luginsland auflaufen. Das trifft ihn. Noch in den siebziger Jahren erwähnt Bleicher Schumachers zynische Art.
Einmal bringt der junge Kommunist den SPD-Landtagsabgeordneten und späteren Landtagspräsidenten Albert Pflüger auf die Palme. Der Sozi verliert die Nerven, die Versammlung wird abgebrochen.
Bleicher hat ein Gespür für die Stimmung in den Vereinssälen und den Hinterzimmern der Wirtshäuser. Auch wenn er es auf einen Rausschmiß ankommen läßt, haben ihm die Menschen zuvor interessiert zugehört.
So auch bei einer Veranstaltung der Sozialdemokraten in der Turnhalle des heutigen Stuttgarter Stadtteils Rohracker, einer Hochburg der KPD. Wieder greift Bleicher den Referenten frontal an. Es ist der Landtagsabgeordnete und spätere Innenminister Fritz Ulrich. Die Sozialdemokratie sei mitverantwortlich für den Ersten Weltkrieg, weil sie den Kriegskrediten zugestimmt und mit dem Kaiserreich und den Rechten Burgfrieden geschlossen habe. Die SPD habe damit den Friedensschwur der Sozialistischen Internationale von Basel gebrochen. Nach dem Krieg hätten die Mehrheitssozialisten mit der reaktionären Reichswehr zusammengearbeitet, um den Kapitalismus zu retten. Scharf attackiert Bleicher des-

halb den Sozialdemokraten Friedrich Ebert, der von 1918 bis 1925 Reichspräsident war. Bleicher lobt dagegen Wladimir Iljitsch Uljanow, genannt Lenin, den er aus dem Kopf zitieren kann. Er berichtet über die politische Entwicklung in der UdSSR und schwärmt von deren wahrhaft sozialistischen Zielen. Die SPD und die Gewerkschaftsführung in Deutschland dagegen beschränkten sich auf Reformen des Kapitalismus, und die Gewerkschaften führten nur noch Tarifkämpfe durch. Das ist Ulrich und den Rohracker Sozialdemokraten zuviel; der Geduldsfaden reißt: Willi Bleicher und seine Freunde müssen die Turnhalle verlassen.

Kameradschaft bei den Jungkommunisten: Willi Bleicher, Freundin Helene

Bleichers erste Zeit bei der kommunistischen Jugend ist weniger spektakulär. Die Mädchen und Knaben treffen sich regelmäßig und diskutieren über Tagespolitik und Kommunismus. Da sie sich kaum Zeitungen leisten können, muß ein Junggenosse, der bei der Reichsbahn auf dem Stuttgarter Hauptbahnhof arbeitet, das Berliner Tagblatt oder die Zürcher Zeitung aus den Fernzügen mitbringen. Wichtig ist den Arbeiterjugendlichen aus Untertürkheim die Kameradschaft, berichtet Willi Bleicher. Wer bei Ausflügen zuwenig zum Essen hat, bekommt von der Gruppe etwas. Spesen kennt man nicht. Mit dem wenigen Geld, das die Jugendlichen ha-

Er will seine Zeit nicht verplempern: Der junge Willi Bleicher

ben, kaufen sie Fahrkarten für den Zug oder die Straßenbahn. Sie haben keine Zelte, sie übernachten bei Bauern in Scheunen. Darauf sind die Jungs und Mädels stolz. Doch Annäherungsversuche gelten »geradezu als Verbrechen«. Es herrscht »Sauberkeit«, erzählt Bleicher später bei Diskussionen mit jungen Metallern. Prüde kommt ihm das Verhalten der damaligen Jugend inzwischen vor.

Alkohol brauchen die Untertürkheimer Jungkommunisten in diesen Jahren genausowenig wie Zigaretten. Beides ist verpönt. Bleicher kann allerdings schon damals das Rauchen nicht lassen. Radios oder Plattenspieler gibt es nicht, die Jugendlichen singen selbst; Bleicher trifft dabei nicht immer den richtigen Ton. Wenn die Junggenossinnen und Junggenossen abends von einem Ausflug nach Stuttgart zurückkehren, marschieren sie die Königstraße hoch und singen, während die Spießer am Straßenrand glotzen. Die Arbeitersport- und -kulturvereine interessieren den Kommunisten Bleicher immer weniger. Bei Wanderungen wird fast ausschließlich politisiert. »Das war bei ihm in Fleisch und Blut übergegangen«, erinnert sich Otto Wahl. Als Wahl sich zusammen mit anderen zur Tanzstunde anmeldet, flippt Willi Bleicher aus: »Wie kann man das nur machen?« schimpft er. »Das ist doch völlig bürgerlich; solche Leute müßte man aus dem Jugendverband ausschließen!« Bleicher geht nie tanzen und meidet »billige Veranstaltungen«, wie er sagt. Er will seine Zeit nicht »verplempern«, liest lieber Zeitungen und leiht sich aus der Bibliothek der Kommunistischen Jugend »haufenweise« Bücher aus.

Nach seiner Tätigkeit als Bäcker beginnt Willi Bleicher, vermutlich im Mai 1927, in dem Unternehmen, in dem sein Vater und die beiden Brüder Paul und Karl arbeiten, bei Daimler in Untertürkheim. Der Vater kann ihm einen Job im Versand besorgen, obwohl die Arbeitsplätze rar sind. Hier arbeitet der Hilfsarbeiter Bleicher vor allem mit Zimmerleuten zusammen, die in der Holzarbeitergewerkschaft organisiert sind. Die Holzarbeiter spielen zu dieser Zeit bei Daimler eine große Rolle, denn viele Teile des Autos bestehen aus Holz.
Bleicher verkauft trotz Verbot im Betrieb die »Arbeiterillustrierte«. Der Meister toleriert es, doch bei den Zimmermännern hat Bleicher nicht viel Glück. Sie sind gemäßigt und unterstützen die Sozialdemokratie. Wie in allen Großbetrieben gibt es bei Daimler mehrere Gewerkschaften; das Prinzip »ein Betrieb, eine Gewerkschaft« hat sich noch nicht durchgesetzt. Und neben den Einzelgewerkschaften des großen ADGB, des Allgemeinen Deutschen Gewerkschaftsbundes, haben sich Arbeiter und Angestellte zu christlichen und den liberalen Hirsch-Dunkerschen Gewerkschaften zusammengeschlossen. Bleicher, der inzwischen in die Metallgewerkschaft gewechselt ist, spricht nun auch bei Versammlungen im Betrieb. Er ist zwar noch jung und »nur« Hilfsarbeiter, doch man hört ihm zu.
Als es zur Zeit des sächsischen Metallarbeiterstreiks im Frühjahr 1928 zu Streikbrecherarbeiten im Versand kommt, gibt es heftige Auseinandersetzungen. Die Zimmerleute sagen, der Streik gehe die Holzarbeiter nichts an. Sie beschweren sich über Bleicher bei der Betriebsleitung. Ergebnis: Der Jungkommunist wird in die Gießerei versetzt. Bleicher arbeitet jetzt im Schichtbetrieb. Er muß Sand schaufeln und die Gießpfanne betätigen. Schwerstarbeit ohne Hitze- und Gießereizulage, zehn Stunden am Tag bei einer halben Stunde Mittag, berichtet er. Das Essen kocht ihm die Mutter, eine Trägerin holt es zu Hause ab. Sie geht auch zu anderen Frauen in Luginsland und bringt die Essenstöpfe gegen geringe Bezahlung zu den Männern ins Werk.

Der junge Hilfsarbeiter aus Luginsland vermißt jetzt die Solidarität, die er als Kind gerade in der Gießerei gespürt haben muß. Die Bleicher-Buben, erzählt Willi Bleicher später, schauten den Männern bei der Arbeit zu, holten ihnen ab und zu Most oder Bier. Die Arbeiter kannten damals noch keinen Einzelakkord. Sie konnten das Arbeitstempo weitgehend selbst bestimmen. Die Gießer gehörten zur Arbeiterelite.

Doch die vermeintliche Idylle der Kinderjahre ist vorbei. In der Gießerei wird Bleicher nur kurz bleiben. Eines Tages kommt es zum Krach, als ihn ein Lehrling aufsucht, der dem Meister offenkundig zu frech wird, »aber der Schuldige war natürlich ich«, erzählt Bleicher. Was genau vorgefallen ist, wissen wir nicht. Willi Bleicher jedenfalls wird gefeuert, sein kurzes Gastspiel bei Daimler ist beendet.

Der gelernte Bäcker arbeitet dann als Schleifer bei »Glasdach Zimmermann« in Stuttgart-Feuerbach. Er ist über eine Stunde unterwegs, zu Fuß und mit der Straßenbahn, bis er seinen Arbeitsplatz erreicht. Nach der Arbeit besucht er meist politische Versammlungen, vor allem die der Kommunistischen Jugend. Mit der letzten Straßenbahn fährt er nach Untertürkheim, und nach einer halben Stunde Fußmarsch zum elterlichen Haus in der Gartenstadt kann er sich endlich schlafen legen. Doch um 5.30 Uhr muß er wieder aufstehen. So ist es nicht verwunderlich, daß ihn der Meister gelegentlich beim Schlafen erwischt, wo er doch Glas schleifen sollte. »Mir ist so schlecht«, antwortet Willi Bleicher. Der Meister schickt ihn nach Hause.

Bleicher wird bei »Glasdach Zimmermann« nach etwa einem Jahr, vermutlich Mitte 1929, entlassen.

»Lernt bei Lenin«: Die KPD-Jugendgruppe Luginsland. Ganz links Frieder Schlotterbeck, mit Fliege Willi Bleicher, ganz rechts Walter Engemann

Trotz der Massenarbeitslosigkeit findet er Anfang 1930 noch für zwei Monate einen Job bei der Firma Ortlieb in Obertürkheim; gelegentlich hilft er in der Luginslander Bäckerei aus, ansonsten teilt er das Los von Millionen Arbeitslosen.

Willi Bleicher ist in diesen Jahren überregional fast unbekannt. Er spielt weder bei der Metallgewerkschaft noch bei der damals mächtigen kommunistischen Bewegung eine wichtige Rolle. Die meisten der ihm für diese Zeit zugeschriebenen Funktionen dürften erdichtet sein. Daß er bei seinem kurzen Daimler-Gastspiel jemals Jugendvertreter war, ist unwahrscheinlich. Eine Mitgliedschaft in der württembergischen Bezirksleitung der KPD-Jugend kann bisher nicht belegt werden. Vielleicht war er Jugendleiter der Stadtteilgruppe in Luginsland. Sicher hat er zusammen mit über hundert Stuttgartern an Ostern 1929 am Reichsjugendtag der Kommunisten in Chemnitz teilgenommen.

»Bleicher war einfach sympathischer:« Otto Wahl

Manchmal erzählt Bleicher später, er sei Mitglied des Zentralkomitees (ZK) der Kommunistischen Jugend gewesen, habe ZK-Sitzungen in Berlin besucht. Auch das muß bezweifelt werden, denn er gehörte, im Gegensatz zu seinem Nachbarn Frieder Schlotterbeck, nach Angaben aller Zeitzeugen nie diesem Gremium an.[8]

Möglicherweise war er aber zu einer anderen Veranstaltung in die Reichshauptstadt gefahren. Eine Weltreise für einen damaligen Arbeiterjugendlichen. Er war begeistert von der Stadt, erzählt er Ende der vierziger Jahre, vom Alexanderplatz, von den vielen Gaststätten, vom Karl-Liebknecht-Haus und von der Diskussionsfreudigkeit und Solidarität der Berliner Genossen.

Doch davon abgesehen, beschränkt sich Bleichers Wirkungsfeld auf den Stuttgarter Raum. Bekannt ist er vor allem in Untertürkheim und Umgebung. Viele Junggenossinnen und Junggenossen bewundern den »glänzenden Agitator«. »Der hat eine Gosch für drei«, heißt es in den Stuttgarter Neckarvororten, wo Bleicher immer wieder bei Versammlungen auffällt. Man hört ihm zu; er hat etwas zu sagen, und er hat einen gewissen Unterhaltungswert.

Nach dem sechsten Weltkongreß der Kommunistischen Internationale (Komintern) 1928 kommt es zur Spaltung innerhalb der KPD. Bleicher ergreift Partei für die Oppositionsgruppe um Heinrich Brandler und August Thalheimer. Die Kommunistische Partei-Opposition (KPO) lehnt es ab, die Sozialdemokraten als »Sozialfaschisten« zu beschimpfen, die noch schlimmer seien als die Nazis. Das ist die neue Politik der KPD. Bei aller Kritik an der SPD hält Bleicher sie entsprechend der KPO-Linie immer noch für eine Arbeiterpartei. Er will eine Spaltung verhindern und hält an der leninschen Taktik der Einheitsfront fest.

Die Luginslander Jugendgruppe kann sich nicht einigen. Frieder Schlotterbeck und einige weitere Genossen unterstützen den sogenannten ultralinken Kurs der KPD. So kommt es, daß sich die langjährigen Freunde und Genossen jetzt bei Versammlungen treffen, um heftig gegeneinander zu agitieren.

Im »roten« Rohracker wollen beide die kommunistische Jugend auf ihre Seite ziehen. Als Schlotterbeck nach kurzer Diskussion die vorbereitete Entschließung der Zentrale aus der Aktentasche zieht und Abstimmung fordert, fühlen sich die Rohracker Jungkommunisten brüskiert. Bleicher gewinnt den Kampf. »Aber nicht die Argumente, sondern die Persönlichkeit Bleichers haben entschieden«, erinnert sich Jugendgenosse Otto Wahl. Bleicher war ihm und seinen Freunden einfach sympathischer. Die politische Dimension des Streites begreifen die Rohracker Jugendlichen, die meist jünger als Bleicher und Schlotterbeck sind, nicht. Auch die beiden Luginslander Agitatoren kennen die Hintergründe des Streites kaum. Wären die Oppositionskommunisten in Stuttgart nicht so stark gewesen, hätte sich Willi Bleicher an ihnen nicht orientieren können.

Das Ergebnis des Fraktionskampfes für Willi Bleicher: Er wird im Mai oder Juni 1929 aus der KPD ausgeschlossen, arbeitet für die KP-Opposition und ihre Jugendorganisation, die KJO (Kommunistische Jugend-Opposition).

Nach der Spaltung: Willi Bleicher (dritter von rechts) im Kreise der Stuttgarter Oppositionskommunisten

Von 1929 bis 1931 soll Bleicher als Organisations- und als politischer Leiter die KJO in Württemberg angeführt haben. Im Februar 1930 sei er bei einer Konferenz der KPO-Jugend in Gera in deren Reichsleitung gewählt worden. So steht es zumindest in der Anklageschrift der Oberstaatsanwaltschaft Stuttgart sieben Jahre später. Schriftliche Belege dafür sind bisher unbekannt. Der Wahrheitsgehalt der Anklage muß schon deshalb bezweifelt werden, weil sie nachweislich mehrere Fehler enthält.[9]

Unbestritten ist allerdings, daß der Stuttgarter KPO-Genosse Alfred Albrecht dieser Reichsleitung angehörte. Helene Beck schließt eine Funktion ihres Freundes Willi Bleicher in der KJO-Reichsleitung aus. »Der Willi« sei eben manchmal ein kleiner Angeber gewesen, räumt sie ein.

Auch andere ehemalige Genossinnen und Genossen sind heute erstaunt über die vielen Leitungsfunktionen, die Willi Bleicher zugeschrieben werden. Theodor Bergmann, wohl der beste Kenner der Geschichte der Oppositionskommunisten, ist sich sicher, daß Bleicher zumindest auf Reichsebene niemals ein Amt innehatte.

Die beiden kommunistischen Jugendorganisationen KJVD und KJO bekämpfen sich. Frühere Freunde und Genossen verprügeln sich; beim Waldheim im Stuttgarter Stadtteil Sillenbuch kommt es zu einer wüsten Schlägerei mit gerichtlichem Nachspiel. Auch die ehemaligen Freunde und Nachbarn Schlotterbeck und Bleicher werfen sich gegenseitig Verrat vor. Während sie die Differenzen bei Versammlungen verbal austragen, wird man in Luginsland schon einmal handgreiflich.

Der meist arbeitslose Willi Bleicher nutzt jede Minute. Er geht in der Politik auf. In den Sommermonaten trifft man sich im Naturfreunde-Freibad in Stuttgart-Rohr. Auch hier sitzen die Genossen häufig zusammen, um zu diskutieren.

Die Führer der Oppositionskommunisten: Heinrich Brandler (oben) und August Thalheimer

In der Auseinandersetzung mit den moskautreuen Kommunisten der KPD ist Bleicher gezwungen, sein politisches Wissen zu vertiefen. Er liest viel über die Geschichte der Arbeiterbewegung, vor allem Schriften von Lenin und Karl Marx, den er allerdings nicht versteht, wie er einmal zugibt. Bleicher bewundert Lenin. In der KPO sieht der »die Hüterin und Wahrerin der leninistischen Prinzipien bezüglich der innerparteilichen Demokratie«.

Und er zitiert immer wieder aus Lenins Schrift »Der ›linke Radikalismus‹, die Kinderkrankheit des deutschen Kommunismus« aus dem Jahr 1920, ein »Versuch einer populären Darstellung der marxistischen Strategie und Taktik« (Lenin). Hier fordert der russische Revolutionär, daß Kommunisten auch Kompromisse eingehen und unbedingt innerhalb der Gewerkschaften arbeiten müssen: »Nicht in den reaktionären Gewerkschaften arbeiten heißt«, so Lenin, »die ungenügend entwikkelten oder rückständigen Arbeitermassen dem Einfluß der reaktionären Führer« zu überlassen.

Und: »Kein Zweifel, die Herren ›Führer‹ des Opportunismus werden zu allen möglichen Kniffen der bürgerlichen Diplomatie greifen, werden die Hilfe der bürgerlichen Regierungen, der Pfaffen, der Polizei, der Gerichte in Anspruch nehmen, um die Kommunisten nicht in die Gewerkschaften hineinzulassen, um sie auf jede Art und Weise aus den Gewerkschaften zu verdrängen, um ihnen die Arbeit in den Gewerkschaften möglichst zu verleiden, um sie zu beleidigen, gegen sie zu hetzen und sie zu verfolgen. Man muß all dem widersprechen können, muß zu jedwedem Opfer entschlossen sein und sogar – wenn es sein muß – alle möglichen Schliche, Listen und illegalen Methoden anwenden, die Wahrheit verschweigen und verheimlichen, nur um in die Gewerkschaften hineinzukommen, in ihnen zu bleiben und in ihnen um jeden Preis kommunistische Arbeit zu leisten.«
Diese Position prägt Bleichers Gewerkschaftsarbeit auch nach 1945. Ganz anders die Politik der KPD seit Ende der zwanziger Jahre. Sie baut eine »Revolutionäre Gewerkschaftsopposition« (RGO) auf, zettelt eigenständig Streikbewegungen an, was meist scheitert, und verliert damit von Jahr zu Jahr an Einfluß innerhalb der Gewerkschaften, schimpft Willi Bleicher. Er erlebt die Wirkung der RGO-Politik während des Lohnkonflikts in der württembergischen Metallindustrie 1929. Die KPD propagiert den Aufbau selbständiger Kampfleitungen. Eine Provokation, auch für den kommunistisch geführten Deutschen Metallarbeiterverband in Stuttgart, der eine Schwächung seiner Kampfkraft befürchtet.

Die Stuttgarter Metaller lehnen den neuen Kurs der Mehrheitskommunisten ab. Ihre führenden Köpfe werden aus der Kommunistischen Partei ausgeschlossen; sie arbeiten in der KP-Opposition mit, die sich Ende 1928 als selbständige Organisation konstituiert hatte. Der Erste Bevollmächtigte Simon Kraus zählt dazu, sein Stellvertreter Emil Dangel, der Bosch-Betriebsrat Hermann Weller oder der Gewerkschaftssekretär Ernst Körner.
Die Stuttgarter DMV-Funktionäre bekämpfen einerseits den sozialdemokratischen Kurs der Gewerkschaftsspitze, sie agitieren andererseits gegen die »ultralinke Politik« der moskauhörigen Mehrheitskommunisten. Sie halten sich an die Richtschnur: Einhaltung der Statuten und Beschlüsse, aber zugleich Ausnutzung aller Spielräume innergewerkschaftlicher Demokratie. Willi Bleicher wird von diesen Männern beeinflußt, die in der KPO zum Teil reichsweit eine wichtige Rolle spielen.
Anfang der dreißiger Jahre besucht Willi Bleicher eine Massenversammlung der KPD mit Heinz Neumann in der Stuttgarter Stadthalle. Neumann wendet sich gegen die Einschätzung der KPO und versichert, daß der Faschismus in Deutschland, im Gegensatz zu Italien, keine Chance habe. Willi Bleicher wird Neumann, später ein Opfer des Stalinismus, immer wieder zitieren, in Buchenwald, aber auch während der sechziger und siebziger Jahre.
Beide, Mehrheitskommunisten und SPD, hätten die Gefahr des

Faschismus nicht erkannt, kritisiert Bleicher. Er ist »der festen Überzeugung, der Faschismus ist das Resultat des Versagens der deutschen Arbeiterbewegung einschließlich ihrer Gewerkschaften. Die Zersplitterung, diese Uneinigkeit, der Kampf der Arbeiter gegeneinander, das war das Wasser auf die Mühlen der Nazi-Organisationen.«

Die KPO hatte reichsweit nie einen Masseneinfluß. Man hat sie deshalb ein »Offizierscorps ohne Mannschaft« genannt. Willi Bleicher sah in ihr in den siebziger Jahren »eine Kadergruppe, die sicherlich die Besten in sich vereinigte«, die die kommunistische Bewegung nach dem Ersten Weltkrieg hervorgebracht habe. »Wir waren manchmal auch so ein bißchen Verein, der geistige Onanie betrieb, Selbstbefriedigung, sich etwas zugute hielt auf das Saubere und Anständige«.
In den vierziger Jahren versuchte Bleicher es noch einmal mit der KPD. Sie habe aus den Fehlern der Vergangenheit gelernt, meint er. 1946 besucht Theodor Bergmann als Beauftragter der Oppositionskommunisten Willi Bleicher in Luginsland, um ihn zurückzugewinnen. Bleicher lehnt barsch ab; er droht: »Falls ihr noch einmal die Partei spalten wollt, könnt ihr etwas erleben.« Die KPO betreibe doch nur Sektierertum. Im Gegensatz zu Eugen Ochs wird Willi Bleicher noch einige Jahre der KPD treu bleiben. Gleichwohl trifft er sich Ende der vierziger Jahre in Frankfurt mit dem einstigen Sekretär der Reichsleitung der KPO, Heinrich Brandler, in den Augen der KPD ein »Agent des Finanzkapitals«. Die ehemaligen KPO-Genossen Bleicher, Ludwig Becker und Eugen Ochs kommen in den fünfziger Jahren regelmäßig in Stuttgart mit Brandler zusammen, dessen theoretische Fähigkeiten sie schätzen. Die Rest-KPO, die Gruppe »Arbeiterpolitik«, spielt allerdings keine Rolle mehr.

Die drei ehemaligen Oppositionskommunisten bekennen sich seitdem immer wieder zu alten KPO-Positionen. Aber nur Ochs arbeitet schon frühzeitig bei der Gruppe »Arbeiterpolitik« mit. Die KPO sei die einzige Kraft gewesen, sagt der späte Bleicher, die den Nationalsozialismus richtig eingeschätzt habe. Und zwar schon vor 1933, als man das Schlimmste hätte noch verhindern können. Das sei ihre »glänzende historische Leistung« gewesen.

Einst Kameraden im KZ, jetzt IGM-Funktionäre (von links): das Freundestrio Willi Bleicher, Ludwig Becker, Eugen Ochs

Vom Asyl im Ausland bis zur Verurteilung wegen versuchtem Hochverrat

Plötzlich sitzt er zwischen allen Stühlen

Als Präsident Paul von Hindenburg am 30. Januar 1933 Adolf Hitler zum Kanzler des Deutschen Reiches ernennt, liegt Willi Bleicher im Marienhospital in Stuttgart, um einen Strahlenpilz behandeln zu lassen. Er versteht sich gut mit dem Personal, bekommt viel Besuch, erlebt eine »recht lustige Zeit«. Doch die sollte bald zu Ende sein.

Als Willi Bleicher das Krankenhaus verläßt, tobt bereits der Wahlkampf für die Reichstagswahl am 5. März, bei der die Nazis die absolute Mehrheit erreichen wollen. Bleicher beteiligt sich an Demonstrationen, verteilt Flugblätter. Die Oppositionskommunisten rufen zur Wahl der KPD auf. Am 27. Februar 1933 brennt der Reichstag in Berlin. Anlaß für die Nazis, ihre Gegner mit offenem Terror zu bekämpfen. Die Polizei durchsucht das Bleicher-Häuschen in Luginsland. Trotz aller Einschüchterungen erreicht die NSDAP ihr Wahlziel nicht; Hitler bildet mit Alfred Hugenberg und Franz von Papen eine Rechtskoalition.

Willi Bleicher taucht unter, wohnt mal da, mal dort, mietet sich für wenige Wochen eine Dachkammer, nächtigt wieder bei Freunden, in Gartenhäuschen der Umgebung oder bei einer frommen Tante, die er wegen ihrer großen Hilfsbereitschaft bewundert. Hilfsbereit zeigt sich auch eine ältere Krankenschwester, die er im Marienhospital kennengelernt hatte: »Da konnte ich hin und wieder etwas ergattern, Brot, einen Leberkäse, Wurst.«
Kurz vor Ostern taucht er in Würzburg bei der Schwester seiner Freundin Helene auf, später bei seinem Bruder Karl, der in der Eifel wohnt. Die KPO-Genossen Ludwig Becker und Kuno Brandel bringen ihn dann über die Schweizer Grenze. Er kann in Schaffhausen leben, wo der Schweizer Oppositionskommunist Walter Bringolf – er wird später Präsident der sozialdemokratischen Partei – kurz zuvor zum Bürgermeister gewählt worden war. Er wohnt zunächst in einem Zimmer der Druckerei der örtlichen KPO-Zeitung, dann bei Bringolfs Mutter, lebt von Gelegenheitsjobs, vom Pilzsammeln oder Holzhacken.
Bleicher ist enttäuscht, hält seine Schweizer Genossen für überheblich. Die Linke, aber auch die Gewerkschaften des Nachbarlandes werfen der deutschen Arbeiterbewegung vor, kampflos vor dem Hitlerfaschismus kapituliert zu haben. Drei weitere KPO-Leute sind in Schaffhausen untergebracht, doch die Polizei will die Asylanten nicht dulden, denn die grenznahen Gebiete sind Sperrbezirk.

Die Legende erzählt nun, der Exilpolitiker Willi Bleicher sei Kurier des Widerstands gewesen und mehrfach illegal nach Deutschland gereist. Tatsächlich betätigt sich zwar sein Freund Eugen Ochs eine Zeitlang als Kurier der KPO, doch Bleicher bringt nur einmal, der Parteidisziplin gehorchend, illegal Material über die Grenze. Politisch spielt er in der Emigration keine Rolle.

Über seine illegale Rückreise nach Stuttgart im August 1933 berichtete Willi Bleicher dem Journalisten Klaus Ullrich 40 Jahre danach: Von Schaffhausen aus sollten damals Schriften der KPO nach Deutschland gebracht werden. Die Genossen wollen Willi Bleicher schicken, doch der plädiert dafür, daß ein Schweizer geht, denn einem Ausländer würde im Fall einer Verhaftung weit weniger passieren als einem Deutschen. Man läßt Bleichers Bedenken nicht gelten. In einem Boot überquert er die Grenze auf dem Bodensee und schwimmt das letzte Stück zum Ufer. Dort hatten die Schweizer Genossen das Material – als Werbeschriften getarnte Broschüren – in einem Rucksack versteckt. Bleicher marschiert nach Singen; er fühlt sich ständig von Polizisten und Zöllnern beobachtet. Die uniformierten Herren wollen nichts von ihm. Bleicher nimmt den nächsten Zug nach Stuttgart; seine Mission ist geglückt.
Endlich trifft er wieder Freunde und Genossen und Helene Beck, seine Freundin. Das Leben in Stuttgart ist hart, denn Willi Bleicher muß ständig damit rechnen, verhaftet zu werden. Die Mutter und die Schwester Maria versorgen ihn gelegentlich mit Essen; sie können sich nur heimlich in einem Gartenhäuschen treffen. Zu Hause wäre es schon deshalb zu gefährlich, weil Bruder Paul, der 1933 der NSDAP beigetreten ist, Willi Bleicher verraten könnte. Nach Berichten aus Luginsland soll Paul Bleicher dies zumindest einmal versucht haben.

Willi Bleicher wird es bald zu heiß in der Landeshauptstadt. Er geht wieder ins Exil. Ziel: Besançon in Frankreich. Erneut überquert er illegal die deutsch-schweizerische Grenze, geht nach Zürich, wo ihn KPO-Genossen unterstützen. Er hält Referate. Die evangelische Jugend lädt Bleicher in ihr Heim am Zuger See ein. Der Emigrant spricht dort vor jungen Priestern über die Lage in Deutschland. Er kann etwas ausspannen, besteigt mit knurrendem Magen den Rigi. Er läßt sich in der Badehose fotografieren und schickt das Bild seiner Freundin nach Stuttgart, mit der er während seiner gesamten Zeit im Exil in Briefkontakt steht.
Willi Bleicher hat zwar einen in Paris ausgestellten Emigrantenausweis, doch die Metallgewerkschaft in Zürich will den mittellosen Asylanten aus Nazideutschland nicht unterstützen. Statt dessen geht ein Gewerkschaftssekretär mit ihm zur Kantonspolizei, die Bleicher zusammen mit anderen Emigranten nach Basel bringt. Dort hat er bei den Gewerkschaftskollegen mehr Glück. Sie besorgen ihm einen Schweizer Paß, mit dem er die Grenze bei Mühlhausen passiert. Hier übernachtet er in einem Schlafsaal der Heilsarmee. Am nächsten Morgen fehlen die Brieftasche und der Emigrantenausweis. Bleicher ist außer sich, kauft mit seinem letzten Geld eine Fahrkarte und fährt nach Besançon.
Die nächste Enttäuschung: Der ihm genannte Kontaktmann in Besançon ist nicht zu Hause. Verzweifelt geht Willi Bleicher zum örtlichen Gewerkschaftsbüro. Ein alter Gewerkschaftsangestellter und ein Professor kümmern sich nun um den Stuttgarter. Der Professor, ein zierlicher, kleiner Mann, ist Mitglied der »Liga für Menschenrechte« und der sozialistischen Partei. Er vermittelt Bleicher drei Lehrerinnen, die ihm abwechselnd, jeweils nachmittags, Französischunterricht geben. Doch Bleicher tut sich schwer, schämt sich. Eines Tages hält er es nicht mehr aus und zieht sich frustriert zurück.

Willi Bleicher in Badehose: Foto-Grüße aus der Schweiz

Mit verschiedenen Jobs versucht sich Willi Bleicher in Besançon über Wasser zu halten. Er arbeitet als Gärtner bei der Frau eines Uhrenfabrikanten. Dann lernt er einen emigrierten Maler kennen und verkauft in besseren Wohngegenden – in den Arbeitervierteln hatte er kein Glück – dessen Bilder. Sprechen muß er dabei kaum; er zeigt einfach seinen inzwischen neu ausgestellten Emigrantenausweis.
Zeitweise wohnt er in einer Pension, die einem Juden gehört. Hier übernimmt er Hausmeisterarbeiten, trifft Juden, die aus Deutschland geflohen sind. Sie haben zwar im Gegensatz zu ihm viel Geld, erzählt er später, aber sie sind verzweifelt. Zuletzt findet Willi Bleicher für kurze Zeit einen Hilfsarbeiterjob bei einer Baufirma; er arbeitet schwarz, denn eine Arbeitsgenehmigung hat er nicht bekommen.

»Für mich stand sie gleichsam auf einem Podestchen«: Freundin Helene Beck, Ostern 1933

Immer wieder schreibt er seiner Freundin Helene Beck. Aus Sicherheitsgründen unpolitische Briefe, doch auch das ist der Polizei in Stuttgart schon zuviel. Sie informiert den Arbeitgeber der jungen Frau, die deshalb im Januar 1934 gekündigt wird. Helene Beck war bis zur Zerschlagung der Gewerkschaften Anfang Mai 1933 Schreibkraft beim Deutschen Metallarbeiterverband (DMV) in Stuttgart. Als die Nazis ins Gewerkschaftshaus einziehen, wird sie, zusammen mit anderen Sekretärinnen, übernommen. Sie arbeitet von da an für Georg Thierauf von der Deutschen Arbeitsfront (DAF). Illegal allerdings schreibt sie zwischendurch Matrizen für die Widerstandsgruppen der KPO. Doch das hat die Polizei erst später erfahren.

Willi Bleicher fühlt sich im französischen Exil mies, unnütz. Die französischen Arbeiter lehnen die deutsche Linke genauso brüsk ab wie ihre Schweizer Kollegen. Sie werfen den Besserwissern von einst Versagen auf der ganzen Linie vor. Bleicher kränkt das, doch er kann es nicht ändern. Auch persönlich fühlt er sich in der Uhrenstadt, in der kaum politische Emigranten leben, isoliert. Ein kleiner Lichtblick ist der Sozialdemokrat und spätere Kölner Oberbürgermeister Robert Görlinger. Der vor den Nazis geflohene ehemalige Vorsitzende der Arbeiterwohlfahrt betreibt in Besançon einen kleinen Laden. Bleicher und Görlinger verbringen gelegentlich ihre Freizeit zusammen. Zwar verliebt sich ein Zimmermädchen in Willi Bleicher, aber das bleibt vermutlich eine Episode am Rande. »Ich hatte doch eine Braut in Deutschland ... ja, wir sahen die Mädchen ganz anders an, als es heute üblich ist«, sagt Bleicher in den siebziger Jahren. Für ihn stand die Braut »gleichsam auf einem Podestchen – mit einem schneeweißen Kleidchen an«.

1934 spitzt sich die innenpolitische Krise in Frankreich zu. Die »Feuerkreuzler«, die französischen Faschisten, haben immer größeren Zulauf. Bei einer Gegendemonstration wird der ahnungslose Bleicher von der Polizei entdeckt und verhaftet. Als die Demonstranten dies erfahren, marschieren sie zum Gerichtsgebäude und verlangen die Freilassung des Asylanten aus Stuttgart. Mit Erfolg, doch nun wird er aus der Stadt gewiesen. Man empfiehlt ihm, ins nahe Dijon zu gehen. Er will nicht. Seine Freundin hatte aus Stuttgart geschrieben, er könne zurückkommen. Die Nazis hätten den Emigranten Straffreiheit zugesagt.

Oder soll er sich wieder bei seinen früheren Genossen melden? Bleicher, der wohl keinen Kontakt mehr zu ihnen hatte, geht nach Straßburg, wo die KPO-Führer Thalheimer, Brandler und andere leben. Ein KPO-Mann, so Bleicher, schickt ihn schon am nächsten Tag nach Saarbrücken. Das Saarland wird zu dieser Zeit noch vom Völkerbund verwaltet; für

den 13. Januar 1935 ist eine Abstimmung angesetzt, die den künftigen Status festlegen soll. Bleicher geht vermutlich davon aus, daß er für die KPO gegen den Anschluß des Saarlandes an Hitlerdeutschland agitieren soll.
Als er sich am Pfingstmontag verabredungsgemäß bei einem Bergarbeiter in Saarbrücken meldet, wo er weitere Anweisungen bekommen soll, erlebt er den wohl größten Schock seines bisherigen Lebens. Der Genosse erklärt ihm, die KPO habe Hinweise darauf, daß er ein Spitzel sei. Man müsse deshalb jeden Kontakt abbrechen. Bleicher ist außer sich. Er versucht, den Bergarbeiter für sich zu gewinnen, schreibt einen Brief nach Straßburg und verlangt eine Klärung der Vorwürfe. Da er keine Antwort bekommt, löst er eine Fahrkarte nach Stuttgart. Hier trifft er Walter Pfister, der die illegale Arbeit der KPO-Jugend im Mittleren Neckarraum organisiert; auch er weist Bleicher ab. Ernst Körner, ein führender Oppositionskommunist und Funktionär der Metallgewerkschaft in Stuttgart, läßt den ehemaligen Mitstreiter nicht einmal in seine Wohnung.

Bleicher ist verzweifelt. Etwas Schrecklicheres kann er sich nicht vorstellen als den Vorwurf, ein Verräter zu sein. Da sitzt er nun zwischen allen Stühlen. Die eigenen Genossen weisen ihn ab, mit den Leuten von der KPD und der SPD hat er sich jahrelang gestritten. Er kann nicht nach Hause, weil er vor dem Bruder Angst haben muß. Wenn ihn die Polizei erwischt, könnte er inhaftiert werden.
Was tun? Bleicher denkt zum erstenmal an Selbstmord. Er spricht darüber mit anscheinend mit niemandem, nicht einmal mit seiner Freundin. Aber er erinnert sich in seinem Gespräch mit Klaus Ullrich Anfang der siebziger Jahre genau daran.
Unter den Bedingungen der Illegalität kann der Spitzelvorwurf nicht ausgeräumt werden. Die KPO-Leute hatten angedeutet, daß ihre Entscheidung mit dem Verhalten von Bleichers Freundin Helene Beck zusammenhängt. Tatsächlich hatten die Genossen Körner, Pfister und andere gegen die junge Frau kurz zuvor ein Ausschlußverfahren eingeleitet. Mißverständnisse, Unerfahrenheit in der illegalen Arbeit und Leichtsinn waren wohl die Gründe dafür, daß die dreiundzwanzigjährige Kontoristin ihren früheren Chef bei der Deutschen Arbeitsfront, Georg Thierauf, mit zu einer, wie sie meinte, privaten Skifreizeit nach Jungholz in Tirol nahm. Tatsächlich trafen sich dort Freunde und Genossen aus dem Umfeld der KPO, die sich von früher noch kannten. Georg Thierauf, ein angeblich etwas einfältiger NSDAP-Mann, hat dann zumindest eines mitbekommen: Die jungen Leute haben Lieder der Arbeiterbewegung gesungen. Die KPO hat den Fall in Stuttgart untersucht und Helene Beck für ausgeschlossen erklärt. Alle ihre Bemühungen, den Beschluß, den sie für unberechtigt hielt, rückgängig zu machen, waren vergeblich.
Willi Bleicher hatte zwar mit all dem nichts zu tun, doch da er mit Helene Beck befreundet ist, will die KPO auch von ihm nichts mehr wissen. Nach den Grundsätzen der illegalen Arbeit entscheidet man im Zweifel gegen den Beschuldigten. Bleicher begreift das schnell. Andere hätten sich von der Freundin getrennt, Willi Bleicher denkt nicht daran.

Am nächsten Tag geht er zur Polizeiwache in Stuttgart-Untertürkheim. Tatsächlich liegt kein Haftbefehl gegen ihn vor, er kann sich wieder als freier Mann in Stuttgart und anderswo bewegen. Bleicher findet jetzt bei Bäcker Jakob Mattheis in Stuttgart-Feuerbach einen Job in seinem alten Beruf. Er kennt den alten Kommunisten schon lange, denn Mattheis war bis zur Nazi-Zeit Bäcker in Luginsland. Die neuen Machthaber hatten ihm dann den Pachtvertrag gekündigt.
Nach einem Jahr arbeitet Willi Bleicher wieder bei Daimler in Untertürkheim, nicht in der Produktion, sondern als Hilfsarbeiter für die Baufirma Wolfer & Göbel, die einen großen Auftrag aus Untertürkheim erhalten hatte. Dabei muß er auch eine Betriebsversammlung besucht haben, die die »Nationalsozialistische Betriebszellen-Organisation« (NSBO) einberufen habe. Die Fabriktore, so Bleicher, seien geschlossen wor-

Schwere Vorwürfe gegenüber Bleicher: KPO-Funktionär Ernst Körner

den. Jeder habe an der Veranstaltung teilnehmen müssen: »Als die dann anfingen, das Deutschlandlied zu singen und das Horst-Wessel-Lied, habe ich den Versammlungsraum verlassen.« Als einziger sei er durch die leeren Fabrikstraßen gegangen. »Die Feuerwehr am Fabriktor hielt mich an. Ich erklärte ihnen, daß mir nicht gut sei. Sie kannten mich als einen aktiven Gewerkschafter und meinten, na ja, die Krankheit kennen wir, und ließen mich laufen.«[10]

Zum ersten Mal wieder etwas Geld verdient: Bleicher als Bauhilfsarbeiter bei Daimler

Trotz aller Enttäuschungen über das Verhalten der Mehrheit der Arbeiter, trotz aller Enttäuschungen in der Zeit der Illegalität will Bleicher den Kampf gegen die Nazis nicht aufgeben. Weil dies im Rahmen der KPO nicht mehr geht, schließt er sich der von jungen Kommunisten dominierten Widerstandsgruppe »Neckarland« an, benannt nach ihrem Aktionsraum in den Stuttgarter Neckarvororten. Er kennt einige Genossen noch aus der Schulzeit oder aus der gemeinsamen Arbeit bei der KPD-Jugend vor seinem Parteiausschluß.

Von den Spitzel-Vorwürfen der KPO gegen Bleicher erfährt die Gruppe »Neckarland« nichts. Bleicher gelingt es schnell, eine führende Rolle zu übernehmen. Man trifft sich bei gemeinsamen Wanderungen, verbreitet illegales Material, zum Beispiel ein Flugblatt, das zur Tarnung »Luftschutz tut not« betitelt wird. Darin kündigen die jungen Antifaschisten den bewaffneten Aufstand an. Als Ziel nennen sie die »Eroberung der Mehrheit der Arbeiterklasse zum Sturz der faschistischen Diktatur«. Angeblich gibt es heftige Diskussionen um gewisse Formulierungen in den Flugblättern. Bleicher bestreitet dies später beim Prozeß. Möglicherweise hat er sich den KPD-Positionen wieder genähert.

Anfang 1935 verhandeln Bleicher und zwei weitere Genossen aus Stuttgart-Luginsland mit Fritz Oster, einem jungen Sozialdemokraten, der in der Zeit vor 1933 als Saalschutzmann der SPD stadtbekannt war. Sie versprechen sich einiges von dem Kontakt, denn Oster ist der Sohn des früheren Stuttgarter SPD-Parteisekretärs und Landtagsabgeordneten Karl Oster, den die Nazis 1933 für einige Zeit ins Schutzhaftlager auf den Heuberg gesteckt hatten. Man trifft sich im Café Wirth im ersten Stock des Hindenburgbaus, gleich gegenüber vom Hauptbahnhof, im Zirbelstüble (Hotel Banzhaf) oder in einer Gaststätte im einst roten Stadtteil Gaisburg. Bei diesen Treffen plädiert Willi Bleicher dafür, »alle Gegner des neuen Staates, unabhängig von ihrer Parteizugehörigkeit, in einer Front« zusammenzufassen. Eine Erfolgsaussicht will er allerdings zum damaligen Zeitpunkt noch nicht gesehen haben. So zumindest wird Bleichers Position in der Anklageschrift der Stuttgarter Staatsanwaltschaft charakterisiert.
Die Zusammenarbeit mit Fritz Oster dauert nicht lange. Der SPD-Mann wird im März 1935 verhaftet und ein Jahr später wegen Vorbereitung zum Hochverrat zu zweieinhalb Jahren Gefängnis verurteilt.

Die Widerstandsgruppe »Neckarland« ist zwar gewarnt, aber sie setzt ihre Arbeit fort. Willi Bleicher versucht weiter, junge Sozialdemokraten für die illegale Arbeit zu gewinnen. Seinem früheren Schulkameraden Eugen Schimpf erklärt er, Hitler könne sich nicht mehr lange halten, »und dann müssen wir die ersten sein«. Schimpf widerspricht. Er teilt die Einschätzung von Kurt Schumacher und antwortet: »Hitler kann nur durch einen Krieg gestürzt werden.«

Am Ostersonntag des Jahres 1935 treffen sich über ein Dutzend junge Nazi-Gegner aus Stuttgart und dem benachbarten Esslingen südlich der Landeshauptstadt, bei Scharnhausen. Willi Bleicher hält den Bericht zur politischen Lage. Er erzählt auch über seine Erfahrungen in der Emigration. Er fordert die Genossen auf, die illegale Arbeit voranzutreiben, in den Betrieben zu agitieren, neue Mitglieder zu werben und weitere Jugendgruppen zu bilden.

Dem Bauhilfsarbeiter Bleicher geht es 1935 finanziell besser als in den Jahren der Weltwirtschaftskrise seit 1929. Zum ersten Mal kann er seiner Freundin zu Weihnachten ein »echtes Geschenk« machen, ein großes Badetuch. Da Helene Beck nie arbeitslos war, hatte sie ihn oft unterstützt, ihm »auf Abzahlung« den ersten Anzug gekauft. Für den kommenden Sommer planen die beiden während der Feiertage eine längere Urlaubsreise. Doch der Traum platzt schon nach einer Woche.
Die Polizei verhaftet Willi Bleicher am 3. Januar 1936 bei der Arbeit auf dem Daimler-Gelände in Untertürkheim. Gleichzeitig werden die beiden Luginslander Genossen Walter Engemann und Oskar Osterwald inhaftiert. Die Gestapo stellt die drei dem Sozialdemokraten Fritz Oster gegenüber. Sie ist sogar im Besitz eines Fotos, das die Junggenossen zeigt. Bleicher ist darauf abgebildet.

Im Gefängnis in Stuttgart-Bad Cannstatt verhält sich Willi Bleicher korrekt; die Wachtmeister behandeln die politischen Gefangenen etwas besser als die Kriminellen. Bleicher liest die Tagespresse. Auf einer Schreibtafel kann er seine Gegenposition formulieren, schreibt alternative Leitartikel, um sich politisch fit zu halten. Wenn der Wachtmeister kommt, wischt er den Text mit dem Schwamm aus. In den siebziger Jahren äußert er sich über seine knapp zweijährige Untersuchungshaft so: »Ich war irgendwie mal froh, daß ich eine Bleibe hatte. Ich hatte die Emigration noch hautnah in Erinnerung, wo mich jeder lieber gehen als kommen sah. Wo ich mir jeden Tag die Frage stellte, ob ich den wieder hinter mich bringe, in einem Bett oder unter einem Dach. Hier hatte ich eine Zelle, die war warm, ich hatte Literatur, ich konnte viel lesen.«

Die jungen Stuttgarter Antifaschisten erleben 1935 und 1936 einen Schlag nach dem anderen. Immer wieder fliegen illegale Gruppen auf. Einige Monate nach der Verhaftung Bleichers holen Gestapo-Beamte Freundin Helene Beck an ihrem Arbeitsplatz bei der Firma Mahle in Bad Cannstatt ab.

Bleicher wird Ende November zusammen mit sechs weiteren Nazi-Gegnern der Prozeß gemacht. Drei Tage lang dauern die Verhandlungen. Sein Anwalt, ein ehemaliger Sozialdemokrat, hatte ihm schon zuvor keine Hoffnungen machen können. Der erste Strafsenat des Oberlandesgerichts Stuttgart unter Hermann Cuhorst verurteilt ihn dann zu zwei Jahren und sechs Monaten Gefängnis. Weil er nur teilweise geständig ist, wird ihm die Untersuchungshaft nicht voll anerkannt. Sein Verbrechen: »Vorbereitung eines hochverräterischen Unternehmens«.
Hermann Cuhorst ist damals erst 37 Jahre alt. Der fanatische Nazi hat eine Blitzkarriere hinter sich. Nachdem er sich bis 1936 bei politischen Prozessen bewährt hatte, wurde er Vorsitzender des Sondergerichts. In dieser Funktion wird er bis 1945 120 Todesurteile sprechen, auch bei »an sich geringen Vergehen«, wie die Cannstatter Spruchkammer drei Jahre nach dem Ende des »Tausendjährigen Reiches« urteilt.

Willi Bleicher wird im Anschluß an seine Verurteilung nach Ulm verlegt, wo er Bürsten binden muß. Das Gefängnispersonal besteht überwiegend aus ehemaligen Offizieren und Unteroffizieren. Bleicher: »Die alten Majores waren ungemein brutal ... Von solchen Beamten geführt, das kann dich totmachen.«
Vier Monate später beginnt der Prozeß gegen Helene Beck und weitere 23 junge Frauen und Männer aus dem Umfeld der KPO. Helene Beck erhält, obwohl ihre Genossen sie der Komplizenschaft mit einem Nazi bezichtigt hatten, eine Zuchthausstrafe von zwei Jahren.

Anzug von der Freundin: Willi Bleicher

Über den Wiederaufbau, der nie ein Neubeginn werden konnte

Eine Bürgerinitiative ersetzt die Verwaltung

1945, so schätzt Willi Bleicher die Lage später ein, »lag die politische Macht gewissermaßen auf der Straße. Aber da war ja niemand, der die Macht aufhob, der sie in die Hände nahm, der sie vorwärts trug in revolutionärem Elan und Schwung.« Die sozialdemokratische Partei habe »die Losung ausgegeben: Sozialismus als Gegenwartsaufgabe«. Die CDU hatte sich zum »Sozialismus aus christlicher Verantwortung« bekannt. Doch statt einer sozialistischen Gesellschaft sei dann der alte Kapitalismus wieder aufgebaut worden, beklagt Willi Bleicher, der selbst an diesem Aufbau teilgenommen hat.

Als der langjährige KZ-Häftling Mitte 1945 die zerstörten Städte sah, »insbesondere auch in Stuttgart, meinen Heimatort Untertürkheim und den zerbombten Daimlerbetrieb, da ist mir ein bißchen von der Vorstellungswelt, die wir uns im Lager erarbeitet hatten, verschwunden. Ich wußte, jetzt gilt es, zunächst einmal die größte Not zu lindern, die Straßen zu räumen, die Trümmer zu beseitigen. Ich war nach einigen Tagen überzeugt, daß von einem Neubeginn nicht die Rede war und nicht die Rede sein konnte.«

In Untertürkheim und seiner Arbeiterkolonie Luginsland herrscht 1945 wieder Armut. Bleicher: »Meine Eltern gingen Woche für Woche Buchele [Bucheckern] sammeln, diese ölhaltige Frucht, um ein wenig Öl zu bekommen. Oder sie verscheuerten auch das Letzte, was sie an Bettwäsche hatten.«
Von Politik will die Bevölkerung nichts mehr wissen. Nur wenige hatten das Ende des Krieges als Befreiung von der Nazi-Herrschaft empfunden. Bleicher bemerkt, »daß der faschistische Staatsapparat zerschlagen am Boden lag, aber daß er nicht vom äußeren und inneren Widerstand des deutschen Volkes überwunden und besiegt werden konnte. So war es nur zwangsläufig, daß wir durch die Besatzungsmacht analog des Kontrollratsbeschlusses zu Demokraten gemacht und erzogen werden sollten.«
Die Leute brauchen jetzt ein Dach über dem Kopf, sagt der knapp achtunddreißigjährige Willi Bleicher seinen Genossen Mitte 1945. Sie brauchen Heizung, Brot, Lebensmittel. Die Untertürkheimer sind von Stuttgart abgeschnitten, die Wehrmacht hatte die Neckarbrücken noch kurz vor dem Einmarsch der französischen Verbände Ende April 1945 gesprengt.

Willi Bleicher will mit anpacken. Er geht in den Untertürkheimer Arbeitsausschuß, eine Art Bürgerinitiative, die teilweise die Funktion einer Kommunalverwaltung übernommen hat. Im Ausschuß, der von den Besatzungsmächten abhängig ist, sitzen nur ausgewiesene Nazigegner, meist Sozialdemokraten und Kommunisten, aber auch Parteilose oder konservativ orientierte Leute.

Die von den Linken beherrschten Arbeitsausschüsse in Stuttgart betreiben eine pragmatische Politik. Als Vertreter der Kommunisten ist Bleicher bald einer der wichtigsten Männer im Untertürkheimer Ausschuß. Neben Hans Stetter (SPD), dem späteren Chef der Stuttgarter Gewerkschaften, beruft er die Sitzungen ein und leitet sie. Ihm geht es darum, das Leben so erträglich wie möglich zu gestalten. Die Anordnungen der Besatzungsmächte – anfangs sind das die Franzosen, von Juni 1945 an die Amerikaner – befolgt er deshalb nicht immer. Auch kommt es gelegentlich zum Streit mit der Verwaltung im Stuttgarter Rathaus, die unter der Kontrolle der Militärregierung steht.

Zuerst einmal die Trümmer beseitigen: das zerstörte Stuttgart-Untertürkheim

Als die französischen Befehlshaber verlangen, daß jede Nazi-Familie einen Anzug, ein Bett und Matratzen zur Verfügung stellt, will der Arbeitsausschuß in Untertürkheim nicht mitmachen. Zwar müssen die aktiven Nazis ihre Anzüge abliefern, doch die gibt der Ausschuß dann auch Flüchtlingen oder ehemaligen Soldaten, die aus der Gefangenschaft kommen. Auf dem Güterbahnhof in Untertürkheim hatte die Heeresverwaltung Waggons mit Lebensmitteln und anderen wichtigen Gütern zurückgelassen. Soweit sie nicht geplündert wurden, werden sie jetzt vom Arbeitsausschuß verwaltet. Man verteilt die Sachen oder setzt sie für den Tauschhandel ein. Notdürftig reparieren Arbeiter die Lastkraftwagen, die bei Daimler übriggeblieben sind. Mit Holzgasantrieb fahren sie ins Allgäu oder ins Unterland. Dort tauschen sie die Waren aus dem Bestand der Heeresverwaltung, Gemüse, Salat und Wein gegen Schlachtvieh, Butter und Käse.

»Wir reparierten die Kärren der Bauern, und die gaben uns Zwetschgen, wir schusterten Autos zusammen und verscherbelten sie«, erzählt Bleicher. Er beschafft den heimkehrenden Kriegsgefangenen und Flüchtlingen Wohnraum, sorgt dafür, daß zuerst die Nazis Zimmer freimachen müssen.

Der Arbeitsausschuß stellt Holzschlägerkommandos aus ehemaligen NSDAP-Mitgliedern zusammen, die in der Umgebung von Stuttgart Bäume fällen müssen. Andere Ex-Nazis müssen sich regelmäßig an Arbeitseinsätzen beteiligen. Die Männer treten am Samstagmorgen mit Schippe, Pickel, Haue und Hammer auf dem Kelterplatz an. Willi Bleicher oder Hans Stetter erklären ihnen, daß dies keine Strafarbeit sei, sondern Wiedergutmachung für die Zerstörungen, die die Nazis zu verantworten hätten. Dann werden sie in verschiedene Kommandos eingeteilt, müssen Häuser instandsetzen oder Straßen und Gärten vom Schutt befreien.

Die Spuren der langen Haft sind noch sichtbar: Bleicher 1945

Ende 1945 lernt Willi Bleicher die zwölf Jahre jüngere Anneliese Metz kennen, die im städtischen Wohnungsamt in Untertürkheim arbeitet. Bleicher hat dort als Mitglied des Arbeitsausschusses oft zu tun. Er lädt die junge Frau zum Kaffee ein. Bleichers Jugendfreund Frieder Schlotterbeck hatte aus der Schweiz echten Bohnenkaffee geschickt, den es damals in Deutschland nicht zu kaufen gibt. Abends gehen Anneliese Metz und Willi Bleicher zusammen mit Bruder Karl und dessen Frau ins Untertürkheimer Kino. Es ist vom Bombenhagel verschont geblieben und zeigt »Goldrausch« von Charlie Chaplin. Wenige Monate später heiraten die beiden. Anfang 1947 kommt das langersehnte Kind zur Welt. Bleicher wird als knapp vierzigjähriger Mann Vater.

Der glückliche Vater: Bleicher mit Frau Anneliese und Sohn Gerhard

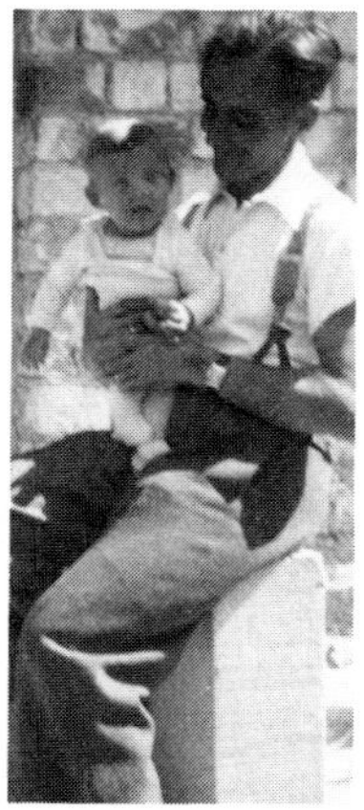

Die Wohnungsnot gehört zu den brennendsten Problemen der Nachkriegszeit. Willi Bleicher will die Selbsthilfe fördern, sieht im Genossenschaftswesen, das er seit seiner Kindheit kennt, eine große Chance. Es ist für ihn deshalb eine Selbstverständlichkeit, daß er Vorstandsmitglied der Baugenossenschaft in Luginsland wird, in der bis zum Einmarsch der Alliierten zwölf Jahre lang die Nazis das Sagen hatten. Bei den vielen Arbeitseinsätzen der Genossenschaft beteiligen sich übrigens nicht nur ehemalige Parteigenossen, wie in anderen Stadtteilen, denn so viele Nazis gab es in der »roten« Gartenstadt nicht.
Willi Bleicher besucht als Beauftragter des Arbeitsausschusses die polnischen und sowjetischen Zwangsarbeiter in ihren Barakkensiedlungen. Er ruft sie zur Ordnung. Ihn haben sie akzeptiert, denn er konnte seinen (mehrsprachigen) Buchenwald-Ausweis vorlegen, war als Antifaschist ausgewiesen. Die Zwangsarbeiter, erzählt er, »glaubten, daß sie jetzt Narrenfreiheit hätten, verständlicherweise. Sie beschlagnahmten Nähmaschinen und Stoffe, verpflichteten Schneider, ihnen Uniformen zu nähen. Wir konnten ihnen das einfach nicht durchgehen lassen, so sehr wir ihre Wut verstanden.« Bleicher findet Verständnis bei den Männern, die oft jahrelang für einen Hungerlohn bei Daimler schuften mußten. Der Untertürkheimer Arbeitsausschuß ist zufrieden, er lobt Bleichers Erfolg bei der nächsten Sitzung in der Gaststätte Löwen.
Willi Bleicher kümmert sich auch um die Entnazifizierung. Wer sich schuldig gemacht hat, sollte zur Rechenschaft gezogen und bestraft werden. Er wendet sich gegen eine pauschale Verurteilung von einfachen Parteimitgliedern, die sich ansonsten nichts zuschulden kommen ließen. Ist allerdings ein Kommunist oder ein Sozialdemokrat der NSDAP beigetreten, dann lehnt er Großzügigkeit ab.

In jedem Betrieb mit mehr als hundert Beschäftigten wird bereits 1945 ein Entnazifizierungskomitee eingerichtet. Bleicher ist bei Daimler dabei. Nur wer unbelastet und nicht schon vor 1937 einer NS-Organisation beigetreten ist, kann ohne Unterbrechung weiterarbeiten. Doch weil die meisten Kriegsgefangenen noch nicht zurückgekehrt sind, herrscht Arbeitskräftemangel. Schon aus diesem Grund hat man in den entsprechenden Fällen »dann schnell vier Augen zugedrückt«, berichtet Willi Bleicher.
Auch er zählt wohl zu den eher milden »Richtern«: »Natürlich war der überwiegende Teil belastet. Die meisten waren bei der NSDAP

oder bei der SA oder bei der Deutschen Arbeitsfront. Darüber hinaus war ihnen schwer eine Schuld nachzuweisen. Nachträglich habe ich aber über viele erfahren, daß sie doch erheblich belastet hätten werden können. Viele hatten sich gegenüber den Kriegsgefangenen und den Fremdarbeitern barsch verhalten, das heißt nicht nur barsch. Sie waren auch mit Schlägen nicht zurückhaltend gewesen.«

Bleicher wird jetzt auch von Leuten geachtet, die auf ihn früher herabgeblickt hätten. Immer wieder ehemalige Nazis, auch Direktoren von Daimler, zu ihm und bitten um einen Persilschein. »Nein, ich habe das nicht mitgemacht«, erklärt er später. Die Herren hofieren ihn; der Leiter des Daimler-Fuhrparks bekommt den Auftrag, Willi Bleicher ein altes Auto zur Verfügung zu stellen. Bleicher nimmt das Auto an, nutzt es auch später noch für seine Gewerkschaftsarbeit.
Ihm paßt die Art der Entnazifizierung nicht: »Die Kleinen hängt man, die Großen läßt man laufen«, schimpft er. Der Willkür sei Tür und Tor geöffnet. Er fühlt sich in seiner Kritik von Monat zu Monat und von Jahr zu Jahr mehr bestätigt: Die ehemaligen Nazis und vor allem »die großen Tiere« aus Wirtschaft und Politik seien alle wiedergekommen.

Willi Bleicher hat zwar nie vergessen, daß ihn sein älterer Bruder Paul 1933 beinahe verraten hätte, aber nach dem Krieg hilft er ihm, wohl auch der Mutter zuliebe, die ihn darum gebeten hatte. Paul Bleicher war am 1. Mai 1933 der NSDAP beigetreten. 1939 bemühte er sich bei der »Kanzlei des Führers« in Berlin vergeblich um die Entlassung seines Bruders aus dem KZ. Zwei Jahre vor Kriegsende verließ er die NSDAP. 1947 bittet Bleicher nun die Spruchkammer, den als Mitläufer eingestuften, zu einer Geldstrafe verurteilten Bruder zu begnadigen. Begründung: Paul Bleicher habe sich mehrfach für seine Freilassung eingesetzt und sei jetzt in einer »sozial schlechten Lage«. Das Gnadengesuch wird dennoch abgelehnt.

Der ehemalige Oppositionskommunist Willi Bleicher arbeitet seit seiner Rückkehr wieder in der Kommunistischen Partei mit, die bereits im Sommer 1945 von den Amerikanern zugelassen wird. Während die Kommunisten die Arbeiter früher auf revolutionärem Weg an die Macht bringen wollten, vermeiden sie 1945, im Gegensatz zu den Sozialdemokraten, sogar das Wort Sozialismus. Bleicher und seine Genossen sind der Auffassung, daß der Sozialismus nicht auf der Tagesordnung steht. Bleicher: »In der Überzahl waren wir der Meinung, daß es jetzt gelte, eine Demokratie aufzubauen und den Nationalsozialismus mit Stumpf und Stil auszurotten.«
Auch in einem von Bleicher und anderen bekannten Kommunisten unterschriebenen Aufruf fordert die Stuttgarter KPD lediglich die »Schaffung eines starken, demokratischen Deutschlands«. Sie geht dabei allerdings nicht so weit wie das Zentralkomitee der KPD, das kurz zuvor ein Sowjetdeutschland ausdrücklich abgelehnt und statt dessen »die völlig ungehinderte Entfaltung« des Kapitalismus beziehungsweise »der privaten Unternehmerinitiative« verlangt hatte. Möglich, daß die Stuttgarter dies politisch für falsch halten; möglich aber auch, daß sie lediglich eine Verwirrung in der Mitgliedschaft vermeiden wollen, die den Rechtsschwenk der Partei nicht begriffen hätte.
Die meisten Kommunisten verstehen vermutlich nicht, was hinter den ach so weisen Einsichten des Zentralkomitees ihrer Partei steckt. Moskau will in Deutschland in dieser Zeit einen starken, parlamentarisch orientierten Staat mit einer kapitalistischen Wirtschaftsordnung etablieren, der sich außenpolitisch auf eine strikte Neutralität festlegt und so als Puffer zwischen Ost und West dient. Sozialistische Experimente können dabei nur schaden.

Ganz nach Parteilinie wenden sich die Stuttgarter Kommunisten 1945 nicht, wie früher, ausschließlich an die Arbeiterklasse, sondern an das ganze Volk. Man bezeichnet sich als »Partei des Wiederaufbaus, des wirtschaftlichen und kulturellen Fortschritts«. Kein Wort mehr vom Sozialismus. Dagegen ungewohnte Worte der

Die KPD vermeidet das Wort Sozialismus. Kundgebung vor dem zerstörten Neuen Schloß in Stuttgart

Der SPD-Vorsitzende Kurt Schumacher – hier bei einer Rede in Stuttgart – erklärt den Sozialismus zur Tagesaufgabe

Selbstkritik: Der Hitler-Faschismus hätte verhindert werden können, heißt es, »wenn die Arbeiterparteien geschlossen, in Verbindung mit den demokratischen und friedliebenden Kräften des Bürgertums und der Bauernschaft, den Kampf gegen den Nationalsozialismus und Militarismus geführt hätten«. Und: »Wir Kommunisten erklären, daß auch wir uns mitschuldig fühlen, weil es uns trotz aller Anstrengungen und Opfer nicht gelang, die Einheit der Arbeiter, Bauern und Intelligenz gegen alle Widersacher zu schmieden und im werktätigen Volke die Kraft für den Sturz Hitlers zu sammeln.«
Das klingt schwammig; vielleicht hätte es Bleicher deutlicher formuliert, aber es geht über das Buchenwalder Manifest der KPD hinaus, das wenige Monate zuvor verabschiedet worden war. Bleicher saß zu dieser Zeit noch im Gefängnis. Das Manifest gibt den Sozialdemokraten »die historische Schuld« dafür, »daß der Nazismus in Deutschland zur Macht kommen konnte«. Die Kommunisten hätten vor 1933 lediglich »Fehler« gemacht, die später wieder korrigiert worden seien.

Bleicher ist überzeugt, daß die KPD die richtigen Lehren aus der Vergangenheit gezogen hat. Ohnehin will man jetzt »eine einheitliche Arbeiterbewegung schaffen«, heißt es in dem KPD-Aufruf. Wie der Neubeginn aussehen soll und wann die Gesellschaft vielleicht dann doch auf eine sozialistische Grundlage gestellt werden könnte, ist vermutlich auch Willi Bleicher nicht klar. Im KZ hatte er allerdings noch davon geträumt. In den siebziger Jahren klagt er dann über das Ergebnis der ersten Nachkriegsjahre, ohne allerdings auf die Politik seiner eigenen Partei einzugehen: »Nein, uns schwebte etwas ganz anderes vor. Wir wollten neu beginnen, nicht wiederaufbauen auf den alten Fundamenten. Aber aus dem Neubeginn ist nichts geworden.«

Bleicher, die meisten Kommunisten, aber auch etliche Sozialdemokraten fordern nach dem Krieg den Zusammenschluß der Arbeiterparteien SPD und KPD, damit es nie wieder zu einer Spaltung kommt.
Die Diskussion wird auch an der Basis geführt. Die Bosch-Arbeiter zum Beispiel plädieren 1946 für den Zusammenschluß der beiden Parteien »auf der Grundlage des Gothaer Parteiprogramms der Sozialdemokratischen Partei vom Jahre 1875«.
Auch auf örtlicher Ebene gibt es entsprechende Ansätze. So veranstalten die Luginslander Ortsgruppen von SPD und KPD Anfang 1946 zum Gedenken an die Revolution von 1848 eine gemeinsame »sozialistische Morgenfeier«. Der parteilose Untertürkheimer Bezirksvorsteher Karl Weber soll sich in dieser Zeit ebenfalls für eine Vereinigung von KPD und SPD ausgesprochen haben.
Der Traum von der einheitlichen Linkspartei ist allerdings schnell zerplatzt. Im Gegensatz zu manch anderer Stadt gibt es in Stuttgart nicht einmal ernsthafte Gespräche unter den Parteileitungen. Willi Bleicher sieht die Hauptschuld dafür bei Kurt Schumacher, der 1946 SPD-Vorsitzender wird.
Bleicher verweist darauf, daß die Gremien in den Gewerkschaften »gleichmäßig besetzt sind von Genossen der SPD und der KPD«. »Unten an der Basis« seien anfangs »keine nennenswerten Differenzen« aufgetreten. Kurt Schumacher habe jedoch bei einer Versammlung im Stuttgarter Staatstheater im Januar 1946 »einen endgültigen und unüberbrückbaren Graben zwischen SPD und KPD geschaffen«.

Der Sozialdemokrat gibt damals immerhin zu, daß »die Gefühle der Einheit und Hoffnung auf stärkeres Zueinanderkommen in den breiten Massen leben«, spricht sich aber gleichzeitig gegen eine »Vereinheitlichung« aus, solange die »politische Unabhängigkeit« der Kommunistischen Partei nicht gegeben sei.
Willi Bleicher: »Schumacher haßte den Kommunismus mehr als der Teufel das Weihwasser. Er hat auf die parlamentarische Demokratie geschworen, die Formaldemokratie war ihm alles. Ich habe viele Sozialdemokraten gekannt, die bei dieser Rede arg, arg schockiert waren. Doch immer mehr fiel diese Propaganda auch bei den Arbeitern auf fruchtbaren Boden.«

Neuanfang mit einem Goethespruch: Links neben dem Redner sitzt Willi Bleicher, den die Metaller in Stuttgart als Jugendsekretär eingestellt haben

Vom Jugendsekretär der Gewerkschaft zum Mitglied des Vorstands

Er legt Wert auf die Farbenpracht des Demonstrationszuges

Willi Bleichers Gewerkschaftskarriere beginnt bescheiden in einem behelfsmäßig eingerichteten Büro in der Stuttgarter Filderstraße, ganz in der Nähe des alten Bahnhofs der Zahnradbahn. Hier haben sich die Stuttgarter Metaller niedergelassen, denn das ehemalige Gewerkschaftshaus in der Roten Straße, der heutigen Theodor-Heuss-Straße, ist zerstört. Der Stuttgarter Bevollmächtigte Karl Mössner hat den 38jährigen gelernten Bäcker aus Luginsland zur Gewerkschaft geholt.
Der ehemalige Oppositionskommunist Mössner, der sich inzwischen, wie die meisten seiner früheren Genossen, der KPD angeschlossen hatte, war schon vor 1933 hauptamtlich für die Stuttgarter Metallgewerkschaft tätig; Bleichers frühere Freundin Helene Beck arbeitete für ihn damals als Sekretärin. Karl Mössner beteiligte sich bereits wenige Tage nach dem Einmarsch der Franzosen in Stuttgart am ersten (legalen) Treffen ehemaliger Gewerkschaftsfunktionäre seit dem Mai 1933.
Bei den Metallern in der Landeshauptstadt haben 1945 wieder die alten Oppositionskommunisten das Sagen. Simon Kraus übernimmt erneut das Amt des Ersten Bevollmächtigten; er wird zugleich Vorsitzender des Ortskartells aller Einzelgewerkschaften. Anfang 1946 löst Karl Mössner Kraus ab, der als Ressortdirektor ins württemberg-badische Arbeitsministerium wechselt, das von Rudolf Kohl (KPD) geführt wird.

Bleicher hat inzwischen den Untertürkheimer Arbeitsausschuß verlassen. Die Ausschüsse in Stuttgart verlieren an Bedeutung. Die erste Gemeinderatswahl im Mai 1946, so vermutet Bleicher, würde ihr Ende besiegeln. Er kandidiert auf Platz 14 der KPD-Liste. »Er wollte nicht in den Gemeinderat«, berichtet seine Frau, »aber er wollte, daß die KPD möglichst viele Stimmen bekommt, vor allem in Luginsland und Untertürkheim, denn hier war er wegen seiner Tätigkeit im Arbeitsausschuß auch unter Nicht-Kommunisten recht angesehen.« Tatsächlich holt Bleicher 24 377 Stimmen, beinahe soviel wie der spätere langjährige Gemeinderat Eugen Eberle (Platz 9). Die KPD erhält in Untertürkheim 13,9 Prozent der Stimmen, etwas mehr als im gesamten Stadtgebiet. Die SPD kommt auf 36,6 Prozent. Bei der Wahl zur Verfassunggebenden Landesversammlung für Württemberg-Baden im Juni läßt sich Bleicher erneut aufstellen, auch hier allerdings auf einem aussichtslosen Listenplatz. Die KPD erreicht bei der Wahl lediglich zehn Prozent.

Die Gewerkschaften können 1946 noch nicht frei arbeiten; sie unterstehen der Militärregierung und haben kaum eigene Mittel. Willi Bleicher: »Langsam bauten wir in den Betrieben Vertrauensmännerkörper auf. Das war alles sehr schwierig. Wir versuchten, eine finanzielle Basis zu erstellen durch Beiträge; wir versuchten, das von den Nazis beschlagnahmte Gewerkschaftsvermögen zurückzubekommen. Jedes Blatt Papier mußte ja zuerst beschafft werden. Wollten wir Beitragsmarken drukken lassen, so brauchten wir erst die Genehmigung der Amerikaner. Wollten wir eine Broschüre drucken, mußten wir zunächst einmal Einsicht nehmen lassen. Hatten wir die Genehmigung, dann mußten wir Papier organisieren. Wenn wir Versammlungen abhalten wollten, fanden wir keine Säle, hatten wir einen Raum, hatten wir kein Heizmaterial. In der Versammlung dann ein graues Häupterheer, alles ältere Kollegen; erst nach und nach kamen die jüngeren aus der Kriegsgefangenschaft zurück.«

Auch mit der Bezahlung sieht es in der Anfangszeit schlecht aus: »Spesen gab es damals noch nicht und keine Privilegien: Die Gehälter, die wir von der Gewerkschaft bekamen, richteten sich nach dem Einkommen der Facharbeiter als Zeichen unserer Bescheidenheit. Wir vermieden alles, was uns in den Augen der Kollegen in die Nähe der Besatzungsmacht, der Amerikaner, bringen konnte. Sauber wollten wir bleiben, nicht bei ihnen hofieren und uns nicht von ihnen schmieren lassen. Der damalige Vorsitzende des Gewerkschaftskartells auf Landesebene, Markus Schleicher, hat sich zum Beispiel von den Amerikanern nie zum Essen einladen lassen. Als ihm einmal nach einer Sitzung, die bis spät in die Nacht gedauert hatte, ein US-Offizier angeboten hatte, ihn mit seinem Jeep nach Hause fahren zu lassen, hat er abgelehnt. Der Ami schüttelte nur den Kopf, denn Schleicher wohnte ziemlich weit draußen und mußte fast zwei Stunden zu Fuß gehen.«

Den US-Behörden gegenüber hatte Bleicher schon früh ein distanziertes Verhältnis. Er wirft ihnen Behinderung der Gewerkschaftsarbeit vor. Mehrfach hatten die Gewerkschafter in Stuttgart seit Frühjahr 1945 versucht, sich als unabhängige Organisation zu etablieren, doch die Militärregierungen stellten sich immer wieder quer. Nach den Franzosen mischen sich die Amerikaner in die Gewerkschaftsarbeit ein, die wieder andere Vorstellungen haben, aber auch untereinander zerstritten sind.

Ein Teil der US-Arbeitsoffiziere traut den alten Gewerkschaftsfunktionären aus der Weimarer Zeit nicht, weil sie im Kampf gegen die Nazis versagt hätten. Sie würden jetzt gerne wieder ihre alten Posten übernehmen. Die Amerikaner wollen verhindern, daß nach dem Muster des früheren »Allgemeinen Deutschen Gewerkschaftsbundes« (ADGB) ein zweites Mal ein mächtiger, zentralistischer Apparat entsteht, in dem die Demokratie ersticken könnte. Sie fordern, daß die Gewerkschaften von der Basis her aufgebaut werden, daß nicht Organisationskomitees, sondern gewählte Delegierte aus den Betrieben das Sagen haben.

Wahlkampf gegen die SPD: Bleicher kandidiert für die Kommunisten

Doch die amerikanischen »Basisdemokraten« scheitern schnell. Ihr Stuttgarter Arbeitsoffizier muß seinen Schreibtisch, einen Tag bevor Willi Bleicher seine Gewerkschaftsarbeit beginnt, verlassen. Die neuen Offiziere setzen auf die alten ADGB-Führer, als Garantie gegen eine mögliche Radikalisierung der Arbeiter. Die Betriebsräte werden deshalb nicht als gewerkschaftliche Organe anerkannt. Ihr Einfluß und ihre Mitbestimmungsmöglichkeiten sind eingeschränkt.

Ein Jahr nach Kriegsende sind die Stuttgarter Metaller in 170 von 214 Metall- und Elektro-Betrieben vertreten. Von rund 36000 Beschäftigten sind 22000 gewerkschaftlich organisiert. In den zehn größten Stuttgarter Metallbetrieben stellen die Kommunisten 27 Betriebsräte, die Sozialdemokraten 16 und die Christdemokraten zwei; parteilos sind 17 Kollegen. Die Gremien bei Daimler und Bosch sind kommunistisch dominiert.

Einzug unmöglich: das Stuttgarter Gewerkschaftshaus ist zerstört

Gegen weltanschauliche Festlegung: Gewerkschaftschef Markus Schleicher

In den meisten zerstörten Fabriken haben zunächst vor allem die Funktionäre der alten Arbeiterbewegung das Sagen. Viele Unternehmer und Manager sind untergetaucht oder von den Alliierten in Ludwigsburg interniert worden. Bleicher: »Die Betriebe waren leer, still, zerbombt; kaum jemand ging zur Arbeit. Wir versuchten, die Arbeiter in die Betriebe zu bekommen. Das war damals nichts Verlockendes; Schwarzhandel war lohnender. Zuerst galt es, die Fabrikhöfe vom Schutt zu räumen, die Werkshallen zu entrümpeln, die Maschinen zu entrosten. Es gab keine Fensterscheiben, kein warmes Wasser, keine irgendwie geartete Organisation.«
Ob er als Vertreter des Arbeitsausschusses oder der Gewerkschaft kommt, Willi Bleicher ist bei den Firmenleitungen immer willkommen. »Wir hatten Narrenfreiheit als Gewerkschafter, damals in den Betrieben. Wenn ich zum Beispiel in einen Betrieb kam, da wurde ich vom Chef empfangen.« Alle Unterredungen und Sitzungen seien dann abgebrochen worden. Auch der Vorstandsvorsitzende von Daimler, Wilhelm Haspel, habe sich so verhalten.

Die Unternehmer und Manager beteuern, »daß sie gelernt hätten aus der Periode des Nationalsozialismus mit der Folge des Zweiten Weltkriegs und daß sie sich nie mehr dazu hergeben, die Rüstungsindustrie aufzubauen«, berichtet Bleicher. Er nimmt es ihnen zumindest damals ab: »Ich bin ein bißchen dieser damaligen ideologischen Einschätzung derer zum Opfer gefallen, die bis 1933 die Wirtschaft in den Händen hatten.«

Die Amerikaner wollen keine allzu starke Interessensvertretung der abhängig Beschäftigten und lehnen eine »zentralisierte« Einheitsgewerkschaft ab. Im Gegensatz zum württembergisch-badischen Gewerkschaftschef Markus Schleicher und anderen plädieren sie für eine »föderative« Lösung, also einen schwachen Dachverband und autonome Einzelgewerkschaften. Dieses Modell, das auch von den Metallern befürwortet wird, setzt sich schließlich in der Westzone durch.
Zwischen Mai und August 1946 werden in Württemberg-Baden die verschiedenen Gewerkschaften gegründet. Das Industrieverbandsprinzip »Ein Betrieb – eine Gewerkschaft, eine Industrie – eine Gewerkschaft« wird allerdings nur zum Teil verwirklicht. Die Beamten und die Angestellten bleiben als eigenständige berufsständische Gruppen unter sich. Auch die zum öffentlichen Dienst zählenden Post- und Bahnbeschäftigten gründen eigene Gewerkschaften.
Die Spaltung in weltanschaulich festgelegte Richtungsgewerkschaften kann mit Zustimmung der Amerikaner, die so etwas ohnehin nicht kennen, überwunden werden. Gewerkschaftsvorsitzender Markus Schleicher: »Frühere Mitglieder der freien, der christlichen, der Hirsch-Dunckerschen Gewerkschaften haben sich im Württembergischen Gewerkschaftsbund zu einer einheitlichen Organisation zusammengefunden. Hier sind neben den Kommunisten die christlichen und die sozialdemokratischen Arbeitnehmer vertreten.«
Für Willi Bleicher ist dies eine der größten Errungenschaften der Gewerkschaftsbewegung. Er wird den Metallern sein ganzes Leben lang einhämmern, »daß wir die Einheit der Gewerkschaften hüten müssen wie unseren eigenen Augapfel«. Er selbst spielt in den beiden Nachkriegsjahren innerhalb der Gewerkschaft nur eine untergeordnete Rolle; bei den Stuttgarter Metallern kümmert er sich vor allem um die Jugendarbeit.
Die Lehrlinge und Jungarbeiter der Nachkriegszeit kennen die alte Gewerkschaftsbewegung nicht. Sie sind während der Nazi-Zeit aufgewachsen. Sie haben Hitlers Durchhalteparolen noch im Kopf; manch einer gehörte als Sechzehnjähriger noch zum »letzten Aufgebot«. Das hat auch Spuren in ihren Köpfen hinterlassen. Politische Apathie macht sich breit; die Jugend mißtraut jeder Organisation. Willi Bleicher erkennt dies; er sagt, daß die Arbeiterbewegung ohne Jugend keine Zukunft hat.
Bleicher geht in die Betriebe, organisiert Jugendversammlungen und Wahlen zu einer Jugendvertretung und baut eine eigene Metall-Jugendgruppe auf. Er spricht das an, was die Auszubildenden drückt. Er

Mißtrauen gegen KZler: Willi Bleicher (links) mit Kollegen bei einer Interzonen-Konferenz

verurteilt Unternehmer und Ausbilder, weil sie die Lehrlinge »zu berufsfremden und sogar gesundheitsgefährdenden Arbeiten« zwingen. Er kümmert sich um den darniederliegenden Jugend- und Gesundheitsschutz, kritisiert, daß »die arbeitsrechtliche Stellung der Jugendlichen noch immer aus einer alten Gewerbeordnung aus dem Jahre 1851 resultiert«.
»900 Lehrlinge, die zum Arbeitsdienst oder zur Wehrmacht kamen, können seit Monaten keine Prüfung machen«, schimpft Bleicher. Daran seien Unternehmer und die Kammern schuld. Er fordert, daß »das gesamte Lehrlingswesen in die Hände paritätisch zusammengesetzter Instanzen« kommt. Im Gegensatz zu anderen Bezirken lehnen die Metaller in Württemberg-Baden deshalb eine Mitarbeit bei den Industrie- und Handelskammern sowie den Handwerkskammern ab.
Willi Bleicher verlangt eine qualifizierte Ausbildung und das ausdrückliche Verbot der Prügelstrafe: An die Stelle des alten »Züchtigungsrechts« des Lehrmeisters müsse eine »moderne Pädagogik« treten. Lehrlinge müßten »mindestens den Schülern höherer Lehranstalten gleichgestellt werden«. Ausbildungsleiter und Lehrer in den Gewerbeschulen, die bei den Nazis waren, sollten abberufen werden.

Bei den Jugendversammlungen spricht Willi Bleicher auch die Verbrechen der Nationalsozialisten an. Er sucht den Widerspruch, mancher Lehrling fühlt sich provoziert. Die jungen Leute haben ein tiefes Mißtrauen gegenüber den Erwachsenen. Das trifft auch die ehemaligen Nazigegner. Willi Bleicher geht zu Heinkel (heute SEL-Alcatel) in Stuttgart-Zuffenhausen. Dort erklärt ihm Lehrling Günter Sauter: »Jetzt kommt ihr zurück aus den Konzentrationslagern und wollt recht haben.« Jugendliche aus der »Flakhelfergeneration« befürchten, »daß die KZler uns jetzt runterdrücken wollen«. Günter Sauter will wissen, was die Alten getan hätten, um den Faschismus zu verhindern. Bleicher geht auf die Fragen ein, gewinnt langsam bei den jungen Leuten Vertrauen.

Doch einfach macht es ihm die Jugend nicht. Günter Sauter und seine Kollegen sind stinksauer, als sie, ohne gefragt zu werden, als ehemalige Mitglieder der nationalsozialistischen Deutschen Arbeitsfront (DAF) in die Metallgewerkschaft übernommen werden. Die Jungen protestieren beim Betriebsrat, denn sie wollen nicht wie bei der DAF zwangsverpflichtet werden.
Auch unter den führenden Funktionären gibt es eine Auseinandersetzung um diese Frage. Der Einfachheit halber haben die meist mittellosen Stuttgarter Gewerkschaften seit 1945 das Verfahren der Deutschen Arbeitsfront beibehalten und den Gewerkschaftsbeitrag von den Lohnbüros zwangsweise abziehen lassen. Erst als die jungen Leute von Heinkel ausdrücklich gefragt werden, treten sie der Metallgewerk-

schaft wieder bei. Willi Bleicher gefällt dieser Widerspruchsgeist. Er fördert den Heinkel-Lehrling Günter Sauter, der schließlich Vorsitzender der Stuttgarter Metalljugendgruppe wird.
Nach zwei Monaten hauptamtlicher Arbeit kann Bleicher bereits die erste Jugendkonferenz einberufen. 280 junge Menschen, die rund 4000 Lehrlinge vertreten, kommen in die Untertürkheimer Sängerhalle. Ein Goethe-Zitat schmückt die Bühne: »Edel sei der Mensch, hilfreich und gut.« Ende des Jahres sind drei Viertel aller jugendlichen Metaller in der Gewerkschaft organisiert. Ein Erfolg für Willi Bleicher.

Holt Bleicher in den Vorstand: Metall-Vorsitzender Hans Brümmer

Innerhalb der Gewerkschaften kommt es zu einem Streit über die Jugendarbeit. Während die einen jugendpflegerisch arbeiten wollen, sehen Bleicher und Kollegen den Schwerpunkt in den Betrieben und Lehrwerkstätten. Sport, Wandern und Lieder singen, das genüge nicht, sagt Bleicher bei einer Jugendkonferenz der Metaller von Nordwürttemberg-Nordbaden in der Kantine der Stuttgarter Firma Marwitz & Hauser. Willi Bleicher wird die Auseinandersetzung noch jahrelang führen. Wir müssen zum »Ursprung der eigentlichen Gewerkschaftsarbeit zurückkommen«, sagt er, »denn am Anfang derselben stand der Kampf gegen Ausbeutung junger Menschen und der Kampf gegen Lehrlingsmißhandlung, stand der Kampf gegen alle sozialen Ungerechtigkeiten«.

Im Konflikt mit älteren Kollegen unterstützt Bleicher die Jugendvertrauensleute; die Betriebsräte sollten die Jugend, den »schwächsten Teil des Volkes«, in ihre Arbeit miteinbeziehen. Nur so könne es zwischen Jung und Alt zu einem solidarischen Verhalten kommen. Bleicher will verhindern, daß die Jugend gegen die Alten ausgespielt wird. »Die Arbeitskraft der Jugendlichen ist ergiebiger«, erklärt er, »ergiebiger vom Standpunkt der kapitalistischen Gesellschaftsordnung aus und rentabler«. Hier lägen die ökonomischen Ursachen des Gegensatzes.
Bleicher verlangt von den jungen Leuten, daß sie sich »durch anständige Haltung das Vertrauen der erwachsenen Arbeiterschaft erwerben«. Als die Gewerkschaften wieder Sitzungsgelder zahlen, lehnt Bleicher dies ab. Das sind »Arbeitergroschen«, schimpft er, die müsse man zusammenhalten. Zumindest in seiner Stuttgarter Zeit füllt Bleicher keine Spesenbelege aus, berichtet Günter Sauter. Seine Jugendgruppe verhält sich noch jahrelang genauso.

Willi Bleicher mischt inzwischen in der landesweiten Arbeit der Metaller mit; er spricht bei allen drei Kongressen des württembergisch-badischen Gewerkschaftsbundes, hat sich überregional einen Namen gemacht. 1947 steigt er bereits auf. Hans Brümmer, der Vorsitzende der damals noch selbständigen Metallgewerkschaft des Landes, holt ihn in den geschäftsführenden Vorstand. Die Stuttgarter Jugendgruppe wehrt sich zwar vehement, will den beliebten Gewerkschaftssekretär zurückhalten, doch ohne Erfolg.

Dem Landesvorstand der Metaller gehören nun zwei Sozialdemokraten und zwei Kommunisten an. Hans Brümmer (SPD) war schon bis 1933 Bezirksleiter der Metaller für Württemberg und Baden-Pfalz. Er ist 1907 als Zwanzigjähriger zum Bevollmächtigten des Deutschen Schmiedeverbandes in Mannheim gewählt worden. Nach dem Anschluß der Schmiede an den Metallarbeiterverband war er Geschäftsführer und Bevollmächtigter der Mannheimer Metaller. 1934 ist er wegen Hochverrats zu 15 Monaten Gefängnis verurteilt worden.
Brümmers Stellvertreter im Vorstand der württembergisch-badischen Metaller ist der Mannheimer Bevollmächtigte Paul Schreck, ein angesehener und über die Stadt hinaus bekannter Kommunist. Albert Kern (SPD) ist für die Kasse und Bleicher (KPD) für die Jugendarbeit zuständig. Kern gehörte übrigens vor 1933 zunächst der KPD und dann der Opposition (KPO) an und kennt Bleicher seit dieser Zeit.

Willi Bleicher setzt sich für die Jugend ein; er predigt nicht nur Solidarität, er lebt sie auch vor, berichten die Zeitzeugen. Für Leute wie den Stuttgarter Jugendleiter der Metallgewerkschaft, Günter Sauter, wird er zum Vorbild. Sauter tritt deshalb auch der Kommunistischen Partei bei, der politischen Heimat von Willi Bleicher. Der ehemalige Oppositionskommunist selbst gehört zur KPD-Ortsgruppe Luginsland. Sein Name steht auf großen, roten Plakaten der »Kommunistischen Partei in Groß-Stuttgart«, mit denen Mitglieder geworben werden. Bleicher fungiert in Luginsland neben Ernst Bauer als »Vertrauensmann für Partei-Aufnahmen«. Seit seiner Anstellung bei der Metallgewerkschaft (spätestens aber seit 1947) nimmt er an den wichtigsten Sitzungen des Sekretariats des Landesvorstandes der Kommunisten teil sowie an Besprechungen des Parteiausschusses für Arbeits- und Sozialpolitik.[11]

Auf sein Wort und auf das seines ehemaligen Buchenwald-Kameraden Hans Rueß, der inzwischen Kassier des Gewerkschaftsbundes ist, wird gehört. Bleicher beteiligt sich an KPD-Versammlungen, meldet sich zu Wort. Das kann auch einmal kritisch sein. Bei ihm wird es geduldet.

Willi Bleicher hätte auch hauptamtlicher KPD-Funktionär werden können. Er lehnt entsprechende Angebote ab. Begründung: »Parteibrot esse ich nicht.« Wie Bleicher zu den jeweiligen Wendungen der offiziellen KPD-Politik steht, ist unbekannt. Moskau hat die Deutschlandpolitik inzwischen geändert. Statt auf ein kapitalistisches und vereintes, aber dafür außenpolitisch neutrales Land setzt man jetzt auf den Aufbau eines Satelliten in der eigenen Besatzungszone. Mit der Gründung der »Sozialistischen Einheitspartei« (SED) im April 1946 demonstriert die KPD, daß sie in Ost und West zweierlei Wege gehen wird. Die verbliebene (West-)KPD verhält sich weiterhin gegenüber den Besatzungsmächten zurückhaltend, gelegentlich sogar anbiedernd. Die Welt ist in zwei Einflußsphären aufgeteilt. Das müssen die Westgenossen akzeptieren. So wundert es nicht, daß sich die KPD-Spitze und die von ihr gestellten Landesarbeitsminister zeitweise sogar gegen Arbeitskämpfe aussprechen.

Spätestens seit Beginn des »Kalten Krieges« wird Bleichers Verhältnis zu seiner Partei gespannter. Als Walter Ulbricht einmal illegal Stuttgart besucht, melden KPD-Landesvorsitzender Robert Leibbrand und sein Stellvertreter Hermann Nuding Kritik an.

Willi Bleicher: »Da hatten wir eine heftige Auseinandersetzung, ich, Leibbrand, Nuding, und Ulbricht auf der anderen Seite, wie, nebenbei bemerkt, auch Eugen Eberle. Ulbricht war der Meinung, wir hätten einfach keinen Mut. Wir müßten nur der Bevölkerung sagen, wer den Krieg begonnen hätte, warum die Russen so und nicht anders handelten, daß sie ein Recht besitzten zur Demontage, daß die Kriegsgefangenen nicht anders behandelt werden konnten, weil die Russen selbst nichts hatten. Das ist ja Tatsache. Aber, als ob das nur an unserem Mut gelegen hätte! Das war doch nicht eine Frage des Mutes, es kommt doch nicht auf mich an, sondern auf die Millionen. Die Frage der Flüchtlinge, der Kriegsgefangenen wäre anders zu lösen gewesen. Nicht die Junker und Kapitalisten in einen Topf werfen mit den Proleten. Aber der Nationalismus beherrschte den Augenblick.«

Jugend nicht gegen Alte ausspielen: Betriebsräteversammlung im Stuttgarter Zirkus Schulte

Willi Bleicher wirft seinen Genossen vor, die Leninsche Nationalitätenpolitik zu mißachten und Millionen von Menschen zu vertreiben: »Nicht, daß ich den Russen Vorwürfe gemacht hätte. Vom Prinzip her hatten sie die Legitimation aufgrund dessen, was ihnen widerfahren ist. Es ist eine taktische Frage. Da verfuhren die Amerikaner anders. Die Amerikaner hatten ja auch alles im Überfluß. Und die deutschen Mädchen fielen ihnen für einen Kaugummi, für eine Tafel Schokolade um den Hals. Die Russen dagegen hatten selbst nicht genug zu fressen. Zwar haben sie nie gebombt, im

Kritik an der Parteiführung: Bleichers KPD-Genosse Nuding

Gegensatz zu den Amerikanern, weshalb die Stimmung hier anfangs doch auch etwas antiamerikanisch war. Das änderte sich bald, das Fressen kommt vor der Moral, das galt auch für das Verhältnis der Bevölkerung zu den Amis. Der Wiederaufbau ließ die Bevölkerung die Bomben vergessen, mit der Rückkehr der Kriegsgefangenen schlug die Stimmung dann um. Die russischen kamen oft halbverhungert an, die amerikanischen gut ernährt. Denn wen interessiert es schon, daß die Amerikaner die großen Kriegsgewinnler waren und die Russen selbst zu Hunderttausenden verhungerten wegen der Zerstörungen, die die Wehrmacht in Rußland angerichtet hatte?«

Ausweis
Holzwarth
Name – name – nom
Erwin
Christian name
22.
geb. – born – né le
Stgt.-Untertürkheim
wohnhaft – residing at – domicilié à
Strasse – street – rue
wurde auf Grund seiner politischen Aktivität gegen den Nazismus in der Zeit von 1933 bis 1945
8 Jahre 3 Monate
in nationalsozialistischen Konzentrationslagern und Strafanstalten festgehalten.
Stuttgart, den 21.9.1945
Der Chef der Deutschen Polizei der Stadt Stuttgart.

»Bleicher sagt, was er denkt«: Erwin Holzwarth

Willi Bleicher befürchtet, daß die KPD »die alten Fehler« wiederholen wird. Vor allem in Luginsland »sagt er, was er denkt«, erinnert sich KPD-Genosse Erwin Holzwarth. Einen offenen Kampf für seine Positionen auf regionaler oder überregionaler Ebene führt er allerdings nicht. Im Gegensatz zur KPD zeichnet Willi Bleicher ein pessimistisches Bild der Lage der Arbeiterbewegung: Es fehle »das in der Vergangenheit starke Solidaritätsgefühl«. Im Laufe der letzten 16 Jahre sei »das Klassenbewußtsein im größten Teil der Arbeiterschaft verschüttet worden«. Als eine Ursache dafür nennt Bleicher den »Einfluß kapitalistischer Ideologien«. Die meisten Arbeiter würden die Betriebe als ihre Betriebe ansehen, den Gegensatz zwischen Kapital und Arbeit nicht begreifen: »Und diesem unbestreitbaren Tatbestand gegenüber steht eine der gewitztesten, schlausten, aber auch der brutalsten und rücksichtslosesten Unternehmergarnituren.« Daraus müßten die »taktischen und prinzipiellen Maßnahmen der Gewerkschaften« abgeleitet werden. Die KPD will dagegen Ende der vierziger Jahre kaum mehr Rücksicht auf das Bewußtsein der Massen nehmen. Der gewerkschaftliche Kampf wird nicht mehr ernstgenommen. »Hört mit dem Scheiß auf; so geht das nicht, wie ihr euch die Gewerkschaftsarbeit vorstellt«, sagt Bleicher den Genossen, »denn die Leute wollen zunächst was zum Fressen.« Erst wenn man sich für die Verbesserung der Lebensverhältnisse einsetze, würden »die Proleten« auch für kommunistische Ideen aufgeschlossen.
Es deutet sich bei den moskauhörigen Kommunisten eine Wiederholung des »ultralinken Kurses« an, den Bleicher bereits in den Jahren vor der Nazi-Diktatur bekämpft hatte. Auf der Nachhausefahrt von einer KPD-Sitzung kündigt er den Genossen Karl Mössner und Otto Wahl an, daß er den Weg der Opposition ein zweites Mal nicht gehen werde. Wenn die KPD wieder eine spalterische Politik in der Gewerkschaftsfrage betreibe, werde er austreten.

Im Sommer 1948 wird in den westlichen Besatzungszonen die Währungsreform verkündet. Die Menschen verlieren den Großteil ihrer Ersparnisse, beginnen die sogenannte Stunde Null mit zunächst 40 Mark. Die Aktiengesellschaften werden dagegen verlustlos auf die neue Währung umgestellt. Industrielle, Grundbesitzer, Leute, die Sachwerte besitzen oder gehortet hatten, können frohlocken. Die Schaufenster sind plötzlich voll. Doch die Preise machen diese Schätze für die meisten Arbeiter unerschwinglich. Während für sie immer noch ein Lohnstopp gilt, ist der Preisstopp für viele Konsumgüter aufgehoben.
Nachdem die Proteste der Gewerkschaften nichts nützen, rufen sie in der Bi-Zone nach einigem Zögern und internen Auseinandersetzungen für den 12. November zum Generalstreik. Von 11,7 Millionen Arbeitern und Angestellten bleiben mindestens sieben Millionen der Arbeit fern. Eine Streikbeteiligung, die später nie wieder erreicht werden sollte.
In Württemberg war es schon zwei Wochen davor zu Aktionen gekommen. 90 000 bis 100 000 Stuttgarter Arbeiter hatten am 28. Oktober nachmittags die Arbeit niedergelegt und waren zum Karlsplatz marschiert. »Im Anschluß an die Kundgebung«, berichtet Willi Bleicher, »wurden die Scheiben von ein paar Luxusgeschäften auf der Königstraße eingeworfen. Mit Tränengas, Reiterei und Panzern gingen die Amerikaner dagegen vor.«
Willi Bleicher wirft der amerikanischen Besatzungsmacht unsozia-

Nur ein unscharfes Foto blieb erhalten: IG-Metall-Vorstand mit drei Kommunisten: Eberle (3.), Küll (5.), Bleicher (9. von links). Salm fehlt

les und undemokratisches Verhalten vor. Wer auf die Besatzungsmächte baue, sagt er, baue auf Sand. Der Marshallplan und die Währungsreform seien eine Vorentscheidung für die Spaltung Deutschlands. Auch eine gesamtdeutsche Gewerkschaftsbewegung wird es bis 1990 nicht mehr geben. Seit 1946 hat man bei Interzonenkonferenzen einen gemeinsamen Weg gesucht. Mitte 1948 sind die Versuche endgültig gescheitert. Hans Brümmer, der Chef der Metaller von Württemberg-Baden, gibt den Besatzungsmächten die Schuld dafür. Die westdeutschen Gewerkschaften orientieren sich nun an ihren Besatzungsmächten, die Ostgewerkschaften, die im zentralistischen »Freien deutschen Gewerkschaftsbund« (FDGB) zusammengeschlossen sind, an der Sowjetunion.

Im Oktober 1948 vereinigen sich nach langwierigen Verhandlungen die vier Metallgewerkschaften der amerikanischen und britischen Zone bei einer Konferenz in Lüdenscheid. Über die Zusammensetzung des Vorstandes gibt es hinter den Kulissen zähe Verhandlungen. Schließlich liegt ein Vorschlag vor, der offenkundig allen Interessen gerecht wird. Württemberg-Baden ist im geschäftsführenden Vorstand mit drei Kollegen vertreten, Hans Brümmer, Albert Kern und Willi Bleicher. In den Vorstand wird auch der Stuttgarter Betriebsrat Eugen Eberle (KPD) gewählt. Neben Willi Bleicher ziehen zwei weitere Kommunisten, Karl Küll und Fritz Salm, in den geschäftsführenden Vorstand ein, in dem sieben Sozialdemokraten die Mehrheit haben. Ein Vorständler stammt aus der CDU.
Da man sich nicht auf einen Vorsitzenden einigen kann, werden drei gleichberechtigte gewählt,

»Raum für Freude und Frohsinn«: Zeltlager auf dem Hohenstaufen

Hans Brümmer, Walter Freitag und Wilhelm Petersen. Willi Bleicher übernimmt wieder die Bereiche Jugend und Berufsausbildung, wird aber auch mit anderen Aufgaben betraut. Die Betreuung des Frauenreferats lehnt er ausdrücklich ab. Dazu habe er zu wenig Zeit, heißt es im Protokoll.

Für Willi Bleicher ist die Jugendarbeit mehr als eine Pflichtübung, die das jüngste Vorstandsmitglied eben übernehmen muß. Er weiß, daß der Funktionärskörper der Nachkriegsgewerkschaften völlig überaltert ist und sich »schnell verändern wird«. Schon bei den jüngsten Betriebsratswahlen habe die Zahl der unter dreißig Jahre alten Kollegen zugenommen. Die Verantwortung werde bald »auf unseren Schultern« liegen, sagt Bleicher kurz nach seiner Wahl. Er meint die Verantwortung für die gesamte Arbeiterbewegung, zumindest in Westdeutschland, denn ohne die IG Metall gehe hier nichts. Bleicher gegenüber Jugendsachbearbeitern: »Die Gewerkschaft wird mit den Metallarbeitern oder nicht sein.«
Mit entsprechendem Eifer geht Bleicher an die Arbeit – zunächst von Stuttgart aus, denn die IG Metall hat in Frankfurt noch keine geeigneten Räumlichkeiten. Er organisiert Jugendtage mit Demonstrationen und Kundgebungen, Zeltlager mit Lagerfeuern und Schulungen. Er kennt die Jugendarbeit der Kommunisten und der Gewerkschaften aus der Zeit vor der Nazi-Diktatur, und er bringt seine Erfahrungen aus Württemberg-Baden mit.
Auch wenn er den Schwerpunkt der Gewerkschaftsarbeit im Betrieb sieht, weiß er, daß Jugendliche innerhalb der Organisation auch »Zeit und Raum für Freude und Frohsinn« brauchen. Dabei legte Willi Bleicher Wert auf die öffentliche Wirkung, »die Farbenpracht des Demonstrationszuges«, auf die Banner, die Wimpel und die Transparente. Die Presse wird informiert. Plakate müssen die Treffen überall bekannt machen. Abzeichen, »die der jugendlichen Mentalität entsprechen«, werden verteilt. Disziplin wird großgeschrieben. So ist Willi Bleicher 1950 erfreut über das »disziplinierte Verhalten der Jugendkollegen; es sei beachtlich und zeige gegenüber früheren Veranstaltungen Fortschritte«, verzeichnet das Protokoll.

Immer wieder diskutiert Bleicher mit seinen Jugendfunktionären das Thema »Junge und Mädel«, denn in den Zeltlagern sind Jungen und Mädchen zugelassen, in der damaligen Zeit keineswegs selbstverständlich. Bei den vergleichsweise starken konfessionellen Jugendgruppen ist dies tabu. Eine heikle Frage für die IG Metall, denn viele Eltern verbieten ihren Kindern immer noch, den Freund oder die Freundin mit nach Hause zu bringen.

Willi Bleicher fordert äußerste Zurückhaltung. Wehe, die beiden Geschlechter kommen sich zu nahe. Nicht einmal Händchen halten sollten die Jugendlichen 1949 beim Pfingsttreffen auf dem Hohenstaufen, berichtet Mitorganisator Günter Sauter. Als er mit einem Mädchen spazieren geht, »erwischt« ihn Willi Bleicher und macht ihn zur Schnecke. Sauter: »Im Zeltlager mußte der Funktionär sauber bleiben. Da durfte nichts passieren – obwohl ja nichts passiert ist –, aber schon ein Mädchen in den Arm nehmen, das war zuviel.« Die Jugendlichen kümmert das wenig; Jungen und Mädchen schlafen zwar in getrennten Zelten, aber »wenn sie Lust hatten, poussierten sie miteinander [machten sie sich gegenseitig den Hof, Anm. d. Verf.], allerdings bei weitem nicht so offen wie heute«.

Typische Formulierungen bei Jugendausschußsitzungen zum »Thema Junge und Mädel«: »Unter Beachtung aller Umstände«, berichtet ein Funktionär, könne er sagen, daß sich die 700 weiblichen Teilnehmer gut verhalten hätten. Ein anderer bemängelt, »daß man das Niveau von vor 1933 noch nicht erreicht habe«. In Baden-Württemberg sei das Problem »nicht negativ in Erscheinung getreten«, berichtet Herbert Brümmer, der Sohn des IG-Metall-Vorsitzenden. Die Mädels hätten sich bei der Demo sogar disziplinierter als die Jungs verhalten. Bleicher ist mit der Disziplin seiner Jugendgruppen zufrieden, auch wenn sich noch einiges verbessern könnte.

Willi Bleicher will dem Gewerkschaftsvorstand beweisen, daß er gute Arbeit leistet, daß er eine schlagkräftige und mitgliederstarke Jugendorganisation aufbauen kann. Deshalb sucht er »Idealisten«, die sich mit aller Kraft der Gewerkschaftsarbeit widmen, Jugendliche, die sich mit der IG Metall »nicht nur ein Sprungbrett für ihre persönlichen Vorteile« verschaffen, sondern einer »große Sache« dienen wollen. Und er findet sie, kann sie begeistern und für die Arbeit in den betrieblichen Jugendvertretungen und den Jugendausschüssen der örtlichen IG-Metall-Verwaltungsstellen gewinnen, wo sie nicht selten das Salz in der Suppe sind.

Bleicher verlangt von den jungen Gewerkschaftern, daß sie sich »freihalten von allem Fanatismus«. Denn der Fanatiker mißachte »die Realitäten und die Toleranz«. Dagegen erwartet Bleicher »Begeisterung und Aufopferungsfähigkeit«. Er kennt den Generationskonflikt in den Nachkriegsjahren, die »Verneinerrolle der heutigen Jugend«, wie er sagt, ihre »Antipathie gegen alles, was da ist und werden soll«. Andere Jugendorganisationen hätten es leichter. Die Gewerkschaftsjugend müsse dagegen täglich Ungerechtigkeiten abwehren, der die jungen Arbeiter im Betrieb ausgesetzt seien. »Das ist eine schwere Aufgabe, und nur die stärksten unter uns sind ihrer Bewältigung gewachsen.« Bleicher nimmt zumindest im Funktio-

Demonstrationen und Kundgebungen: Bleicher (links) ist ständig unterwegs

»Der Funktionär muß sauber bleiben.« Rüge für Jugendleiter Günter Sauter (mit Freundinnen)

Begeisterung und Aufopferungsfähigkeit: Willi Bleicher mit Eugen Loderer (links)

närskreis kein Blatt vor den Mund. Er kritisiert die jugendliche Überheblichkeit, hinter »der wir zuweilen unsere Hilflosigkeit und Unkenntnis zu verstecken suchen«. »Ohne die Alten, geschweige denn gegen die Alten«, sagt er bei einer Konferenz, »werden wir keinen Pfennig Lohnerhöhung, keine Stunde Urlaub, kein fortschrittliches Jugendschutzgesetz, kein Berufsbildungsgesetz zustande bringen«.

Geradezu missionarisch tritt Bleicher auf. Junge Kollegen, wie der spätere IG-Metall-Vorsitzende Eugen Loderer, der Bleicher schon 1946 kennenlernt, bewundern ihn. Man müsse erkennen, warnt Bleicher, »daß wir [Jugendlichen] Blut vom Blute der Alten sind«. »Ob jung oder alt, ob Mann oder Frau, Bursch oder Mädel, die da mit ihrer Hände Arbeit Brot verdienen müssen«, alle gehörten zu einer Klasse, der Arbeiterklasse. Bleicher: »Wenn diese Erkenntnis Allgemeingut wird, dann werden wir unüberwindlich sein, weil wir der zahlreichste Teil des Volkes sind, und nicht nur der zahlreichste, sondern auch der positivste.«

So einfach ist das, doch Bleicher vergißt die »Realitäten« nicht. Zwei Millionen Arbeitslose meldet die Metallzeitung 1950, ein Drittel davon seien Jugendliche. Viele bekommen entsprechend der damaligen Bestimmungen keine Arbeitslosenunterstützung, weil sie unmittelbar nach der Ausbildung entlassen wurden. »Sie stehen mittellos auf der Straße«, schimpft Bleicher. Die Jugendkriminalität nehme zu, und die Zahl der Selbstmorde steige. Die Fremdenlegion werde für Tausende junger Menschen attraktiv, weil sie sich so eine Lösung ihrer sozialen Probleme erhofften.
In einigen Bundesländern gibt es staatliche Aufbauwerke, in denen Jugendliche ein Jahr lang gegen wenig Lohn arbeiten können. Bleicher wendet sich gegen eine Kasernierung junger Leute und warnt davor, sie »vielleicht ehemaligen Arbeitsdienstführern« aus der Nazi-Zeit zu unterstellen. Wo die Freiwilligkeit solcher Aufbaulager aufhört, wie in Bayern, lehnt Bleicher sie ab. Deswegen verlangt er zumindest die Einhaltung tariflicher Mindestbestimmungen.
Zunächst fordern Willi Bleicher und die Gewerkschaftslinke den Aufbau von betrieblichen Jugendgruppen. Doch dann verständigt man sich darauf, daß künftig vor allem örtliche Gruppen gebildet und betriebliche Jugendvertrauensleute gewählt werden. Die Junggewerkschafter hatten die Erfahrung gemacht, daß die Unternehmer immer wieder versuchten, »direkt oder indirekt in die Betriebsgruppenarbeit einzugreifen«. Deshalb soll die Gruppenarbeit von der Betriebs- auf die Ortsebene verlagert werden.

Bleicher ist kein bequemer Partner. Er legt sich mit den Jugendfunktionären des Deutschen Gewerkschaftsbundes genauso an wie mit Kollegen in der IG Metall. Scharf kritisiert er die Bayern, weil sie »den demokratischen Zentralismus in unserer Organisation« in Frage stellten. Grund: Der Bezirksjugendausschuß hatte sich seinen Vorsitzenden selbst gewählt, einen ehrenamtlichen Kollegen.

Das will Bleicher nicht zulassen. Er fährt deshalb nach München und verlangt, daß der hauptamtliche Jugendsekretär der Bezirksleitung auch Vorsitzender des Jugendausschusses wird. Begründung: »Der Bezirksjugendausschuß ist ein Organ des Vorstands, und der Vorsitzende ist für die Durchführung der vom Vorstand für zweckmäßig erachteten organisatorischen und ideologischen Notwendigkeiten verantwortlich.« Die Bayern dagegen argumentieren, »hinter dem gewählten Vorsitzenden steht die Jugend, nicht aber immer hinter dem besoldeten Angestellten«. »Demokratie von oben« oder mehr »Basisdemokratie«: Dieser Konflikt wird Bleicher noch lange beschäftigen.
Er ist ein Mann, der auch von den Kommunisten Disziplin und Unterordnung unter die IG Metall verlangt. Er legt sich sogar mit dem einflußreichsten Betriebsratsvorsitzenden im Südwesten an, mit Eugen Eberle von der Firma Bosch in Stuttgart. Beide sind Mitglieder der KPD, doch der selbstbewußte Eberle und sein mehrheitlich kommunistisch orientierter Betriebsrat wollen sich von den hauptamtlichen Gewerkschaftsfunktionären nicht allzuviel vorschreiben lassen. Die Boschler gelten als Speerspitze des gewerkschaftlichen Kampfes und können den Gewerkschaftsapparat seit Kriegsende immer wieder zu bestimmten Aktionen zwingen.

Als das Landesarbeitsgericht im April 1949 auf Antrag der Geschäftsleitung den Gesamtbetriebsrat von Bosch aus formalen Gründen für nicht rechtmäßig erklärt, ruft Eberle in einem persönlich unterzeichneten Flugblatt zu »gewerkschaftlichen Gegenmaßnahmen« auf, um den »Angriff auf das Koalitionsrecht der Arbeiter« abzuwehren. »Zeigt euch eurer aktivsten Betriebsräte würdig«, fordert der Gesamtbetriebsratsvorsitzende der Bosch-Beschäftigten.
Prompt erntet er deshalb den Vorwurf, er würde Personenkult betreiben. Es sei falsch, sagt Willi Bleicher, von den Arbeitern eine persönliche Treue zu den »aktivsten Betriebsräten« zu verlangen. Denn damit würde man die Vorstellung bestärken, daß es nur von der einen oder anderen Persönlichkeit abhänge, »die Lage der Klasse zu verschlechtern oder zu verbessern«.
Willi Bleicher kritisiert auch den Alleingang Eberles, denn zunächst hätte man »eine einheitliche Meinung aller Betriebsräte« bilden müssen. Nur wenn alle Maßnahmen rechtzeitig sowohl mit der Ortsverwaltung der IG Metall wie auch mit ihrem Vorstand besprochen würden, könnten gewerkschaftliche Gegenmaßnahmen zum Erfolg führen.
Damit hat Willi Bleicher auch mißtrauischen sozialdemokratischen Funktionären bewiesen, daß er ein Mann der Organisation ist und keine parteipolitische Rücksichtnahme kennt. Ob ihm dies schwergefallen ist, wissen wir nicht.

Bleicher kritisiert den Personenkult: Die Gewerkschaft kann den Bosch-Betriebsratsvorsitzenden Eugen Eberle (links) nicht einbinden

Der tiefe Fall von der Spitze in die Niederung des Apparats

Ich nehme die Hand an die Hosennaht

Wie zuvor in Stuttgart streitet Willi Bleicher auch als Vorstandsmitglied der IG Metall gegen eine Ausgrenzung der Kommunisten und für die Einheit der Gewerkschaftsbewegung, national wie international. Seine Grundthese: »Wenn wir diese Einheit geschaffen haben, dann wollen wir in diesen Organisationen ringen um die beste Methode und um den wirksamsten Weg zur Wahrung der Interessen aller Schaffenden in Deutschland und in der Welt.«

Bleichers Position drückt sich bereits in der Stuttgarter Diskussion über die internationale Zusammenarbeit in den Jahren 1947 und 1948 aus. Er plädiert für eine Stärkung des Weltgewerkschaftsbundes (WGB), dem Gewerkschaften unterschiedlicher Gesellschaftssysteme und unterschiedlicher politischer Färbung angehören. Doch der »Kalte Krieg« spaltet auch die internationale Gewerkschaftsbewegung. Gegenseitige Vorwürfe bestimmen die Diskussion. Der WGB sei inzwischen kommunistisch dominiert, heißt es auf der einen Seite. Der sozialdemokratisch orientierte Internationale Metallarbeiter-Bund (IMB) verhalte sich unsolidarisch, schimpft die andere Seite, die vom IMB eine Unterordnung unter den Weltbund fordert.
Willi Bleicher befürwortet zwar den Eintritt in den IMB, doch er will gleichzeitig den Weltbund stärken. Die beiden Organisationen sollten sich einigen, meint er. Diese Kompromißformel vertreten damals alle führenden Metaller im Südwesten: neben Hans Brümmer (SPD) auch der Mannheimer Bevollmächtigte Paul Schreck und der Vorsitzende der Metallgewerkschaft in Südwürttemberg/ Hohenzollern (französische Besatzungszone), Ludwig Becker; beide sind Kommunisten.

Bleicher und sein Vorsitzender Brümmer organisieren nach der Lüdenscheider Vereinigung der Metallgewerkschaften der britischen und amerikanischen Besatzungszone auch den Anschluß der Metaller der französische Zone im äußersten Südwesten. Für Bleicher kein Problem, denn der Vorsitzende von Südwürttemberg-Hohenzollern, Ludwig Becker, ist ein langjähriger Freund und Genosse. Beide waren im KZ in Buchenwald. Im Mai 1949 beschließen die Südwürttemberger in Reutlingen den Übertritt. Sie verlangen gleichzeitig eine engere Zusammenarbeit mit der IG Metall der Ostzone. Bleichers Einheitsbestrebungen kommt dies entgegen.

Beim Gründungskongreß des Deutschen Gewerkschaftsbundes im Oktober 1949 in München setzt sich Willi Bleicher erneut kritisch mit der internationalen Gewerkschaftsbewegung auseinander. Er äußert sich mißtrauisch gegenüber der amerikanischen Gewerkschaft AFL (American Federation of Labor), die dem Weltgewerkschaftsbund ferngeblieben sei. Ausgerechnet diese Gewerkschaft wolle jetzt einen neuen internationalen Bund gründen. Der Weltgewerkschaftsbund sei in einer Situation entstanden, »die im wesentlichen diktiert war von der Niederringung des Faschismus, der die brutalste Herrschaftsform des Kapitalismus war«. Deshalb könne man jetzt nicht einem neuen internationalen Dachverband beitreten, »ohne daß wir um den Inhalt desselben wissen«.

Bleicher: »Ich möchte nicht, daß wir uns festlegen, weil jede Festlegung eine Festlegung der Besatzungsmächte ist.« Bleichers Bemühungen bleiben vergebens. Der Kongreß ist längst auf einem anderen Dampfer. Schon am ersten Tag können die Vertreter der Alliierten ihre angeblichen Verdienste beim Aufbau der Gewerkschaften in den Westzonen herausstellen; sie bekommen dafür auch noch Applaus. Am zweiten Tag beklatschen die Kongreßteilnehmer die Rede des CDU-Wirtschaftsministers Ludwig Erhard, den man zuvor noch bekämpft hatte. Bleichers Einheitsappell kümmert die Mehrheit des Kongresses jedenfalls wenig. Ende 1949 bereits gründen die westlichen Gewerkschaften den »Internationalen Bund freier Gewerkschaften« (IBFG).

Auch Willi Bleichers Bekenntnis für die »politische Einheit für unser ganzes Vaterland« stößt in München auf wenig Gegenliebe. Er will, daß der DGB schon in seinem Namen zum Ausdruck bringt, daß er »die Spaltung unserer Nation« nicht anerkennt. Deshalb lehnt Bleicher die in der Satzung vorgeschlagene Formulierung »Gewerkschaftsbund für die Bundesrepublik Deutschland« ab: »Mit dieser Formulierung haben wir den politisch-staatsrechtlichen Zustand, der da geschaffen wurde, ohne unseren Willen anerkannt.« Bleicher will die Frage offenlassen und schlägt folgende Formulierung vor: »Dieser neugeschaffene Gewerkschaftsbund der Bundesrepublik Deutschland ist ein Teil des noch zu schaffenden und von uns so sehnlichst herbeigewünschten gesamtdeutschen Gewerkschaftsbundes.«

Bleicher fordert eine breite Diskussion über dieses Problem und eine Befragung der Mitglieder: »Die sauberste und einwandfreiste Befragung in den Gewerkschaften ist die Urabstimmung«, erklärt der Metaller, der damit nicht die Position seiner Vorstandskollegen aus Frankfurt wiedergibt. Später will er allerdings von basisdemokratischen Entscheidungen dieser Art, abgesehen von Urabstimmungen bei Arbeitskämpfen, nichts mehr wissen. Bleichers Position zur deutschen Einheit entspricht der der damaligen KPD und der ostdeutschen SED. Beide fordern »Deutschland, einig Vaterland«.
Bleicher verheimlicht beim DGB-Kongreß in München seine Sympathien für die Ostzone nicht, macht aber Einschränkungen. Jeder von uns mache »Vorbehalte nach dieser oder jener Richtung gegenüber dem Neuen, was dort existiert. Aber eines ist Tatsache, und das vermag niemand zu bestreiten, dort drüben sind bereits einige gewerkschaftliche Grundsätze verankert.«
Das Protokoll meldet jetzt »Unruhe im Forum«. Der Vorsitzende ermahnt Bleicher, »zur Sache zu sprechen«, doch der will seinen Gedankengang zu Ende bringen: »Ich bin der Meinung, daß einer dieser gewerkschaftlichen Grundsätze die Entmachtung derer ist, die uns immer wieder in Not und Elend geführt haben.« Ferner seien »eine Reihe weiterer Grundsätze« verwirklicht worden. Bleicher: »Ich glaube, ganz gleich, wo wir stehen, wir wären glücklich, wenn sie auch bei uns durchgeführt worden wären.«

Die Kommunisten verlieren in München erheblich an Einfluß. Während sie in der IG-Metall-Spitze noch mit drei Leuten vertreten sind, bleiben sie beim DGB-Vorstand von Anfang an draußen vor der Tür. Ähnlich geht es übrigens den Liberalen, die allerdings kaum Einfluß in den Betrieben haben. In dem sozialdemokratisch dominierten und von Bleicher häufig attackierten DGB-Vorstand findet nur noch die CDU Platz.

Kurz nach der Gründung des DGB ändert sich die Gewerkschaftspolitik der Kommunistischen Partei. Bisher hatte man sich loyal gegenüber den Gewerkschaftsvorständen verhalten und kompromißbereit gezeigt, sich manchmal gar angebiedert;

Mit der Ostzone zusammenarbeiten: Ludwig Becker und Willi Bleicher (links)

auf eine systematische Fraktionsarbeit hatten die Kommunisten anfänglich verzichtet – ganz im Unterschied zu so manchem Sozialdemokraten. Jetzt sollten die Arbeiter von der Basis her mobilisiert werden, »um die Gewerkschaften auf den Boden des Klassenkampfs zu führen«, erklärt der KPD-Parteivorstand. Dafür setzt sich auch der ostdeutsche FDGB ein, der westdeutschen Kollegen Briefe schickt, in denen die Spitzen ihrer Gewerkschaften scharf angegriffen werden.[12]

Auch innerhalb der Gewerkschaftsjugend kommt es deshalb zum Streit. Die KPD-Jugendorganisation FDJ (Freie Deutsche Jugend) intensiviert ihre Betriebsarbeit und gerät dabei immer wieder in Konflikt mit Gewerkschaftsfunktionären. Aus Bayern wird berichtet, daß Funktionäre der Gewerkschaftsjugend ihre Funktion mißbrauchten »und für das Pfingstjugendtreffen der FDJ mit dem Marsch auf Berlin werben«. Willi Bleicher verhält sich in der Auseinandersetzung vorsichtig. Eine Stellungnahme für die FDJ ist nicht bekannt. Bleicher, sonst schnell im urteilen, spricht sich dagegen aus, daß der Bundesjugendausschuß des DGB dem Gewerkschaftsvorstand den Abbruch der Zusammenarbeit mit sämtlichen Führungsstellen der FDJ empfiehlt. Statt dessen sollten »über eine so hochwichtige Entscheidung« zuerst die Vorstände der einzelnen Gewerkschaften befragt werden.

Vorstand befürchtet kommunistische Zersetzung: Hans Brümmer (mit Glatze)

Die IG Metall betont, sie habe ohnehin »nie und nirgends mit Führungsstellen der FDJ zusammengearbeitet«. Und auch die DGB-Position hätte Bleicher erahnen können. Der Bundesvorstand fordert dazu auf, »der Störungs- und Zersetzungsarbeit kommunistischer und getarnter kommunistischer Organisationen im Gewerkschaftsbereich entgegenzutreten«. Er verurteilt eine Zusammenarbeit mit der KPD und ihren Neben- und Unterorganisationen. Das Verzeichnis der entsprechenden Verbände reicht von der FDJ bis hin zur »Vereinigung der Verfolgten des Naziregimes« (VVN).
Innerhalb der IG Metall streiten SPD- und KPD-Leute wie der Stuttgarter Bosch-Betriebsratsvorsitzende Eugen Eberle Anfang 1950 um den kommunistischen Einfluß. Ergebnis der Beiratssitzung der Metallgewerkschaft im März: In einer Entschließung wird dem FDGB vorgeworfen, leitende Funktionäre der IG Metall in Druckschriften herabzusetzen und die IG Metall systematisch zersetzen zu wollen. Wer derartige Schriften weiter verbreite, stelle sich »außerhalb unserer Organisation«. KPD-Gewerkschaften fühlen sich brüskiert.
Kurze Zeit später beschließen die Kommunisten bei einer europäischen Arbeitskonferenz, ein Kampfbündnis der westdeutschen Arbeiter und ihrer Gewerkschaften zu organisieren. Mit Arbeiterkomitees sollten neben den Gewerkschaften eigenständige Strukturen aufgebaut werden.

Willi Bleicher bemerkt jetzt den zunehmenden Druck seiner sozialdemokratischen Vorstandskollegen. Sein früherer Stuttgarter Chef Hans Brümmer, dem er seinen schnellen Aufstieg verdankt, hat wohl auch in dieser Frage einen großen Einfluß auf ihn.
Für Brümmer, so berichtet Bleicher später, hat er Referate und Entschließungen formuliert. Mit Brümmer hatte er auch persönlich ein gutes Verhältnis. Nach den bisher bekannten Akten gibt es zwischen Bleicher und dem zwanzig Jahre Älteren keine nennenswerten Konflikte. Wenn die beiden Vorsitzenden Brümmer und Walter Freitag unterschiedliche Auffassungen haben, halten die Stuttgarter zusammen.

Ende 1949 und Anfang 1950 hält sich Willi Bleicher in Nordrhein-Westfalen auf. Er besichtigt Eisen- und Stahlunternehmen, die entflochten wurden. Damit sollten der Wettbewerb gewährleistet und die Macht der Großkonzerne gebrochen werden, die die Besatzungsmächte für den Nazismus und den Krieg mitverantwortlich machten. Konkurrenzgründe allerdings spielten wohl noch eine wichtigere Rolle, zumindest für die sozialdemokratisch geführte Regierung in London.

Die britische Militärregierung hat in den entflochtenen Betrieben eine relativ weitgehende Mitbestimmung eingeführt: Die Aufsichtsräte wurden mit je fünf Vertretern der Anteilseigner und der Be-

IG-Metall-Zentrale in Frankfurt: Willi Bleichers neuer Arbeitsplatz

schäftigten sowie einem neutralen Fachmann besetzt; in den Vorständen gibt es seitdem neben dem kaufmännischen und dem technischen noch einen Arbeitsdirektor, der nur im Einvernehmen mit den Betriebsräten und Gewerkschaften ernannt werden kann.
Willi Bleicher spricht in Nordrhein-Westfalen mit Betriebsräten, Arbeitsdirektoren und örtlichen IG-Metall-Funktionären. Zum ersten Mal ist er mit einer Arbeiterbewegung konfrontiert, die eine ganz andere Tradition hat als die württembergische und zum ersten Mal muß er sich mit Fragen der Entflechtung und der Mitbestimmung in der Montanindustrie befassen. Die Mitbestimmung soll nach dem Willen der Gewerkschaften eine wichtige Etappe auf dem Weg der Demokratisierung der Wirtschaft darstellen.

Doch Bleicher sieht nur einen Berg von Problemen, unfähige Funktionäre der Arbeiter auf allen Ebenen, eine hohe Arbeitslosigkeit und die Gefahr, daß die Besatzungsmächte die früheren Industriekapitäne langsam wieder in ihre alten Positionen hieven. Willi Bleicher scheint geradezu überwältigt zu sein von den Schwierigkeiten. In mehreren persönlichen Briefen berichtet er Hans Brümmer direkt aus dem Ruhrgebiet.

Der Vorsitzende des DGB, Hans Böckler, selbst ein Metaller, wirft der IG Metall in Sachen Montanmitbestimmung Versagen vor. Bleicher unterstützt die kritische Einschätzung des DGB-Chefs bei einer erweiterten Sitzung des geschäftsführenden Vorstands der IGM. Er versucht auch, die Ursachen für die Schwierigkeiten zu benennen. Bleicher: »Die Entflechtung ist nicht im Kampf errungen worden, sie ist gewissermaßen ein Geschenk der Besatzungsmächte.« Das mag überspitzt formuliert sein, doch der Schwung der Basis in den ersten beiden Nachkriegsjahren ist längst dahin. Damals wurden die Stahlbarone von den Besatzungsmächten interniert. Die Funktionäre der Arbeiterbewegung hatten in vielen Betrieben das Sagen.

1975 schätzt Willi Bleicher die Lage rückblickend so ein: »Unser Wollen war ja die Mitbestimmung auf allen wirtschaftlichen und gesellschaftlichen Ebenen, wie es Böckler auf dem Gründungskongreß des DGB formulierte, Mitbestimmung als erster Schritt zur Vergesellschaftung. Aber das war nicht Ausdruck der Stimmung des Volkes schlechtweg.« Wenn das so gewesen wäre, hätte die Stimmung »in den folgenden Jahren nicht auf so grausame Art und Weise abgleiten können«. Bleicher räumt ein, daß man sich bei einer Volksabstimmung in Hessen über für die Vergesellschaftung der Schlüsselindustrie ausgesprochen habe, »aber was verstanden die unter Sozialismus? Sie nahmen's eben hin. Eine kämpferische Geschichte habe ich nirgendwo gespürt.«

Immer wieder führt der Rentner Willi Bleicher die Niederlagen der deutschen Arbeiterbewegung in den Nachkriegsjahren auch auf die Amerikaner zurück. Wie groß sei-

Mitbestimmung als erster Schritt zur Vergesellschaftung: DGB-Chef Böckler

»Der Willi hat sich nicht halten lassen«: KPD-Landesvorsitzender Robert Leibbrand

ne Distanz zu den US-Behörden tatsächlich war, ist schwer zu sagen. In der Frankfurter Vorstandsverwaltung der IG Metall jedenfalls, schimpft er, seien die Amerikaner ein- und ausgegangen. Die Kontakte habe man zum Teil konspirativ organisiert. Nur einmal war Willi Bleicher zusammen mit dem gesamten IG-Metall-Vorstand bei einem Empfang des US-Hauptquartiers, doch »die Verbindungen liefen natürlich anders«. Als KPD-Mann sei er davon ausgeschlossen worden, sagt Bleicher. Nur zufällig habe er einmal erfahren, daß die anderen wieder »im Hochhaus« waren, dem US-Hauptquartier. Bleicher: »Die hatten schon ihre Kanäle. Die Amis hatten schon ihre Leute, und dann holten sie die nach Amerika rüber. Der halbe IG-Metall-Vorstand war dort. Da konnten sie mal Demokratie erleben, die Arschlöcher. Ich habe das jeweils abgelehnt.« Die Amerikaner seien meist sehr geschickt vorgegangen, urteilt Bleicher, sie hätten bestimmte Leute in Positionen geschoben, »die dann ihre Politik machten«.

Bleicher registriert seit Beginn des »Kalten Krieges« den Stimmungsumschwung bei den Arbeitern. Während die Kommunisten in den ersten Nachkriegsjahren in der Bevölkerung durchaus ein gewisses Ansehen genießen, wenden sich nun auch viele Arbeiter von ihnen ab. Bei den ersten Bundestagswahlen Mitte 1949 überspringt die KPD gerade noch die Fünf-Prozent-Hürde. Bleicher dazu rückblickend: »In bestimmten Perioden durfte sich ein Kommunist nicht offen zu erkennen geben, mindestens ab 1950.« Damals sei man als Kommunist bei Betriebsversammlungen oft niedergepfiffen worden.

Die Schilderung ist möglicherweise leicht übertrieben, doch sie trifft wohl Bleichers Stimmungslage. Er bekommt die ersten schweren Auseinandersetzungen mit kommunistischen Betriebsräten und Gewerkschaftsfunktionären mit. Er weiß, daß der Vorstand von ihm gegebenenfalls eine Entscheidung für die Organisation und gegen seine Partei erwartet. Und er erinnert sich an Lenins Mahnung, auf jeden Fall innerhalb der Gewerkschaften zu arbeiten.

Das Verhältnis zwischen ihm und den KPD-Funktionären ist gespannt. Die Parteispitze mißtraut ihm wohl schon seit Ende 1948. Nicht einmal seinenen Stuttgarter Genossen war damals die Wahl Bleichers in den geschäftsführenden Vorstand der IG Metall eine Meldung in ihrer Zeitung wert. Den KPD-Genossen Eugen Eberle dagegen nennt das württembergische KPD-Organ »Volksstimme« ausdrücklich auf der ersten Seite. Dabei haben die Delegierten den Bosch-Betriebsratsvorsitzenden lediglich als ehrenamtlichen Kollegen in den Vorstand gewählt.

Als Willi Bleicher andeutet, daß er aus der Partei austreten könnte, gibt es dennoch unter den Genossen in Stuttgart dennoch Aufregung. KPD-Landesvorsitzender Robert Leibbrand, ein Mithäftling aus Buchenwald diskutiert »fast eine ganze Nacht lang« mit ihm. »Es ging vor allem um die Gewerkschaftspolitik«, erinnert sich Leibbrands Frau Gertrud. Ergebnis der Diskussion: »Der Willi hat sich nicht halten lassen.«

Die Parteiführung der KPD hatte inzwischen zur Jagd auf die vermeintliche Opposition innerhalb der eigenen Reihen geblasen. Überall werden Agenten des US-Imperialismus, Trotzkisten, KPO-Anhänger oder Verbündete des jugoslawischen KP-Chefs Josip Tito gefunden, der es 1948 gewagt hatte, Moskau zu widersprechen. Führende Kommunisten, auch KZ-Häftlinge, namhafte Betriebsräte und Gewerkschaftsfunktionäre fallen den Säuberungen zum Opfer. Bleicher kennt diese Methoden aus seiner Jugendzeit. Doch diesmal gibt es nicht einmal eine organisierte Opposition, kaum politische Debatten zwischen Mehrheit und Minderheit, wie Ende der zwanziger Jahre, wo Referate und Korreferate gehalten werden konnten. Auch er selbst hatte vermutlich weder Lust noch die Fähigkeit, innerhalb der KPD für eine andere Politik zu kämpfen oder sie auch nur zu formulieren.

Die KPD-Führung geht so weit, daß sie ihren Mitgliedern jeden persönlichen Kontakt zu Abtrünnigen untersagt. Selbst Lebensgefährten müssen sich unter Umständen trennen. Willi Bleicher will deshalb von KPD-Chef Max Reimann wissen, ob er seinen

Freund Eugen Ochs nicht mehr treffen dürfe. Ochs hatte sich im Gegensatz zu Bleicher 1946 von der KPD erneut verabschiedet. Er arbeitet seitdem wieder mit den früheren Genossen der Rest-KPO zusammen, der Gruppe »Arbeiterpolitik«. Für die KPD ist Ochs deshalb ein Verräter.

»Ich darf also mit meinem Kollegen Eugen Ochs, der mit mir in Buchenwald war, nicht mehr zusammenkommen?«, fragt Bleicher. Nein, antwortet Reimann, »da muß man konsequent sein.« Willi Bleicher denkt nicht daran, seine Kontakte zu Ochs abzubrechen, er denkt auch nicht daran, der neuen Politik der KPD, vor allem der neuen Gewerkschaftspolitik, zu folgen. »Dann bin ich konsequent«, antwortet er dem Parteichef und tritt im April 1950 aus der KPD aus.

Hans Brümmer erfährt es als einer der ersten. Er teilt zwei Monate später der Polizei mit, daß Bleicher die Partei verlassen habe, »in der er während der ganzen Jahre bis heute politisch nicht hervorgetreten ist«. Bleicher war möglicherweise bei seinen Besuchen in Nordrhein-Westfalen aufgefallen, denn die Polizei verlangte bei Brümmer »im Auftrag des Innenministeriums von Nordrhein-Westfalen Auskunft über die Vergangenheit des Kollegen Bleicher, seine politische Stellung und seine politische Haltung«, berichtet Brümmer seinem Co-Vorsitzenden Walter Freitag. Eigenständige Verfassungsschutzorgane gibt es zu dieser Zeit noch nicht; ihr Aufbau beginnt noch im selben Jahr.[13]

Nach seinem Parteiaustritt brechen ehemalige Genossen und Freunde den Kontakt zu Willi Bleicher ab. Er sei ein Opportunist, ein Überläufer, ein Erfüllungsgehilfe der rechten Gewerkschaftsbürokratie, sagen sie. Das KPD-Organ »Stuttgarter Volksstimme« wirft dem ehemaligen Genossen ein »schändliches Treiben« vor. Er sei ein »Klassenfeind«. Bleicher und andere Ex-Genossen sind bald nicht nur »Feinde unserer Partei, sondern Feinde der Arbeiterklasse«.

Was Willi Bleicher dabei empfunden hat, ist nicht überliefert. Aber der Metaller will seinen ursprünglichen Idealen treu bleiben. Die kommunistischen Grundpositionen, die er bei Marx oder Lenin gelesen hat, gibt er mit dem Parteibuch nicht ab. Er bleibt ein Gegner der damals bereits heftig umstrittenen Wiederaufrüstung. Auch an seiner Kritik gegenüber der Sozialdemokratie dürfte sich wenig geändert haben. Er tritt der Partei Kurt Schumachers nicht bei.

In der Auseinandersetzung zwischen Sozialdemokraten und Kommunisten läßt Willi Bleicher jetzt auch seine ehemaligen KPD-Kollegen Fritz Salm und Karl Küll im IG-Metall-Vorstand allein. Salm wird später ebenfalls austreten, Küll hält bis zuletzt zur Partei. 1950 berät der IG-Metall-Vorstand bereits über Ausschlüsse kommunistischer Betriebsräte und hauptamtlicher Funktionäre. Bleicher teilt zwar die Kritik an diesen Männern, doch ihm stinkt zumindest im Fall »Hüttenwerke Hagen-Haspe« die bürokratische Vorgehensweise. Er bedauert, daß hier über die Köpfe der Mitglieder hinweg Konflikte ausgetragen und Entscheidungen getroffen werden. Die zuständigen hauptamtlichen IG-Metall-Funktionäre seien unfähig, denn sie hätten eine offene Konfrontation mit dem Betriebsratsvorsitzenden der Hütte, Paul Harig, immer gescheut. »Mir geht es um die 5000 Mitglieder«, sagt Bleicher, und deshalb mißbilligt er, »daß man nicht vor die Mitglieder des Werkes tritt und offen diskutiert«.

Nur noch zwei Kommunisten im geschäftsführenden IGM-Vorstand

Willi Bleicher geht trotz aller Konflikte in der Gewerkschaftsarbeit auf. In der Debatte über die Zentralisierung der IG Metall ergreift er Partei gegen Walter Freitag, der den örtlichen Verwaltungsstellen Kompetenzen abnehmen will. Freitag will die IG-Metall-Angestellten im gesamten Bundesgebiet über die Hauptkasse der Frankfurter Zentrale bezahlen, »damit der Einfluß des Vorstandes auf die Verwaltungsstellen größer wird«. Er begründet seinen Vorstoß mit der »mangelnden Qualität« des Personals in gewissen Verwaltungsstellen.

Zwar sieht auch Willi Bleicher (»Wir haben keine Führungsgarnitur mehr«) diese Probleme, doch mit dem Vorschlag Freitags würde sich nichts ändern. Der

Vorstand hätte zudem soviel Macht wie noch nie gehabt. Bleicher: »Wir wollen keine Administration haben, sondern müssen die demokratischen Spielregeln beachten.« Im übrigen bemängelt auch er die Leistung der Sachbearbeiter in der Frankfurter Vorstandsverwaltung. Der Funktionärsapparat müsse »durch ein natürliches Ausleseprinzip bereinigt werden«. Bleicher fehlt bei vielen Angestellten einfach der »Stallgeruch«. Sie hätten nie »unter Arbeitern gestanden«.

Wenig Zeit für die Familie: Der Vater mit Sohn Gerhard

Willi Bleicher kennt in Frankfurt kaum mehr ein Familienleben. Er opfert sich für die Organisation. Auch an Wochenenden beschäftigt sich seine Frau Anneliese oft allein mit Sohn Gerhard, denn die meisten Konferenzen finden samstags und sonntags statt. Einmal muß Anneliese Bleicher 16 Wochenenden hintereinander ohne ihren Mann verbringen. »Das war eine schwere Zeit«, erinnert sie sich. Sie kennt in Frankfurt zunächst niemanden, außer den Frauen von Bleichers Vorstandskollegen Brümmer und Kern. Auch sie kommen aus Stuttgart, aber es sind ältere Damen. Ihr Verhältnis zu der jungen Mutter bleibt kühl. Nicht einmal die Eltern oder die Schwiegereltern kann Anneliese Bleicher besuchen. Regelmäßige Fahrten nach Stuttgart wären der sparsamen Schwabenfamilie zu teuer gewesen. Zudem weiß die junge Mutter nie, ob ihr Mann nicht doch einmal vorzeitig nach Hause kommt. Sie macht ihm keine Vorwürfe, denn das hätte er nicht akzeptiert: »Das Privatleben war ganz kleingeschrieben«, sagt sie, »aber das kannten wir nicht anders, das war eben so.«

Willi Bleicher hat in Frankfurt große Pläne. Nach regionalen Jugendtreffen bereitet er für 1951 das erste große Bundestreffen vor, für das er 10 000 Jugendliche mobilisieren will. Beim ersten ordentlichen Gewerkschaftstag der IG Metall, der im September 1950 in Hamburg stattfinden wird, will Bleicher einen guten Eindruck hinterlassen. Bei der Eröffnung »sollte ein Sprechchor von 30 bis 40 jungen Kollegen aufgeführt werden«. Zusammen mit der Hamburger IG-Metall-Jugendgruppe bereitet Bleicher eine Ausstellung vor, die von einem Innenarchitekten wirkungsvoll aufgebaut werden sollte.
Doch alles hilft nichts. Hinter seinem Rücken bereitet man den Rausschmiß vor. Der geschäftsführende Vorstand soll von zwölf auf neun Personen verkleinert werden. Wieder wird eine »offene Diskussion« vermieden. Kein Vorstandsprotokoll erwähnt das Vorhaben oder nennt die Gründe. Bleicher ist auch noch wenige Tage vor dem Gewerkschaftstag ahnungslos, berichtet über die Bundesjugendkonferenz des DGB, als sei nichts geschehen.
Tatsächlich gibt es innerhalb des geschäftsführenden Vorstandes der IG Metall eine Gruppe von fünf Sozialdemokraten, die den Coup vermutlich schon im Sommer vorbereitet hatten. Das kann zumindest aus einem Brief von Hans Brümmer an Walter Freitag geschlossen werden. Brümmer berichtet darin, daß beim SPD-Parteitag im Mai des Jahres über die IG Metall und dabei auch über die Zusammensetzung des Vorstandes gesprochen worden sei. Im übrigen nehme die Partei im gesamten Bundesgebiet in Funktionärsversammlungen zum bevorstehenden Gewerkschaftstag der IG Metall Stellung.
Offenkundig stört die Sozis der Einfluß der Kommunisten, obwohl sie bereits hoffnungslos in der Minderheit sind.

Brümmer bekennt sich in einem internen Schreiben ausdrücklich zur sozialdemokratischen Fraktionsarbeit, rät aber zur Vorsicht, »denn letzten Endes können wir als Vorstand nur dann gegen die Parteiarbeit anderer Parteien auftreten«, schreibt er an seinen Co-

Vorsitzenden Freitag, »wenn wir wenigstens den Schein der Objektivität wahren«. Er hält es deshalb »für notwendig, daß sich einmal die fünf Vorstandskollegen bei Deinem nächsten Hiersein unter sich allein über diese meines Erachtens unliebsamen Begleiterscheinungen unterhalten«. Das Ergebnis der Unterredung ist unbekannt; über die Namen des konspirativen Zirkels kann nur spekuliert werden, denn dem Vorstand gehörten mehr als fünf SPD-Genossen an. Willi Bleicher geht davon aus, daß der Coup gegen ihn erst während des Gewerkschaftstages besprochen worden sei: Der Vorstand sei mit gemeinsamen Vorschlägen nach Hamburg gegangen. »Und während des Gewerkschaftstags, da versammelten sich an einem freien Abend die Leute von der sozialdemokratischen Arbeitsgemeinschaft, der Arbeitnehmerorganisation der SPD, unter Leitung von Siggi Neumann. Der sagte da, daß der Zeitpunkt gekommen sei, die letzten Kommunisten rauszuwerfen. So offen wurde das gesagt; Schluß machen mit den Kommunisten im Vorstand.«

Urlaub am Bodensee: Anneliese Bleicher mit Mann und Kind

Die geheime Kommandosache ist ein voller Erfolg. Drei Männer ziehen nach den Wahlen nicht mehr ins »Regierungskabinett« ein: Willi Bleicher, Fritz Salm und Karl Küll. Alle drei waren zwei Jahre zuvor in Lüdenscheid als Kommunisten in den Vorstand gewählt worden. Für Willi Bleicher bricht eine Welt zusammen.

Hans Brümmer hatte ihm zwar versprochen, daß sich an seiner Arbeit nichts ändern werde, da er selbst das Jugendressort übernehme. Man habe sich nur deshalb gegen ihn gestellt, weil er das jüngste Vorstandsmitglied sei und ihm noch genügend Möglichkeiten offenstünden. Brümmer werde jetzt zwar politisch gegenüber dem Vorstand für die Abteilung Jugend verantwortlich sein, Bleicher solle die praktische Arbeit wie seither fortsetzen. Wenige Tage später muß Bleicher dennoch die Jugendabteilung verlassen; er wird zur Hilfskraft degradiert, wenngleich die IG Metall ihm das bisherige Gehalt weiter bezahlt. Aber das interessiert den Vollblutgewerkschafter nicht, der nie zu den Privilegierten zählen will. Nach seiner steilen Karriere

»Bleicher fühlt sich zutiefst gedemütigt«: Hans Mayr

in der größten und mächtigsten Einzelgewerkschaft der jungen Bundesrepublik hat er nun fast alles verloren, »weil ich im Verdacht stand, noch mit der KPD zu sympathisieren«, wie er in einem Interview in den siebziger Jahren erklärt.

Willi Bleicher fühlt sich zutiefst gedemütigt. Anfang der fünfziger Jahre »vergingen keine acht Wochen, wo er nicht dieses Thema mit mir diskutiert hat«, berichtet Hans Mayr, später IG-Metall-Vize, dann Vorsitzender. Es habe Bleicher »sogar noch beschäftigt, als er schon lange Bezirksleiter der IG Metall in Baden-Württemberg war«.
Gegenüber Franz Steinkühler, dem heutigen Vorsitzenden der IG Metall, gibt Bleicher einmal zu, daß er in Hamburg einen Fehler gemacht habe. Er hätte für seine Wiederwahl kämpfen müssen; doch dazu war er offenkundig nicht in der Lage. Er hatte auch keine Bündnispartner. Obwohl die Kommunisten noch über eine gewisse Delegiertenzahl verfügten, hätten sie sich für den Abtrünnigen niemals eingesetzt.
An anderer Stelle verteidigt Willi Bleicher seine kampflose Kapitulation in Hamburg: »Vielleicht hätten sie mich gewählt, dann wäre es zur Kampfabstimmung gekommen, acht Zehntel waren Sozialdemokraten. Und der Apparat ist stark. Es wäre ein Sterben gewesen mit Ruhm, aber tot wäre ich gewesen. Ich nehme die Hand an die Hosennaht, habe ich gesagt.« Bleicher steht also stramm vor der Organisation und fängt von vorn an.[14]
Eugen Loderer, damals Bevollmächtigter der IG Metall in Heidenheim, später langjähriger Vorsitzender der Gewerkschaft, hält den Rausschmiß von Willi Bleicher und seinen beiden Kollegen nach wie vor »für eine miese Sache«.

Kurz nach dem Hamburger Gewerkschaftstag kommt Loderer zu einer Sitzung in die Frankfurter IG-Metall-Zentrale. Doch zuerst besucht er seinen Freund Willi, von dem er immer noch große Stücke hält. Er findet ihn in einem kleinen Zimmer vor einem Berg von Papier sitzen. »Ja, Willi, guten Tag«, sagte der junge Bevollmächtigte. »Grüß Gottle«, antwortet Bleicher und hantiert mit einer Papierschere. »Sag mal, in diesem Kabuff, ist das jetzt dein ...« Bleicher unterbricht: »Was bleibt mir anderes übrig?« Loderer: »Was machst du da, sammelst du Zeitungsausschnitte?« Bleicher bejaht: »Die muß ich dann aufkleben für die Seckel da oben« – gemeint sind die Vorstandsmitglieder, denen Willi Bleicher nun täglich frühmorgens die Presseschau zusammenstellt. Loderer meint, das sei keine Arbeit für einen politischen Menschen wie ihn. »Du sagst es – die können mich auch bald am Arsch lecken.« Eine bleichertypische Antwort.
Bleichers tiefer Sturz in Hamburg wird von gewerkschaftsoffizieller Seite meist verschwiegen. In dem vom Vorstand der IG Metall herausgegebenen Buch »75 Jahre Industriegewerkschaft 1891 bis 1966« wird Bleichers zweijährige Vorstandsarbeit ganz verschwiegen. Das gleiche gilt für die beiden anderen Kommunisten, die beim Lüdenscheider Gewerkschaftstag in den Vorstand gewählt wurden. Die Tabelle mit den Vorstandsmitgliedern der IG Metall beginnt in der Jubiläumsausgabe erst mit dem Jahr 1950. Deshalb fehlt auch der Name des KPD-Manns Karl Küll. Fritz Salm ist nur für die Periode von 1956 bis 1965 verzeichnet, in der er nicht mehr der KPD angehörte.
Auch der fortgeschriebene, 672 Seiten starke Prachtband, der zum hundertjährigen Bestehen der IG Metall 1991 herauskam, läßt die Vorstandsgeschichte erst im Jahre 1950 beginnen.

Was der einen Seite eher peinlich war, nutzte die andere, um einen Märtyrermythos zu stricken. Sie stellt bestenfalls eine Seite des Bleicher-Dramas dar, die Rolle der KPD dagegen wird verschwiegen oder verharmlost. Beispiel: Das 1982 erschienene Buch »Einheitsgewerkschaft – Quellen, Grundlagen, Probleme«, in dem namhafte Autoren der 1968 gegründeten Deutschen Kommunistischen Partei (DKP) schreiben, läßt Bleicher statt 1950 erst 1951 aus der KPD austreten, also ein Jahr nach dem Hamburger Gewerkschaftstag der IG Metall. Die Autoren kannten ihre

Genossen in Ost-Berlin; sie hätten Zugang zu entsprechenden Archiven und Zeitzeugen bekommen. Bei sorgfältiger Recherche hätten sie herausfinden können, wann und unter welchen Umständen Bleicher ihre Partei verlassen hat. Doch das paßte wohl nicht ins Konzept.
Schließlich hat das Buch den einst Abtrünnigen in die Ahnengalerie der »kommunistischen Gewerkschafter der Aufbauphase« aufgenommen. Nur 16 Männer werden dabei zusammen mit Bleicher im Bild gezeigt.

Die DKP-Kommunisten und ihre verschiedenen Einrichtungen und Verlage haben Willi Bleicher in den siebziger Jahren geradezu hofiert. Sie haben ihn in den Redaktionsbeirat der Schriftenreihe »Soziale Bewegungen – Analysen und Dokumente des Instituts für marxistische Studien und Forschung« aufgenommen, obwohl dem Traditionalisten Bleicher der Begriff »soziale Bewegungen« völlig suspekt war.

Das westdeutsche Institut, das mit Geldern aus Ost-Berlin versorgt wurde, hat laut Vorwort den Anstoß zu dem Buch gegeben »Willi Bleicher – Ein Leben für die Gewerkschaften« und dasselbe redaktionell betreut. Das 1983 im Nachrichten-Verlag erschienene Werk ist inzwischen nicht mehr erhältlich; der Verlag mußte liquidiert werden, nachdem die Devisenbeschaffer der früheren DDR ausgedient hatten.[15]

Wolfgang Abendroth, der an der Akademie der Arbeit in Frankfurt eine ganze Generation von Gewerkschaftsfunktionären ausgebildet hat, erklärt Willi Bleichers Hamburger Debakel in dem Bleicher-Buch des Nachrichten-Verlags mit dem »Kalten Krieg«: »Wer Kommunist war, galt in der Bundesrepublik als Staatsfeind. War es ein Wunder, daß bald auch – im Zeichen der Stabilisierung und des beginnenden ökonomischen Aufschwungs – die Mehrheit der Arbeitenden diesen Einflüssen erlag? Deshalb wurde 1950 das KPD-Mitglied Willi Bleicher nicht in den Vorstand der IG Metall gewählt.«

Abendroth hat auch eine Erklärung für die angeblich verfehlte Politik von Bleichers Partei parat: »Seine Partei, die KPD, ließ sich – wie einst nach 1929 – abermals durch die Rückschläge im politischen Bewußtsein der westdeutschen Arbeiterklasse Anfang der fünfziger Jahre (durch die verfehlte ›These 37‹ ihres Parteitags) dazu verleiten, die Geduld mit der Gedankenwelt der gewerkschaftlichen Einheit und Disziplin zu verlieren.« Wäre die Arbeiterklasse nicht so rückständig gewesen, hätte Bleicher demnach sowohl Vorstandsmitglied der IG Metall als auch Funktionär der KPD bleiben können.[16]

Vorstandsarbeit wird verschwiegen: Gewerkschaftstag in Hamburg

Standortbestimmung und Neubeginn an der Basis in Göppingen

Er war ein harter Mann, aber sein Kern war ganz weich

Schon kurz nach seinem tiefen Fall beim IG-Metall-Gewerkschaftstag in Hamburg entscheidet sich Willi Bleicher für einen Neuanfang. Er will zurück an die Basis, auch wenn er dann weit weniger verdient würde als in der Vorstandsverwaltung. Aber in den örtlichen Verwaltungsstellen möchte man sich nicht unbedingt von einem gescheiterten Vorstandsmitglied führen lassen. Freie Stellen gibt es ohnehin nur wenige. Bleicher wird ungeduldig. Mitte 1951 kürzt ihm der Vorstand auch noch das Gehalt. Statt 850 bekommt er nur noch 800 Mark (brutto) im Monat.

Im Herbst 1951 bewirbt sich Willi Bleicher in Göppingen, einer Industriestadt in der Nähe von Stuttgart. Die Stelle des Ersten Bevollmächtigten wird frei, weil Christian Frey in die Bezirksleitung der IG Metall Baden-Württemberg, nach Stuttgart, wechseln soll. Dies ist allerdings von einer Bedingung abhängig. Frey muß verhindern, daß sein Stellvertreter zum Nachfolger gewählt wird. IG-Metall-Chef Hans Brümmer in einer »rein persönlichen Mitteilung«: »Es kann unter keinen Umständen angehen, daß dort ein Kollege gewählt wird, der einer Parteibewegung angehört, die nicht gewerkschaftsfreundlich eingestellt ist. Es besteht nämlich die Befürchtung, daß dort der Zweite Bevollmächtigte zum Zuge kommt.« Gemeint ist der damalige Märklin-Betriebsratsvorsitzende Christian Link, ein Kommunist. Brümmer weiter: »Es wird also Deine Aufgabe sein, dafür zu sorgen, daß die Wahl Deines Nachfolgers so verläuft, wie es im Interesse einer gesunden Gewerkschaftsbewegung notwendig ist. Was dazu gehört in Göppingen, mußt Du ja selbst am Besten wissen.«

Der Sozialdemokrat Christian Frey nimmt den Rat Brümmers ernst. Zunächst gelingt es ihm, in der zehnköpfigen Ortsverwaltung der IG Metall aus 23 Bewerbern unterschiedlicher Couleur drei auszuwählen, die nicht der KPD angehören. Nur unter diesen drei Männern kann die Delegiertenversammlung, in der die Kommunisten eine starke Position haben, dann den Ersten Bevollmächtigten wählen.

Willi Bleicher gehört zu den drei Auserwählten. Seine Chancen sind nicht besonders gut. Er weiß nicht, wie sich die SPD- und die KPD-Leute entscheiden werden. Die Kommunisten sind vermutlich sauer, weil er der Partei den Rükken gekehrt hat, die Sozialdemokraten trauen ihm möglicherweise nicht, weil er der SPD nicht beigetreten ist.
Bleicher muß die Konkurrenten ernst nehmen. Der ein Jahr jüngere Karl Hauff ist seit 1945 Betriebsrat bei Daimler in Stuttgart-Untertürkheim. Die beiden kennen sich seit dieser Zeit. Aber es gab ständig Streit zwischen dem Sozialdemokraten und dem damaligen Kommunisten Bleicher. Der zweite Bewerber, Heinrich Dörr aus Speyer, gilt als unbeschriebenes Blatt. Er ist Ange-

stellter beim Arbeitsamt und wie Hauff ein Mann der SPD.
Willi Bleicher will die Wahl in Göppingen unbedingt gewinnen. Er geht kein Risiko ein und verschweigt wohl auch deshalb, daß er einmal das Bäckerhandwerk erlernte. Die Göppinger gehen davon aus, daß der Untertürkheimer Metaller bei Daimler eine Schlosserlehre absolviert hat.

Zur Überraschung der Delegierten fehlt bei der entscheidenden Vertreterversammlung Karl Hauff. Er hatte seine Pläne geändert. Die amerikanische Militärregierung hat den Daimler-Betriebsrat für einige Monate zur Ausbildung in die Vereinigten Staaten geholt. Bei der Rückkehr berichtet er begeistert über seine Reise. Sein Aufstieg im Betriebsrat und in der SPD scheint unaufhaltsam zu sein. Es gelingt ihm, den Einfluß der Kommunisten zurückzudrängen und Betriebsratsvorsitzender sowie Landtagsabgeordneter zu werden.

Willi Bleicher tritt also in Göppingen nur noch gegen Heinrich Dörr an. Schon nach den Kurzreferaten der beiden Bewerber merkt man den Unterschied. Hans Mayr, damals Vorsitzender des Göppinger Ortsausschusses beim Deutschen Gewerkschaftsbund (DGB), erinnert sich: Willi Bleicher habe »sehr konkret« gesprochen, während sich Dörr »global und nebulös« ausdrückte. Den Delegierten aus den Betrieben genügen die Referate nicht. Sie wollen unter anderem wissen, wie die Kandidaten zur damals auch gewerkschaftsintern heftig umstrittenen Frage der Wiederbewaffnung der Bundesrepublik stehen. Der DGB-Bundesvorstand hatte sich Ende 1950 unter dem Eindruck des Korea-Kriegs weitgehend der Position der Adenauer-Regierung angeschlossen und einem westdeutschen »Wehrbeitrag« unter bestimmten Bedingungen zugestimmt. Die Gewerkschaftsspitze erwartet dafür ein Entgegenkommen bei der Mitbestimmung. Doch erst nach einer Urabstimmung in der Eisen- und Stahlindustrie wird die von der Militärregierung bereits eingeführte Mitbestimmung in der Montanindustrie im wesentlichen bestätigt. DGB-Chef Hans Böckler sieht in der Einigung einen »herzhaften Anfang«. Er sollte sich täuschen. Auch der Kniefall in Sachen Wiederbewaffnung wird bei den Rechtsparteien in Bonn keine Wirkung zeigen. Im Gegensatz zum Gewerkschaftsbund spricht sich die SPD gegen die Remilitarisierung aus. Die Ablehnung der Kommunisten ist selbstverständlich.

Willi Bleicher verurteilt bei der Delegiertenversammlung in Göppingen jede Art von Wiederbewaffnung. Er referiert über die Geschichte der beiden Weltkriege, die verhängnisvolle Rolle, die dabei Politik und Wirtschaft spielten, und warnt vor einem erneuten Erstarken des deutschen Militarismus. Sein Gegenkandidat drückt sich um eine klare Aussage. Versammlungsteilnehmer Hans Mayr: »Der Mann war sich nicht sicher. Er hat Formulierungen verwendet, aus denen man schließen konnte, daß er vielleicht dagegen ist.« In

Mit knapper Mehrheit gewählt: Willi Bleicher mit der Göppinger Ortsverwaltung. Hinten (von links) Bauser, Mayr (DGB), Hiller, Kropf, Bleicher, Zimmermann, vorne links Landenberger

»Das war wunderbar« – Hilde Kirsamer über die Zusammenarbeit mit Bleicher

dieser Auseinandersetzung habe Bleicher die entscheidenden Punkte gesammelt, vermutet Mayr. Mit einem Vorsprung von drei Stimmen gewinnt der parteilose Vorstandsangestellte aus Frankfurt schließlich die Wahl.

Das erste Jahr in Göppingen ist für Willi Bleicher nicht leicht. Er findet keine Wohnung. Monatelang lebt die Familie getrennt; Anneliese Bleicher zieht mit Sohn Gerhard zu ihrer Mutter nach Stuttgart. Willi Bleicher muß sich einarbeiten, denn er hat noch nie eine Verwaltungsstelle geführt. »Das war nicht leicht für ihn«, berichtet Anneliese Bleicher, »denn die Göppinger sind schon ein bißchen ein hartes Volk, aber er mußte an der Basis arbeiten, das hat ihm Auftrieb zu allem gegeben.«
Bleicher nimmt auch in Göppingen kein Blatt vor den Mund, er attackiert intern die Gewerkschaftsführung, vor allem den DGB-Bundesvorstand. Er macht ihn verantwortlich für die Niederlage der Gewerkschaften im Kampf gegen das »reaktionäre Betriebsverfassungsgesetz«, das die bürgerliche Regierungskoalition Mitte 1952 verabschiedet. Zwar hatten zuvor Hunderttausende Gewerkschafter an Demonstrationen und Warnstreiks teilgenommen, doch die DGB-Führung bricht den Kampf ohne Not ab. Das Gesetz beschränkt die Mitbestimmungsrechte im Betrieb zum Teil erheblich. Die entsprechenden Landesgesetze aus den Nachkriegsjahren waren in vielen Teilen fortschrittlicher. Das neue Gesetz bringt den Betriebsräten in einigen Bereichen sogar weniger Rechte als zur Zeit der Weimarer Republik. Vorbei sind die Träume von Wirtschaftsdemokratie oder paritätischer Mitbestimmung.
Bleicher kritisiert beim zweiten Gewerkschaftstag der IG Metall in Stuttgart das Zurückweichen der Gewerkschaftsführung. Die Geschichte zeige, daß die Gewerkschaftsbewegung »immer dann groß und stark gewesen ist, wenn sie kämpfte. Das Kämpfen scheint mir das Entscheidende zu sein, nicht um des Kampfes wegen, sondern damit wir aus dieser Defensive herauskommen, in der wir uns befinden.« Die »gesamte Arbeitnehmerschaft« habe zu den Gewerkschaften ein »ungeheuer großes« Vertrauen, aber genauso groß sei das Mißtrauen gegen die Gewerkschaftsführung, zumindest in der Frage des Betriebsverfassungsgesetzes und der Remilitarisierung.

Auch als Ortsbevollmächtigter von rund 9000 Metallern wird Willi Bleicher nie ein »Gewerkschafts-Beamter«, der vor allem am Schreibtisch sitzt. »Die Verwaltung war für ihn ein notwendiges Übel«, berichtet Hilde Kellenbenz, die damalige Sekretärin im Göppinger IG-Metall-Büro in der Ziegelstraße. Bleicher geht in die Betriebe, spricht bei Betriebsversammlungen, setzt sich für einzelne Kollegen ein.
Beim Modelleisenbahnhersteller Märklin fällt ihm eine junge Akkordarbeiterin auf. Bei einer Betriebsversammlung hatte sich Hilde Kirsamer zu Wort gemeldet und gewagt, dem Chef des Lohnbüros Ratschläge zu erteilen. Folge: Die Kolleginnen und Kollegen wollen, daß die Montiererin für den Betriebsrat kandidiert. Auch Willi Bleicher drängt sie; er läßt nicht locker, kann sie schließlich sogar davon überzeugen, den Vorsitz zu übernehmen.
Bleicher ist stolz auf die junge Kollegin. »Die Hilde ist die erste Betriebsratsvorsitzende sämtlicher Großbetriebe in der Bundesrepublik«, sagt er. Auch die Facharbeiter im Betrieb stehen hinter der Hilfsarbeiterin. Ungewöhnlich, nicht nur für die damalige Zeit. Bleicher steht ihr mit Rat und Tat zur Seite. Er kümmert sich um die »Akkordverhältnisse und die Arbeitsbewertung« oder andere arbeitsrechtliche Fragen. »Wenn ich Probleme hatte, konnte ich immer zu ihm kommen«, berichtet Hilde Kirsamer, »das war wunderbar.« Sie lernt schnell die verschiedenen Seiten des Göppinger Bevollmächtigten kennen: »Willi Bleicher war ein sehr harter Mann, aber sein Kern war ganz weich.«

Betriebliche oder abteilungsweise Arbeitsniederlegungen sind in dieser Zeit im Kreis Göppingen keine Seltenheit. Bleicher kann viele Auseinandersetzungen zwischen den Belegschaften und den Geschäftsleitungen aber auch anders lösen. Die Unternehmer re-

spektieren ihn; viele wollen sich nicht unbedingt mit dem kämpferischen Bevollmächtigten anlegen und geben deshalb lieber klein bei, bevor es zu größeren Unruhen im Betrieb kommt.
Das müssen auch die Fabrikherren lernen, die auf Konfrontation setzen. So bekommt Bleicher bei der Firma Ventzky einmal Hausverbot, doch die Empörung darüber ist so groß, daß die Geschäftsleitung zum Rückzug bläst. Bei den Betriebsversammlungen, so Ventzky-Betriebsrat Karl Beck, »hat Bleicher Rauch reingelassen. Und dann gab es tosenden Beifall.« Der Göppinger Bevollmächtigte kann mit den Bossen so hart ins Gericht gehen, daß es ihm anschließend manchmal leid tut. Die Arbeiter sind begeistert, nehmen ihn auch einmal auf die Schultern und tragen ihn aus der Werkshalle.

»Der Willi hat die Nöte der Menschen ernst genommen«, berichtet Karl Beck. Er unterstützt seine Metaller allerdings nie blind. So spricht er sich einmal gegen einen Streik aus, mit dem Göppinger Arbeiter die Entlassung eines Zeitnehmers durchsetzen wollen, der ihnen die Vorgabezeiten gekürzt hatte. Wenn die IG Metall sie nicht unterstütze, drohen die Streikenden dem Bevollmächtigten, würden die Mitgliedsbücher fliegen. Doch Bleicher, der zusammen mit Hans Mayr sofort in den Betrieb gefahren ist, bleibt hart. Er hält die Forderung der Kollegen für ungerecht, denn der Refa-Mann, gleichfalls ein IG-Metall-Mitglied, habe nur das gemacht, was der Tarifvertrag vorsehe. »Diesen Mann muß ich auch schützen«, sagt Bleicher den empörten Kollegen, »und zwar diesmal vor euch.« Ergebnis: Der Angestellte bleibt im Betrieb, die Streikenden bei der IG Metall, und Bleicher hat wieder einmal »seinen Gerechtigkeitssinn« (Hans Mayr) unter Beweis gestellt. Das kann so weit gehen, daß der Ortsbevollmächtigte sich mit den mächtigsten Betriebsräten im Filstal anlegt, wenn sie in seinen Augen versagt haben. Er scheut dann nicht einmal davor zurück, den Streit vor dem Unternehmer auszutragen.

Die Göppinger Metaller sind hart. Das gilt auch für die Mitgliederwerbung und den durchschnittlichen Gewerkschaftsbeitrag, der im Filstal vergleichsweise hoch liegt. Bleicher setzt das Thema Werbung regelmäßig auf die Tagesordnung. Er appelliert an die Betriebsräte, mehr zu tun; er zeigt die Schwachstellen auf. Zimperlich ist man in Göppingen bei der Werbung nicht. Ortsverwaltungsmitglied Wilhelm Hiller meint, »man müßte auch einmal ein wenig Diktatur dabei walten lassen«. Prämien für neugewonnene Mitglieder lehnt Bleicher kategorisch ab. Das paßt nicht zu seinem gewerkschaftlichen Selbstverständnis. Die Göppinger Ortsverwaltung folgt ihm.

Auch wenn sich Bleicher täglich mit Problemen in den Betrieben herumschlägt, verfolgt er aufmerksam die politische Entwicklung. Eine Trennung von Betrieb und Politik gibt es für ihn nicht. Er legt Wert darauf, immer politische Zusammenhänge darzustellen. Deshalb organisiert er für die Wintermonate jeweils Diskussionsabende mit zum Teil namhaften Referenten. Das Interesse ist groß. Um die hundert Leute kommen zu den Veranstaltungen.
Bleichers Kritik an der Wiederbewaffnung ist kein Lippenbekenntnis. Wie kaum ein anderer IG-Metall-Bevollmächtigter agiert er in den fünfziger Jahren gegen die Pläne der Adenauer-Regierung. Intern kritisiert er den DGB-Bundesvorstand. Die Landesbezirkskonferenz des DGB in Bayern fordert trotz massiver Warnung der Gewerkschaftsspitze bereits 1952 Gegenaktionen. Der Gewerkschaftsbund muß seine anfänglich positive Haltung zur Wiederbewaffnung schließlich revidieren. 1954 lehnt man »jeden Wehrbeitrag ab, solange nicht alle Verhandlungsmöglichkeiten ausgeschöpft sind mit dem Ziel, eine Verständigung der Völker untereinander herbeizuführen, und die Einheit Deutschlands nicht wiederhergestellt ist.«
In Göppingen organisiert Willi Bleicher zusammen mit Hans Mayr, dem DGB-Kreisvorsitzenden, im Februar 1955 »eine der größten Protestkundgebungen im Südwesten«. Hauptredner Theo Pirker fordert die Zuhörer auf, den Widerstand selbst zu organisieren, falls die DGB-Führung dazu nicht bereit sei.

»Bleicher hat Rauch reingelassen«: Karl Beck, hier bei einer Urabstimmung

Widerstand selbst organisieren: Demonstration gegen Wiederbewaffnung in Göppingen

Eine der größten Kundgebungen: DGB-Kreisvorsitzender Hans Mayr

Willi Bleicher ist begeistert über den Erfolg der Versammlung. »Was in Göppingen möglich ist, muß auch in anderen Städten gelingen«, sagt er. Hans Mayr und er sprechen nicht nur bei Versammlungen im Filstal, sondern auch in anderen Städten Baden-Württembergs. Bleicher rechnet seinen Kollegen vor, daß »uns die Aufrüstung im ersten Jahr zwölf Prozent unseres Lebensstandards kosten würde«. Die Bundesregierung werde alles daransetzen, die für die Wiederbewaffnung veranschlagten zehn Milliarden Mark »der schaffenden Bevölkerung aufzuhängen«.

Nachdem die Entscheidung in Bonn gefallen war, will der DGB – inzwischen verbalradikal – seinen Widerstand gegen die Wiederbewaffnung mit allen demokratischen Mitteln fortsetzen und sich vor allem für Kriegsdienstverweigerer einsetzen. Doch es tut sich kaum etwas. Willi Bleicher muß zugeben, daß die Bewegung die Masse der Gewerkschaftsmitglieder nicht erreichen konnte. Eines Tages erklärt er seinem Mitstreiter Mayr: »Hans, die Sache geben wir auf.« Die vielen Veranstaltungen seien sinnlos geworden. »Da kommen ja nur noch 40 bis 50 Leute. Wenn das Thema so weltbewegend wäre, wie wir immer glaubten, dann müßten viel mehr da sein.«

Mayr und Bleicher diskutieren über die Ursachen, sehen Versäumnisse in den eigenen Reihen. Aber selbst in Städten, in denen die Protestaktionen hervorragend organisiert waren, sei man nicht auf eine besonders große Resonanz gestoßen. Willi Bleicher habe immer »ein gutes Gespür für das Machbare gehabt«, schlußfolgert Hans Mayr, »und da habe ich natürlich eine Menge gelernt«.

Das erste Jahr in Göppingen ist für Willi Bleicher auch ein Jahr der theoretischen Orientierung. Nach seinem Austritt aus der KPD hatte er die Gewerkschaft als eine Art Ersatzpartei empfunden. In Gesprächen im kleinen Kreis äußert er die Vision einer »Gewerkschaftspartei«, einer Organisation, die beides in sich vereint. Doch diesen Gedanken – er wird bereits in den zwanziger Jahren gelegentlich geäußert – verwirft er bald wieder. Er muß sich entscheiden, von welchen seiner alten KPD-Positionen er sich trennt und welche neuen er übernimmt. Die Gewerkschaftstage des DGB in Berlin und der IG Metall in Stuttgart, beide Ende des Jahres 1952, geben ihm die Gelegenheit zu grundsätzlichen Erklärungen, die seine gesamte weitere Gewerkschaftsarbeit prägen werden.

Bleicher fordert eine Rückbesinnung auf »die ökonomischen Grundgesetze, wie sie Karl Marx entwickelt hat«. »Sie sind uns ein sicherer Kompaß, sie lehren uns, sie sind uns der Weg, und sie sollen unser Ziel und Wegweiser sein.« In der kapitalistischen Wirtschafts- und Gesellschaftsordnung stehe nicht der Mensch im Mittelpunkt, sondern der Profit. »Gleichberechtigte Mitbestimmung und Mitwirkung« würden den Rahmen dieser Wirtschaftsordnung nicht sprengen. Man könne lediglich die Auswirkungen des Systems abschwächen. Darin bestehe das Wesen der Gewerkschaften. Mit ihrer »reformatorischen Arbeit« könnten sie das Leben erträglicher gestalten. Aber »die Grundursachen unserer ganzen Not und unseres ganzen Elends« würden damit nicht beseitigt werden.

Es hänge nicht von der Einsicht der Unternehmer ab, ob es den Arbeitern besser oder schlechter geht, sondern »allein von der Kraft, die wir als Gewerkschaften zu entwickeln vermögen«. Bleicher lehnt deshalb eine Sozialpartnerschaft zwischen den Vertretern von Kapital und Arbeit strikt ab. Auch jede Zusammenarbeit mit der Regierung sei schädlich. Das sind für Willi Bleicher keine Sonntagsreden, die er, wie so mancher Gewerkschaftsbürokrat, zu Hause schnell wieder vergißt.

Bei der Kundgebung am 1. Mai 1952 wettert er im Göppinger Stadtpark gegen die Unternehmer, die immer reicher würden, während das »Gros der deutschen Bevölkerung« mit einem Monatseinkommen von 250 Mark sein Dasein fristen müsse.

Bleicher klagt auch hier die »sonnenlosen Niederungen« des Kapitalismus an und verlangt eine »neue Wirtschafts- und Gesellschaftsordnung«. Das Wort Sozialismus nimmt er allerdings nicht in den Mund. Er hat sich inzwischen zumindest von dem losgesagt, was in Osteuropa Sozialismus genannt wird.

Den selbsternannten deutschen Arbeiter- und Bauernstaat, dessen Errungenschaften Willi Bleicher noch drei Jahre zuvor gelobt hatte, attackiert er 1952 beim DGB-Gewerkschaftstag: »So identifiziere ich mich keineswegs mit dem, was in der Ostzone praktiziert wird, weil es weder etwas mit Sozialismus zu tun hat noch mit Berücksichtigung der ökonomischen Lehre eines Karl Marx.«

Die Westkommunisten sehen in Bleicher seit dessen Parteiaustritt einen Verräter, der die Fronten im Klassenkampf gewechselt hat. Ihnen geht es Anfang der fünfziger Jahre nicht mehr um Kleinigkeiten wie höhere Löhne oder die stetige Verbesserung der Lage der arbeitenden Klasse. Sie fordern den Sturz »der volksfeindlichen Adenauer-Regierung« in Westdeutschland. So die Thesen des Parteivorstandes zum sogenannten Münchner Parteitag 1951, der tatsächlich im ostdeutschen Weimar stattfindet. Die Partei, der bereits rund die Hälfte der Mitglieder davongelaufen ist, sucht neue Bündnispartner: Sie hofft auf die »Einbeziehung eines Teils der Bourgeoisie in den gesamtnationalen Kampf«. Man will gar die »patriotischen Gefühle« früherer Mitglieder der NSDAP »sowie ehemaliger Berufsoffiziere der deutschen Wehrmacht« mobilisieren.

Einfache kommunistische Arbeiter haben die politischen Wendemanöver der KPD-Führung kaum verfolgt. Sie sehen in der Partei den radikaleren Flügel der Arbeiterbewegung, der sich gerade in Zeiten der Not konsequenter als die Sozialdemokratie für ihre Interessen einsetzt. Vielen Mitgliedern ist die Partei spätestens seit der Verfolgung während der Nazi-Zeit zur Heimat geworden. Kaum ein Mitglied ist nicht selbst Opfer oder hat Angehörige und

Mit 250 Mark sein Dasein fristen: Bleicher am 1. Mai

Freunde, die im Knast oder im KZ waren. Auch Willi Bleicher dachte deshalb wohl lange nicht an eine Trennung.

Die KPD kann sich zudem auf Funktionäre vor Ort stützten, Persönlichkeiten, die ein hohes Ansehen in Betrieben, in den Gewerkschaften oder in Arbeiterwohnbezirken genießen. Das sind Männer und einige wenige Frauen, die den Begriff Solidarität noch ernst nehmen. Sie sind ähnlich geachtet wie einst Willi Bleicher in den

Ausschluß aus der KPD: Karl Mössner, der Bleicher einst in die Gewerkschaft geholt hatte

Nachkriegsjahren in Stuttgart-Untertürkheim. Trotz der geradezu grotesken Politik ihrer Führung stirbt die Partei deshalb Anfang der fünfziger Jahre nicht. Mit finanzieller Unterstützung aus dem Osten kann sie einen gut organisierten Apparat unterhalten, der allerdings seit den Säuberungen von 1949 an ständig ineffektiver arbeitet. Immer mehr qualifizierte und politisch selbständig denkende Mitglieder werden degradiert oder ausgeschlossen.

Die KPD-Apparatschicks verfolgen nun auch kommunistische Betriebs- und Gewerkschaftsfunktionäre. In Stuttgart trifft es beispielsweise den Ersten Bevollmächtigten der IG Metall, Karl Mössner, der Willi Bleicher einst eingestellt hatte.[17]
Was 1950 mit einigen Ausschlüssen von Gewerkschaftern aus der KPD und von Kommunisten aus den Gewerkschaften beginnt, wird in den Folgejahren zur Ausschlußorgie. Tausende müssen ihre jeweiligen Mitgliedsbücher abgeben, werden degradiert oder bekommen ein Funktionsverbot. Willi Bleicher ist wütend über die neue Gewerkschaftspolitik der KPD. Die Partei wirft den »rechten Gewerkschaftsführern« vor, ihre Organisation »in den Dienst der Kriegsvorbereitungen« stellen zu wollen. Sie handelten »im Auftrag und im Interesse des amerikanischen Imperialismus und im Einklang mit den deutschen Monopolisten«. Und sie beseitigten »die innergewerkschaftliche Demokratie«, heißt es in der »These 37« des »Münchner Parteitags«. Diese Führer beteiligten sich gar an »Verhandlungen über die Beseitigung des Koalitions- und Streikrechts«. Deshalb hätten die Arbeiter jetzt die Pflicht, »Kampfhandlungen auszulösen, auch gegen den Willen der rechten Gewerkschaftsführer«. Die KPD versucht, neben der Gewerkschaft einen eigenen Apparat aufzubauen, organisiert eigene Streikleitungen und Konferenzen.
Bleicher weiß, was das bedeutet. Zwar ist auch er mit den »rechten Gewerkschaftsführern« mehr als unzufrieden, aber er kennt die Wirkung der spalterischen Politik der KPD aus der Zeit vor der Nazi-Herrschaft. Und er ahnt, wie der Kampf zwischen dem KPD- und dem Gewerkschaftsapparat ausgehen wird, dem er selbst angehört; die Gewerkschaften haben bei weitem die leistungsstärkere Bürokratie. Kommunistische Gewerkschafter werden jetzt vor die Wahl gestellt: entweder Gewerkschaft oder Partei. Wer eine vorgefertigte Loyalitätserklärung der Gewerkschaften nicht unterschreibt, bekommt Funktionsverbot oder wird gleich ausgeschlossen. Schwarze Listen kursieren bereits bei beiden Seiten.

Im Gegensatz zu Willi Bleicher ist sein Freund und Genosse Ludwig Becker der KPD bis zuletzt treu geblieben. Fünf Jahre lang saß er für die KPD in der Zeit der Weimarer Republik im Landtag. Seit 1947 vertritt er die Partei im Landtag von Württemberg-Hohenzollern. Drei Wochen nach seiner Unterschrift unter den IG-Metall-Revers schließt ihn die KPD aus.
Willi Bleicher kennt nicht nur den Fall Becker. Der KPD-Landesvorsitzende in Württemberg, Robert Leibbrand etwa, der wie Bleicher lange Jahre im Konzentrationslager in Buchenwald war, verliert alle seine Parteiämter. Er hatte es gewagt, die Gewerkschaftspolitik der KPD zu kritisieren.[18]

Das Gegenbeispiel ist der Fall Eberle: Der Betriebsratsvorsitzende der Firma Bosch in Stuttgart ist der einzig verbliebene Kommunist im Vorstand der IG Metall. Er sollte als erster die Loyalitätserklärung unterschreiben, noch während der entsprechenden Vorstandssitzung in Frankfurt. Eberle weigert sich, muß deshalb unverzüglich den Sitzungssaal verlassen. Bleicher, der damals noch als Hiwi bei der Vorstandsverwaltung in Frankfurt tätig ist, erwähnt das Beispiel Eberle später gern. »Der Eugen« sei ein »kluger Kerl« gewesen, ein »Idealist, der sich kämpferisch bewährt hatte«. »Du Arschloch, wie könnt ihr nur solche Dummheiten machen, solche Kindereien«, habe er Eberle nach dem Rausschmiß aus der Vorstandssitzung gesagt. »Als ob Lenin nicht geschrieben hätte, wir müßten unbedingt in den Gewerkschaften arbeiten, und wären sie noch so gelb.« Doch Eberle habe nichts eingesehen.
Bleicher: »Zunächst wurde er aus dem Vorstand ausgeschlossen.

Dann unterzeichnete er einen Aufruf zu einer oppositionellen Metallarbeiterkonferenz, die die KPD organisieren wollte. Arbeiterkomitees sollten gebildet werden, was weiß ich noch alles. Jedenfalls roch das sehr nach RGO [Rote Gewerkschaftsopposition, Anm. d. Verf.]. Auf diesen Aufruf hin wurde Eberle auch noch aus der Gewerkschaft ausgeschlossen. In diesem Augenblick hatte er keine Truppen mehr hinter sich. Die Firma Bosch hatte dafür ein gutes Gespür. Sie hat ihn gleich entlassen, unter einem fadenscheinigen Vorwand. Am nächsten Tag stand Eberle frühmorgens vor dem Fabriktor und verteilte Flugblätter.« Die Kommunisten erwarten, daß die Bosch-Arbeiter für ihren Betriebsratsvorsitzenden in den Streik treten werden. Doch nichts rührt sich. Später erzählt ein Bosch-Direktor Willi Bleicher: »Glauben Sie mir, ich habe mich geschämt für die Arbeiter. Diesem Eberle, der vorher ihr Führer war, dem haben sie die Flugblätter gar nicht abgenommen, und wenn sie ihm eines abgenommen haben, dann haben sie's gleich weggeschmissen. Ich sah das alles von meinem Zimmer aus.«

Wie Eberle, so Willi Bleicher, sei es »vielen guten KPD-Leuten« gegangen: »Als dann der Hamburger Parteitag der KPD 1954 den Beschluß [die These 37, Anm. d. Verf.] aufhob, gab es praktisch keine Gewerkschaftsfunktionäre mehr, die Mitglieder der KPD waren. Mehr noch: Die Betriebsratswahlen 1953 endeten mit einer massiven Niederlage der KPD«, berichtet Bleicher.

Als Göppinger IG-Metall-Chef weiß Bleicher, daß er ohne seine kommunistischen Betriebsräte einpacken kann. Bleicher geht vorsichtig ans Werk und unterscheidet sich dabei nicht einmal wesentlich von seinem Vorgänger Christian Frey, einem Sozialdemokraten. Frey hatte wenige Monate nach dem Revers-Beschluß des IG-Metall-Beirats in einem vertraulichen Schreiben an den Vorstand vor einem übereilten Ausschluß des Kollegen Robert Bauser gewarnt, der einer der wichtigsten und zuverlässigsten Betriebsratsvorsitzenden in Göppingen sei.
Der damals einundvierzigjährige Metaller ist stadtbekannt und sehr angesehen. Er war als Abgeordneter im ersten Nachkriegslandtag in Stuttgart, gehört dem Gemeinderat an und zählt bei Wahlen oft zu den Stimmenkönigen. Bauser vertritt als Betriebsratsvorsitzender unangefochten die Interessen der rund 2500 Beschäftigten der Werkzeugmaschinenfabrik Boehringer, dem wichtigsten und modernsten Betrieb im Kreis Göppingen, in dem 95 Prozent der Arbeiter bei der IG Metall organisiert sind.
Doch Robert Bauser, der zwar ein kritisches Verhältnis zu seiner Partei hat, will sich nicht zu einer Ergebenheitserklärung zwingen lassen. Schließlich habe er sich nie gewerkschaftsschädigend verhalten, im Gegenteil. Bleicher-Vorgänger Frey rät deshalb dem Vorstand, »keine Mühe zu scheuen, die Angelegenheit in Ordnung zu bringen«. Bei Wilhelm Hiller dagegen, einem weiteren kommunistischen Funktionär, ist Frey weniger zimperlich, da man bei ihm im Falle eines Ausschlusses nichts zu verlieren habe. Andere Kommunisten aus dem Filstal sind offenkundig nicht auf die Schwarze Liste gekommen.
Auch Willi Bleicher hält große Stücke von Robert Bauser. Er will ihn dazu bringen, daß Bauser die KPD verläßt oder zumindest den Revers unterschreibt. Bleicher bearbeitet den Boehringer-Betriebsrat einmal eine halbe Nacht lang. Doch der KPD-Mann hat seinen Stolz und seine Prinzipien. Er verurteilt die Ausschlüsse, weil damit »erstklassige Gewerkschafter ausgebootet werden, charakterlich gute Leute wie Eugen Eberle«. Trotz Antikommunismus und einem Verbotsverfahren gegen die KPD geht Bauser in Göppingen seinen Weg. Er sei eben ein »Edelkommunist«, sagen die Leute. Seine Arbeit wird auch von Nichtkommunisten geschätzt.

Erstklassige Gewerkschafter ausgebootet: »Edelkommunist« Robert Bauser

Ende 1952 scheidet der Geschäftsführer und Kassier der IG Metall Göppingen, Hermann Albers (CDU), altershalber aus. 24 Männer bewerben sich um die Stelle. Die Ortsverwaltung schlägt der Delegiertenversammlung drei zur Wahl vor. Wenn es nach ihrem Willen ginge, würde Robert Bauser das Rennen machen. Den

zweiten Kandidaten – Erich Mayer von der Firma Schuler; er wird später Bevollmächtigter der IG Metall in Villingen-Schwenningen – hält man für noch zu jung; der dritte – Hugo Landenberger, ein Kollege aus Esslingen – ist relativ unbekannt.
Willi Bleicher hätte dem IG-Metall-Vorstand mit Robert Bauser einen Kommunisten präsentieren müssen. Die Wahl wäre nie anerkannt worden. Doch Bauser läßt sich erst gar nicht aufstellen, die Vertreterversammlung wählt Landenberger. Krach gibt es trotzdem, denn weder der IG-Metall-Spitze in Baden-Württemberg noch dem Vorstand in Frankfurt paßt die Wahl des Ex-Kommunisten Landenberger.

Scharfe Kritik am Vorstand: Spintex-Betriebsrat Ernst Eisenmann

Bezirksleiter Sigmund Löwi, der Nachfolger von Hans Brümmer, läßt nachforschen, und siehe da: Landenberger war angeblich KPD-Sekretär; er habe die Partei allerdings vor zwei oder drei Jahren verlassen. Bei einer der letzten Gewerkschaftsversammlungen in Esslingen habe Landenberger »scharf« gegen die KP Stellung genommen. Löwi will gegenüber dem Vorstand dennoch kein Votum für Landenbergers Wahl abgeben, »weil ich persönlich diejenigen Kollegen, die auch freiwillig aus der KP ausgeschieden sind, nicht ohne weiteres empfehlen kann«.
Bleicher hat also wieder seinen Krach mit dem Gremium, das ihn zwei Jahre zuvor geschasst hatte. Zuständig für den Fall ist ausgerechnet Vorstandsmitglied Max Bock, ein alter sozialdemokratischer Metall-Funktionär, der wie Willi Bleicher jahrelang im KZ eingesperrt war, anfangs in Buchenwald, dann in Neuengamme. Schließlich teilt man den werten Kollegen in Göppingen mit, daß der Vorstand frühestens mit Ablauf der viermonatigen Probezeit die Wahl Landenbergers »eventuell« bestätigen werde.

Bleicher und Landenberger haben noch einmal Glück, denn schließlich bekommt der Ex-Kommunist den Segen aus Frankfurt. Die Göppinger KPD-Betriebsräte werden nicht weiter belästigt. Willi Bleicher hätte eigentlich ein Untersuchungsverfahren gegen sie einleiten müssen. Er verstößt gegen die Organisationsdisziplin.
Damit ist er nicht der einzige Bevollmächtigte. Andere gehen rigoros gegen ihre kommunistischen Funktionäre vor. Zum Beispiel Willi Bleichers Nachbarbevollmächtigter Friedrich Carle in Waiblingen. Ernst Eisenmann, damals Betriebsrat bei der Firma Spintex (heute Bosch) in Murrhardt, erinnert sich: »Der Carle war ein lieber, alter Mann, der dann die Politik des Vorstandes voll durchgezogen hat.« Das Ergebnis habe der Organisation nicht gutgetan.

Eisenmanns damaliger Betriebsratsvorsitzender Fritz Engelhardt zählt zu den Opfern. Er soll Funktionsverbot bekommen. Engelhardt besitzt nicht nur das Vertrauen der Spintex-Leute, sondern auch das der Vertreterversammlung der örtlichen IG Metall, die ihn zum jüngsten Gewerkschaftstag delegiert hatte. Er hatte die Treueerklärung nur mit einer Streichung unterschrieben; da der IG-Metall-Vorstand dies nicht akzeptieren will, verfaßt der Spintex-Betriebsrat ein scharfes Protestschreiben: »Schofler wurde wahrscheinlich noch kein Kollege für seine Tätigkeit belohnt als Kollege Engelhardt«, heißt es da. Aber »scharfe Kritik am Verhalten des Vorstandes« sei wohl nicht erwünscht.

Jetzt schaltet sich der neue IG-Metall-Bezirksleiter in Baden-Württemberg, Ludwig Becker, in den Streit ein, der zwei Jahre zuvor selbst noch KPD-Mitglied war. Zusammen mit Willi Bleicher fährt er nach Murrhardt, um mit den Kollegen zu diskutieren. Der damals parteilose Ernst Eisenmann, später gleichfalls Bezirksleiter der IG Metall in Stuttgart, gehört zu den Kritikern der Ausschlußpraxis. Becker und Bleicher wollen zwar Brücken bauen, doch auch sie verlangen von Engelhardt entsprechend den Vorstandsbeschlüssen die Unterschrift unter den vollständigen Reverstext. Dem einstigen Genossen geht es schließlich nicht anders als seinem Bosch-Kollegen Eberle. Eisenmann: »Er mußte sich selbständig machen als Bauschlosser. Er ist seiner Partei treu geblieben, deswegen hat er mir immer einen gewissen Respekt abgenötigt.«

Die Ausschlüsse, so Eisenmann, »haben der IG Metall bei Spintex sehr geschadet; aber auch in einigen anderen Betrieben, etwa bei Stihl in Waiblingen, wäre die Organisation beinahe vor die Hunde gegangen«.

Der Göppinger Bevollmächtigte Willi Bleicher wird in Baden-Württemberg immer einflußreicher. Er genießt das Vertrauen des Löwi-Nachfolgers Ludwig Becker. Die zwei sind schließlich schon lange befreundet.
Doch noch beackert Bleicher die »Basis« im Filstal. Sein neuer Kassier Hugo Landenberger tut sich bei der Verwaltungsarbeit und der Führung der Ortskasse schwer. Er hat keine entsprechende Ausbildung. Bleicher tobt, wenn die Revisoren Fehler entdecken. Schließlich wird Landenberger der erste hauptamtliche Zweite Bevollmächtigte der Verwaltungsstelle und kann wieder eine Arbeit machen, die er als ehemaliger Betriebsratsvorsitzender kennt.
Die Verwaltungsstelle wählt Hilde Kellenbenz zur Kassiererin; sie ist eine der ersten Frauen in der Geschichte der IG Metall in dieser Funktion. Hilde Kellenbenz war seit 1945 Sekretärin im Göppinger Gewerkschaftshaus und »Mädchen für alles«, wie sie sagt. Später heiratet sie Hans Mayr. Als Mayr 1955 in Nachfolge von Willi Bleicher Erster Bevollmächtigter wird, scheidet sie »schweren Herzens« aus und wechselt ins örtliche DGB-Büro.

Vorbehalte gegen ehemalige Kommunisten: Metall-Bezirksleiter Sigmund Löwi. Links Eugen Loderer, sein Nachfolger als Ortsbevollmächtigter in Heidenheim

Hugo Landenberger hat mit Bleicher auch in seiner Funktion als Zweiter Bevollmächtigter Streit. Er leidet unter dem Chef, obwohl das Verhältnis sich etwas verbessert hatte.
Auch andere Kollegen stört Bleichers barscher Umgangston, seine autoritäre Art, seine cholerischen Ausbrüche. Willi Bleicher haßt es, in Auseinandersetzungen zu unterliegen. Er konnte auch »unbeherrscht und unkorrekt« sein, berichtet Erich Mayer, damals Vertrauensmann bei der Firma Schuler. Andere sehen in ihm einen »außerordentlich schwierigen Charakter«, einen Mann, der »schwer sprunghaft« war. Hilde Mayr drückt sich etwas vorsichtiger aus: »Willi Bleicher war sehr gefühlsbetont und manchmal eben auch etwas hektisch.« Die Kolleginnen und Kollegen hätten dann gesagt: »Denkt daran, was der schon alles durchgemacht hat.« Erich Mayr: »Wir hatten vor seinen menschlichen Leistungen Respekt; er hatte eine Vorbildfunktion.«

Der erneute Aufstieg und die Berufung zum Bezirksleiter der IG Metall

Geh nicht hin, der verspritzt ätzende Flüssigkeiten

Den Oktober 1956 hat Willi Bleicher nie mehr vergessen. Er ist gerade ein Jahr als Gewerkschaftssekretär in der Bezirksleitung der IG Metall Baden-Württemberg tätig und muß sich im Stuttgarter Gewerkschaftshaus böse Beschimpfungen gefallen lassen. Ein Gewerkschaftschef spricht gar von Verrat. Ob Metaller, Drucker oder Bauarbeiter, die Kollegen machen Bleicher für den Kniefall vor einem Unternehmer verantwortlich, den die IG Metall selbst monatelang zu den schlimmsten des Landes zählte.

Der »Scharfmacher« heißt Wilhelm Kraut und ist Besitzer der Waagenfabrik Bizerba (1500 Beschäftigte) in Balingen, einer Stadt am Rande der Schwäbischen Alb. Die Gewerkschaft wirft ihm »Unternehmerterror« vor; über 10000 Metaller hatte die Stuttgarter Zentrale deshalb Ende Februar zu einer Kundgebung nach Balingen mobilisiert. Mit vier Sonderzügen und 128 zum Teil überfüllten Überlandomnibussen kommen sie in das Städtchen, das gerade 11000 Einwohner zählt. Allein in Schwenningen werden 18 Busse gechartert. Aus Göppingen reisen rund 200 Kollegen an. Die IG-Metall-Ortsverwaltung spendiert ein »warmes Essen«. Die Benz-Arbeiter in Mannheim und die Kollegen der Motorenwerke hatten schon drei Tage zuvor aus Protest gegen die Methoden des Balinger Unternehmens kurzfristig die Arbeit niedergelegt.

Was war vorgefallen? Willi Bleicher, Bezirksleiter Ludwig Becker und der zuständige Ortsbevollmächtigte von Ebingen (heute Albstadt), Manfred Imdahl, hatten versucht, im Streit über veränderte Akkordsätze, unterschiedliche Entlohnung von Männern und Frauen und andere Tarifbestimmungen die Position der IG Metall durchzusetzen. Sie besuchen nach einer Sitzung beim Betriebsrat eine Betriebsversammlung. Doch das paßt der Geschäftsführung nicht; nach etwa zehn Minuten kommen zwei Angestellte und erklären: »Wir haben die unangenehme Aufgabe, sie zum Verlassen der Versammlung aufzufordern.« Als der IG-Metall-Bevollmächtigte erklärt, die drei Gewerkschafter hätten ein Recht, an der Zusammenkunft teilzunehmen, drohen die beiden Herren mit Gewalt, heißt es in einem Bericht der Stuttgarter IG-Metall-Bezirksleitung. Willi Bleicher schlägt den Bizerba-Angestellten vor, doch die Polizei zu rufen. Plötzlich schieben 20 bis 25 hergewunkene Angestellte Imdahl, Bleicher und Becker zu einem Seitenausgang. Sie stoßen und treten die drei Metaller. Ludwig Becker stürzt.

Bei der Kundgebung auf dem Balinger Rathausplatz, acht Tage später, sagt Fritz Strothmann vom IG-Metall-Vorstand in Frankfurt, er habe den Eindruck, daß die Gepflogenheiten bei der Firma Bizerba in den Traditionen des Nationalsozialismus wurzelten. »Die Zeit, in der es hieß: ›Betriebsführer befiehlt über eine absolut untergeordnete Belegschaft‹, ist vorbei.« Demokratie dürfe vor dem Werkstor nicht aufhören. Man sei nach Balingen gekommen, »um den Kollegen von dieser Unkrautfabrik Bizerba zu zeigen, daß noch zu allen Zeiten einzig und allein diese Herrschaften nur durch die Kraft und Geschlossenheit der Arbeiterklasse beseitigt werden können. Wir wenden uns also mit aller Entschiedenheit gegen diesen Unternehmerterror und gegen die Rollkommandos eines Herrn Kraut.«

Die IG-Metall-Bezirksleitung sorgt mit ihren Massenaktionen bundesweit für Schlagzeilen. Das Hamburger Nachrichtenmagazin »Der Spiegel« entdeckt zum ersten Mal einen Mann namens Willi Bleicher, den »Assistent« von Ludwig Becker, wie ihn die Reporter nennen. Noch ist Bleicher begeistert von der überwältigenden Mobilisierung der Mitglieder und der »in vorbildlicher Disziplin verlaufenden Protestkundgebung«. Nicht einmal die Kommunisten hätten gestört, steht in dem Bericht der Bezirksleitung an den Vorstand.

Aber bald folgt der Euphorie der Katzenjammer. Unternehmer Wilhelm Kraut fühlt sich beleidigt. Er klagt gegen die IG Metall. Beide Seiten versuchen, sich gütlich zu einigen. Nach Verhandlungen in Tübingen müssen Bleicher und die IG Metall per Unterschrift »das Bemühen« von Wilhelm Kraut anerkennen, »seinen Betrieb aus seiner sozialen Überzeugung heraus zu leiten«. Gleichzeitig bedauert die Gewerkschaft »die persönlichen Vorwürfe und kränkenden Äußerungen gegen Herrn Wilhelm Kraut junior und die Herren der Geschäftsleitung, die anläßlich der Kundgebung der IG Metall am 25. Februar 1956 und später erhoben wurden«.

Der gesamte Text erscheint als gemeinsame Erklärung der IG Metall und der Firma Bizerba in einer Zeitungsanzeige. Bleicher empfindet das als Niederlage. Er hatte die Kampagne gegen Bizerba maßgeblich organisiert; jetzt steht er als Kapitulant da, wird beschimpft und verspottet. Er muß den Vergleich mit dem Balinger Unternehmen nach außen hin verteidigen, doch er findet kaum Argumente. Den Bezirksleiter einer anderen Gewerkschaft kanzelt er deshalb mit einer Schimpfkanonade ab: »Du bist doch zu dumm, um einen Gaul zum Scheißen zu führen!«
Obwohl Bleicher selbst an den Verhandlungen in Tübingen beteiligt war, schiebt er intern dem Vertreter der IG-Metall-Vorstandsverwaltung die Verantwortung zu: Das spätere Vorstandsmitglied (1969 bis 1972) Olaf Radke habe »entgegen aller Verhandlungspraxis ohne jegliche Rücksprache im Verlauf der Verhandlungen den uns so sehr diskriminierenden Absatz formuliert«.
Er, Bleicher, habe zweimal versucht, die Verhandlung zu unterbrechen, erklärt er bei einer Sitzung des geschäftsführenden Vorstands in Frankfurt. Doch der Kollege der Vorstandsverwaltung habe davon nicht Kenntnis genommen.

Bleicher steht als Kapitulant da. Von links: Manfred Imdahl, Olaf Radke, Fritz Strothmann

Bleicher leitet ein Feststellungsverfahren gegen sich selbst ein, um klären zu lassen, ob seine Berichterstattung den Tatsachen entspricht. Das Verfahren endet wie das Hornberger Schießen: Auch nach dem Bericht eines Untersuchungsausschusses kann der Vorstand nicht feststellen, »wer nun eigentlich schuldig und wer unschuldig sein soll«.
Für Willi Bleicher ein weiterer Grund für sein tiefes Mißtrauen gegenüber dem Gewerkschaftsapparat. Er flucht über die Frankfurter Kollegen, doch noch hat Ludwig Becker in Stuttgart das Sagen, wenngleich der 15 Jahre Jüngere faktisch die Nummer zwei in der Bezirksleitung ist. Laut Geschäftsverteilungsplan ist er in dem fünfköpfigen Gremium für Betriebsräte und Vertrauensleute zuständig.

Ein Jahr nach der Auseinandersetzung mit Bizerba kommt es zu einer Kraftprobe in Biberach. Die Arbeiter der Firma Vollmer treten aus Protest gegen den Kasernenhofton des Produktionsleiters spontan in den Ausstand. Sie fordern seine Abberufung. Da der IG-Metall-Vorstand den »wilden« Streik nicht genehmigt hatte, organisieren Ludwig Becker und Willi Bleicher Spenden bei den Verwaltungsstellen ihres Bezirks. Bleicher reist häufig nach Biberach. Das Unternehmen will gerichtlich gegen die Beschäftigten vorgehen. Der IG-Metall-Sekretär läßt sich davon nicht beeindrukken. Einwände von juristischen Beratern (»alles Rechtsscheißer«) lehnt er ab. Er hält Rechtsfragen für Machtfragen, eine Position, die er sein Leben lang wiederholen wird.

Ein Kampf für »Würde und Menschenrecht«: 20 000 Metaller im oberschwäbischen Biberach

Die Streikfront steht, obwohl zu Beginn des Arbeitskampfs nur die Hälfte der Arbeiter der IG Metall angehörten und obwohl das Unternehmen zahlreiche »Rädelsführer« entlassen hatte. Wieder mobilisiert die Bezirksleitung zu einer Massenkundgebung: 20 000 Metaller kommen in das oberschwäbische Städtchen an der Riß, der Höhepunkt des elfwöchigen Streiks.
Die Auseinandersetzung um »Würde und Menschenrecht« endet mit einer »einmaligen Niederlage der Metallindustriellen«, heißt es Ende Mai bei der IG Metall. Die Arbeiter in Biberach haben ihr eigentliches Ziel zwar nicht erreicht, doch der umstrittene Produktionsleiter darf ihnen von nun an keine direkten Anweisungen mehr geben. Bei Streitigkeiten, die im Betrieb nicht beigelegt werden können, entscheiden die Tarifvertragsparteien erforderlichenfalls auch über die Entlassung des umstrittenen Chefs. Die Firma nimmt sämtliche Kündigungen zurück; es gibt keine Maßregelungen: Alle Arbeiter arbeiten zu den alten Bedingungen weiter. Ein Erfolg, auch für Willi Bleicher und die Bezirksleitung.

Eigentlich will Ludwig Becker 1958 altershalber in den Ruhestand gehen. Der beliebte Bezirksleiter, ein brillianter Redner, der »mit leisester Stimme messerscharf zensieren kann« (Ernst Eisenmann), will sein überaus selbstbewußtes Ziehkind Bleicher zum Nachfolger machen. Einen Mann, der vom Temperament her eher das Gegenteil ist, einen gefühlsbetonten Agitator, der gerne aufbraust. Da der Bezirksleiter nicht gewählt, sondern vom Vorstand eingesetzt wird, muß der Kandidat mehrheitsfähig sein. Doch auch acht Jahre nach seinem Rausschmiß aus dem Vorstand haben die Kollegen in Frankfurt erhebliche Vorbehalte, erinnert sich Anneliese Bleicher. Becker will auf Nummer sicher gehen und verlängert deshalb seine Amtszeit.
Dabei ist Willi Bleicher schon Ende 1954, kurz vor seinem Wechsel in die Bezirksleitung, der SPD beigetreten. Wieder war der Opportunist, wie ihn frühere Genossen nennen, anderen voraus. Ludwig Becker, wohl der einzige Bezirksleiter, der ohne SPD-Parteibuch diesen Posten bekommen hatte, meldet sich erst 1955 bei der Partei zurück, die er nach dem Ersten Weltkrieg aus Protest verlassen hatte.[19]
Bleicher geht zu den verhaßten Sozis nur seiner Gewerkschaftslaufbahn zuliebe. Funktionen übernimmt er in der Partei, im Gegensatz zu den meisten übrigen Kollegen, nicht. Vielleicht gehört der Beitritt zum taktischen Einmaleins, das er bei Lenin gelernt hat. Freilich darf sich der Abtrünnige bei der KPD dafür keinen Dank erwarten.

1959 ist es dann endlich soweit. Ende März tritt der gelernte Goldschmied Becker in den Ruhestand. Vor allem Otto Brenner, seit 1956 Erster Vorsitzender der IG Metall, setzt sich für den einstigen Bäckergesellen Bleicher ein. Erfolgreich. 13 Jahre lang wird Bleicher nun an der Spitze der IG Metall in Baden-Württemberg stehen. Zweimal will ihn Brenner, nach Bleichers eigenen Angaben, in den Vorstand holen, schließlich hatte auch der frühere Kommunist Fritz Salm nach sechs Jahren seinen Vorstandsposten wieder zurückbekommen.
Willi Bleicher lehnt ab. Er will frei sein vom Frankfurter Apparat, dem er zeit seines Lebens »alle Schweinereien« zutraut. Tatsäch-

Mit leisester Stimme messerscharf zensiert: IG-Metall-Bezirksleiter Ludwig Becker. Links Nachfolger Bleicher

lich wird Bleicher schnell zum wichtigsten Bezirksleiter in der BRD. Otto Brenner, der die übrigen »Bezirksfürsten« verachtet, nimmt den Württemberger sehr ernst. Zwischen dem kühlen Hannoveraner und dem impulsiven »Volkstribun« aus dem Schwabenland kracht es immer wieder. Doch die beiden sind aufeinander angewiesen. Der Stuttgarter Bezirksleiter entwickelt zu seinem Vorsitzenden eine Haßliebe.[20]

Mit Bleichers Amtsantritt ändert sich der Arbeitsstil der Bezirksleitung. Statt dem eher konzilianten Ludwig Becker regiert jetzt ein Polterer, der im Stuttgarter Gewerkschaftshaus bald gefürchtet ist. Bleicher fordert Disziplin und Unterordnung. Zuspätkommen wird nicht geduldet. Wer bei der Arbeit gähnt, »begeht fast eine Todsünde«, berichtet seine langjährige Sekretärin Margot Maier. Man hatte sie vor Bleicher gewarnt, bevor sie in die Bezirksleitung wechselte. »Geh da nicht hin, das hältst du nicht aus, der verspritzt ätzende Flüssigkeiten!« Manche beschreiben Bleicher damals als Furie, fürchten den »roten Zaren«, der auch dem DGB und den Einzelgewerkschaften seinen Willen aufzwingen will.

Wie ein biederer Beamter sitzt Bleicher noch in den ersten Jahren in seinem Bürokittel vor seinem Schreibtisch im vierten Stock des Stuttgarter Gewerkschaftshauses. Wehe, die Sekretärin hätte sich auf selbigen gesetzt. Wenn der Kollege Bezirksleiter auf dem Schreibtisch der Angestellten eine Kaffeetasse sieht, wird er fuchsteufelswild. »Bei der Arbeit wird nicht Kaffee getrunken«, schimpft er. Nur Aschenbecher duldet der Kettenraucher überall. Manchmal glimmen die Reval-Stengel in mehreren Zimmern gleichzeitig vor sich hin.

»Jeder hat damals in der Bezirksleitung sein Fett abbekommen«, erinnert sich Margot Maier. Oft urteilt der Bezirksleiter nach Nase. Er ist ungerecht gegenüber Mitarbeitern; Tränen fließen. Doch zumindest einige Kolleginnen können sich über den Chef hinter dessen Rücken gelegentlich lustig machen. Sie frotzeln über seine Unfehlbarkeitsallüren und zi-

»Ich habe am selben Tag Geburtstag wie Rosa Luxemburg«: Bleicher-Sekretärin Margot Maier

tieren auf ihn gemünzt die Bibel: »Ich bin der Weg, die Wahrheit und das Leben.«

Warum wollte Bleicher ausgerechnet Margot Maier als Chefsekretärin einstellen? »Der Willi war ein wenig abergläubisch«, sagt sie, »ich habe am selben Tag Geburtstag wie Rosa Luxemburg.« Andere meinen, die linke Sozialdemokratin sei sein Typ gewesen, »eine selbstbewußte, politisch aktive und attraktive Frau, die ihn an seine frühere Freundin erinnerte«. Margot Maier jedenfalls hat viele Seiten von Bleicher kennengelernt: »Er war einfach alles. Er konnte so liebenswürdig sein, und dann war er wieder bitterböse, beleidigend und ungerecht. Er war die Güte in Person und hilfsbereit und dann wieder ekelhaft.«

Das bestätigen Metaller, die erst den späten Bleicher kennenlernten, wie Walter Riester, der heutige Bezirksleiter, oder Siegfried Pommerenke, der DGB-Landesvorsitzende: »Der Bleicher konnte manchmal geradezu eine unmenschliche Art und Weise offenbaren.« Doch wenn ein Kollege in Not war, habe er alles in Bewegung gesetzt, um ihm zu helfen. Ähnlich urteilen Zeitzeugen, die Bleicher seit Kriegsende kennen, Eugen Loderer beispielsweise.

Willi Bleicher will den damaligen Heidenheimer Bevollmächtigten Loderer schon einen Monat nach seiner Ernennung zum Bezirksleiter nach Stuttgart holen. Die beiden kennen sich aus der Jugendarbeit. Loderer, der von dem Ruf völlig überrascht ist, will wissen, warum gerade er der Auserwählte sei. »Ich will keinen Kerl, der draußen nichts geschafft hat«, antwortet Bleicher, »ich will einen Kerl, der weiß, wie es den Kollegen ums Herz ist; das hab' ich erst in Göppingen gelernt.« Er brauche einen Mann der Basis, der wisse, »wie man Mitglieder holt und Beiträge heranschafft«.

Loderer lernt die Macken seines Chefs schnell kennen. »Bei Bleicher standen Lob und Tadel nahe beieinander. Er war ein Mensch ohne Mittelmaß. Entweder himmelhoch jauchzend oder zu Tode betrübt. In der Frühe wußte ich anfangs nicht, wie er heute gelaunt ist. Seine Stimmung hatte ich sehr schnell spitz. Wenn er nicht fragte: Wie hast du geschlafen?, war seine Laune schlecht. Dann wurde keiner verschont, und es hagelte Schimpfwörtern.« Hier nur eine kleine Auswahl: Strolch, Dackel, trüber Spitz, Lackaffe, Seichschapfa (Nachttopf), Schnallentreiber (Zuhälter), Seckel oder einfach Arschloch. Loderer: »Man mußte nur den richtigen Augenblick erwischen, um eine schwierige Sache anzubringen und, was viel wichtiger war, durchzusetzen.«

Zusammen mit seinem neuen Bezirkssekretär besucht Willi Bleicher regelmäßig die IG-Metall-Verwaltungsstellen in Baden-Württemberg. Hier werden die Bevollmächtigten dazu vergattert, bestimmte Vorgaben zu erfüllen. Die Zahl der Mitglieder muß steigen, der Beitragsdurchschnitt angehoben werden und so weiter. Bleichers Visiten sind gefürchtet, denn er kommt als Kontrolleur. Er reißt Schubladen und Schranktüren auf, will Terminkalender und Kassenbestände sehen. Und wehe, irgend etwas stimmt nicht, wehe, irgend etwas paßt ihm nicht. Selbst Kellerräume und Dachböden sind vor ihm nicht sicher. Nur einen Raum meidet er, die Damentoilette. Die Kollegen in Ulm haben das schnell herausgefunden. Kurz vor einem Besuch verstecken sie deshalb dort die Metallzeitungen, die sie längst hätten verteilen müssen.

Schon an seinem ersten Arbeitstag fährt Loderer »mit meinem Chef« in die Verwaltungsstelle Ebingen (heute Albstadt). Die Vertreterversammlung hatte wenige Wochen zuvor auf Empfehlung Bleichers einen jungen Mann zum Bevollmächtigten gewählt, der gerade sein Studium an der Akademie der Arbeit in Frankfurt abgeschlossen hatte. Für Heinz Bormann, in den Augen von Bleicher »ein junger Spund, der noch viele Flausen von der Akademie im Kopf hat«, wird der Besuch zum Alptraum.
Gleich nach der Begrüßung, erinnert sich Eugen Loderer, habe sein Chef Bormanns Terminkalender genommen, der neben dem Telefon liegt. Bleicher ist entsetzt: »Ja, was machst du denn hier? Keine Versammlungen vorgemerkt. Die Mitglieder im Betrieb warten auf dich, sie wollen betreut sein, und du hockst hier auf deinem Arsch! Was sind denn das für Freßzettel, die hier noch herumliegen?« Bleicher nimmt zwei Zettelchen vom Schreibtisch und liest: »Kommende Woche Gespräche mit den katholischen und evangelischen Stadtpfarrern.« Jetzt fliegt der Papierkorb durchs Büro; Bleicher tobt: »Gespräche mit Pfaffen, soweit kommt es noch. Du bist ja ganz meschugge. Ja, bringen die Mitglieder oder mußt du die holen?«
Bormann versucht, sich zu verteidigen, doch der Bezirksleiter läßt nichts gelten. Der junge Mann kommt kaum zu Wort. »Nix, du Arschloch, ja was glaubst du denn, wo du dein Geld verdienst? Ja, dir schlag ich gleich auf den Ranzen!« schreit Bleicher. »Du kannst deinen Koffer packen, sowas können wir hier nicht brauchen.« Und: »Du berufst sofort eine Ortsverwaltungssitzung ein, heute Abend um fünf Uhr sollen die anmarschieren.« Bleicher läßt nicht locker, bis die Ortsverwaltung, das höchste Gremium der Verwaltungsstelle, sich gegen Bormann ausspricht.

Was paßt Bleicher an dem jungen Mann nicht? Eugen Loderer nennt zumindest einen Grund: Sein Chef verabscheute Leute, die von der Akademie kamen. Sie seien größenwahnsinnig und taugten nichts. Loderer: »Er haßte Schulen und Bildungsstätten. Seiner Meinung nach brauchte man ein Gespür für die Mitglieder.« Das

»Du kannst deinen Koffer packen«: Heinz Bormann

könne man nicht wie einen Beruf erlernen. Bleichers Standardsatz dazu: »Der Gewerkschafter wird nicht in noch so komfortablen Schulen ausgebildet, der Gewerkschafter wird geschmiedet von der Wucht der Ereignisse.«
Möglicherweise war Bleicher über Bormanns politische Einstellungen enttäuscht. Dem jungen Kollegen fehlt der klassenkämpferische Habitus. In Frankfurt hatte man ihm sozialpartnerschaftliches Gedankengut beigebracht, was Bleicher nicht ausstehen kann. Doch vielleicht war Bleichers Entscheidung nur eine seiner vielen Launen. Ganz kann und will er Bormann nicht fallenlassen. Er wird als Volontär in anderen IGM-Verwaltungsstellen beschäftigt. Schon neun Monate später hat Bleicher so viel Vertrauen zu dem »Nichtsnutz«, daß er ihm die kommissarische Führung der Verwaltungsstelle Waiblingen überträgt, wo er schließlich auch gewählt wird.
Auch in anderen Verwaltungsstellen greift Bleicher rigoros durch. Männer, die sich in betrieblichen Konflikten vielfach bewährt hatten, haben Angst vor ihm, vermeiden jeden Widerspruch. Bormann ist nur ein Fall. Weitere Kündigungen folgen, auch fristlose; über die Berechtigung von Bleichers Vorwürfen kann nur schwer geurteilt werden. Doch willkürliche Entscheidungen sind sicher keine Ausnahme. Kein Betriebsrat kümmert sich um die Entlassenen. Mitbestimmung im eigenen Laden kennt Bleicher nicht.

Keine Rücksicht auf Gesundheit und Familie: Willi Bleicher mit Frau und den beiden Kindern

Das gilt auch für die Arbeitszeiten. Überstunden sind eine Selbstverständlichkeit. Bleicher nimmt auf sich selbst, seine Gesundheit und seine Familie kaum Rücksicht. Eugen Loderer: »Die Anforderungen, die er an andere stellte, lebte er selbst vor. Sein Einsatz, insbesondere bei Tarifbewegungen, ging bis an physische Grenzen.« Das erwartet er auch von den Gewerkschaftsangestellten. Wer in den Büros »nur seinen Arsch breitmacht«, muß mit den schlimmsten Attacken rechnen. Das gilt für die Bezirksleitung genauso wie für die örtlichen Büros.

Ob in Karlsruhe, Heidenheim oder Pforzheim: Fast überall in Baden-Württemberg dreht Bleicher das Personalkarussell. Manchmal hat er die betrieblichen Funktionäre auf seiner Seite; oft überrumpelt er sie. Die sonst so selbstbewußten Metaller widersprechen kaum, die ehrenamtlichen genauso wenig wie die hauptamtlichen. Haßliebe? Sie haben Respekt vor Willi Bleicher, viele verehren ihn. Mehr schlecht als recht versuchen sie, es ihm nachzumachen. Manchem Funktionär gelingt es sogar, Bleichers rhetorische Eigenheiten zu kopieren.

Willi Bleicher hält sich im Gegensatz zu den meisten bundesdeutschen Gewerkschaftsführern in seiner Personalpolitik nicht an parteipolitische Überlegungen. Alfred Fischer aus Reutlingen beispielsweise, Anfang der sechziger Jahre stellvertretender Kreisvorsitzender der CDU-Jugend: Dem damaligen Betriebsratsvorsitzenden der Firma Stoll sagt Bleicher: »Merke dir, ich meß' dich nicht an deiner politischen Heimat, sondern an deiner politischen Haltung als Gewerkschafter im Betrieb und wie du als Betriebsrat die Lohnabhängigen vertrittst.«

Bleicher gefällt der junge Metaller, der kurz vor dem Arbeitskampf 1963 zum Betriebsratsvorsitzenden gewählt wurde. Grund: Der Betrieb galt als Schwachstelle. »Die Arbeiter haben den Streikaufruf nicht befolgt«, erinnert sich Fischer; erst am dritten Tag sei es ihm zusammen mit dem neu aufgebauten Vertrauensleutekörper gelungen, die Kollegen für den Arbeitskampf zu gewinnen. Als Fischer später entlassen wird, stellt ihn Bleicher trotz seiner CDU-Mitgliedschaft als Schwerpunktsekretär ein; 1969 unterstützt er ihn bei der Wahl zum Zweiten Bevollmächtigten der IG Metall in Heidelberg. Erst ein Jahr später tritt Alfred Fischer, der heute erster Mann in Heidelberg ist, aus der CDU aus.

Schon in Göppingen hatte Willi Bleicher einen Kollegen entdeckt, der eigentlich nicht ins Bild eines Metallers paßt, August Zimmermann. Der Zinser-Betriebsrat war Mitglied der »Spaltergewerkschaft« DAG (Deutsche Angestelltengewerkschaft). Doch Bleicher sieht in Zimmermann einen fähigen Kollegen, schlägt ihn als Betriebsratsvorsitzenden vor. Zimmermann tritt kurze Zeit später der IG Metall bei.

Doch wehe, Willi Bleicher paßt die Arbeit einer bestimmten Betriebsratsfraktion nicht. Dann kann er auch gegen KP-Funktionäre »mit allen Regeln der Kunst« vorgehen. Bei Daimler-Benz in Mannheim bearbeitet er die kommunistische Mehrheitsfraktion so lange, bis zumindest vier ihrer Betriebsräte den Sozialdemokraten Herbert Lucy zum Vorsitzenden wählen. Lucy, der später auch Gesamtbetriebsratsvorsitzender wird, erinnert sich: »Dann wurde ich mit einer Stimme Mehrheit zum Betriebsratsvorsitzenden gewählt, mit den Stimmen der SPD und der vier Kommunisten. Der Rest der KPD, das war die Mehrheit, und die CDU haben für den CDU-Kandidaten gestimmt.«

Willi Bleicher spricht mit Eugen Loderer Ende 1959 zum ersten Mal über Buchenwald. Danach, so Loderer, »hörte ich in vielen Jahren der Zusammenarbeit nie mehr ein Wort über diese seine Leidenszeit. Das habe ich immer an ihm bewundert, daß er sich nie in den Vordergrund gespielt hat, obwohl oft Gelegenheit dazu bestanden hätte.« Ähnlich äußern sich andere Zeitzeugen.

Eugen Loderer fasziniert der Redner Bleicher, der die Massen bewegen kann. Bei einer großen Funktionärskonferenz in Friedrichshafen Ende 1959 fordert Willi Bleicher die Belegschaft der Zahnradfabrik zum Widerstand gegen Lohnabbau und neue Akkordrichtlinien auf. Anderntags, erinnert sich Eugen Loderer, tritt die Hälfte der Arbeiterschaft in den Ausstand. Die Geschäftsleitung droht mit Klage; der Ortsbevollmächtigte und der Betriebsrat schwanken. Doch Bleicher geht vor das Werkstor und fordert die gesamte Belegschaft zu einer Protestaktion auf. Loderer: »Die ganze Zahnradfabrik stand dann still, und zwar eine Stunde vor dem regulären Betriebsschluß. Willi Bleicher liebte solche Aktionen, dabei ging sein Herz auf. Er zeigte den Unternehmern die Kraft der Massen.« Schließlich setzen sich die Arbeiter in Friedrichshafen durch. Der Lohn wird nicht abgebaut.

Erfolgreich interveniert Willi Bleicher auch 1961 bei BBC (heute ABB Asea Brown Boveri) in Mannheim, wo die Kommunisten eine starke Position haben. Die Direktion hatte zehn von 18 Arbeiterbetriebsräten gekündigt. Die Arbeiter im Werk Käfertal sind deshalb in den Ausstand getreten. Bleicher fährt sofort nach Mannheim und nimmt Verhandlungen mit der Geschäftsleitung auf. Er droht, daß der Streik so lange fortgesetzt wird, bis die Metaller wieder eingestellt werden. Nach zwei Tagen nimmt die Geschäftsleitung die Kündigungen zurück.

Bleicher liebt Auftritte vor Arbeitern. Er kommt mit seinen Reden meistens hervorragend an. Beifallsstürme sind keine Seltenheit. Er packt seine Zuhörer bei ihrer Ehre, lobt ihrer Hände Arbeit und geißelt die Unternehmer, die dafür nur Spott und wenig Lohn übrig hätten. Er kann das soziale Elend der Welt so plastisch und glaubwürdig darstellen, »daß ältere Kolleginnen manchmal Tränen der Rührung geweint haben«, erinnert sich Margot Maier. Sie hält Bleicher, der ein Gespür fürs Theatralische gehabt habe, »für einen der besten Redner der damaligen Bundesrepublik«. Er sei emotionaler und glaubwürdiger gewesen als zum Beispiel Herbert Wehner, von dem die junge Sozialdemokratin auch begeistert

»Ich meß' dich nicht an deiner politischen Heimat.« Stoll-Betriebsrat Alfred Fischer (CDU)

Einer der besten Redner der damaligen Bundesrepublik: Bleicher bei der Massenkundgebung in Biberach

war. Doch Wehner habe man eben »den Politiker« angemerkt. Bleicher wird als Redner nicht nur bewundert, sondern auch gefürchtet. Er duldet kein Zurückweichen, wenn es darum geht, die Interessen seiner Metaller zu vertreten. Deshalb nimmt er wiederholt Betriebsräte aufs Korn, die nur das Wohl des Betriebs im Kopf hätten und das der Arbeiter vergäßen. Bastarde nennt er diese Funktionäre gelegentlich, Männer, die weder auf der einen Seite des Klassenkampfes noch auf der anderen stünden.
Wenn Willi Bleicher bei örtlichen Vertreterversammlungen der IG Metall auftritt, kann er die anwesenden Betriebsräte derart beschimpfen und beleidigen, daß sie eigentlich empört den Saal verlassen müßten. Aber keiner kommt auf die Idee; im Gegenteil: die Gescholtenen applaudieren, jubeln dem Meister zu und meinen das wohl auch ehrlich. Viele haben selbst ein schlechtes Gewissen oder zumindest ein ungutes Gefühl, wenn sie täglich mit den Unternehmern oder den Geschäftsführern Kompromisse aushandeln; manche genießen Privilegien und werden deshalb schief angesehen.
Doch von niemandem würden sie sich deshalb so niedermachen lassen wie von Willi Bleicher. Ihm nehmen sie die radikale Rhetorik ab, »denn er hat vorgelebt, was er predigt«. Bleicher fordert das auch von anderen Funktionären: »Unsere Aufgabe ist eine missionarische. Ein Missionar lebt vor.« Darauf komme es an und nicht auf große Theorien.

Willi Bleicher bleibt ein Mann von unten, der Starallüren und Managergehabe ablehnt. Er haßt Betriebsratsfürsten und Hauptamtliche, die nur auf Privilegien scharf sind. Das beginnt bei den Sitzungsgeldern der Allgemeinen Ortskrankenkassen (AOK) und endet bei den Aufsichtsratstantiemen großer Firmen. Er verachtet Betriebsratsvorsitzende und Bevollmächtigte, die neben ihrem Gehalt riesige Summen an Tantiemen oder Abgeordnetendiäten einstekken oder gar beides. Anneliese Bleicher erinnert sich an entsprechende Gespräche mit ihrem Mann: »Er hat immer geschimpft, denn manche haben damals doppelt oder dreifach kassiert.«
Bleicher will davon nichts wissen. Im Gegensatz zu seinem Vorgänger und seinen Nachfolgern lehnt er einen Aufsichtsratssitz bei Daimler oder anderen Großkonzernen der Metall- oder Elektroindustrie kategorisch ab. Diese Art von Mitbestimmung ist für ihn ohnehin eine Farce.

Noch als Rentner schimpft Bleicher über die kleinen und großen Privilegien in der eigenen Organisation: »Und wenn ich an Gewerkschaftstage denke«, sagt er vor jungen Metallern, »da kommt nun der einfache Arbeiter. Der fährt mit der Ersten Klasse, der wird in dem besten Hotel untergebracht. Und dann gibt es Geschenke von der Neuen Heimat, der Bank für Gemeinwirtschaft und wie sie alle heißen.« Die Organisation sei perfekt, doch oft vergesse man »den Gehalt, um den es eigentlich gehen müßte«.

Bleicher muß es wissen. Er hat seit 1946 fast alle Gewerkschaftstage der Metaller und des DGB besucht. Und Karriere? »Darum ging es ihm nicht«, sagt seine Frau, »ihm ging es nur um die Macht der Arbeiter.« Auch die persönliche Bescheidenheit erklärt Bleichers hohes Ansehen.

Trotzdem und trotz seiner rhetorischen Begabung gelingt es ihm nicht immer, die Kollegen auf seine Seite zu ziehen. Bei Voith in Heidenheim beispielsweise kann er sich bei einer Funktionärskonferenz mit mehrern hundert IG-Metall-Vertrauensleuten nicht durchsetzen. Er beschimpft Siegfried Pommerenke, den damaligen Betriebsratsvorsitzenden, als Taugenichts, der politisch vom linkesten zum rechtesten Rand gedriftet sei.
Grund: Pommerenke will nach wochenlangen Auseinandersetzungen eine Betriebsvereinbarung abschließen, mit der die Arbeit neu bewertet und die Löhne vieler Arbeiter erhöht werden sollen. Immer wieder hatten die »Voithianer« die Arbeit niedergelegt, stundenweise, tageweise, um dieses Ziel zu erreichen. Bei einer Betriebsversammlung erklärte sich die Geschäftsleitung dann bereit, die Forderungen im wesentlichen zu erfüllen. Die Kollegen sind begeistert.
Pommerenke kann nur einen »Pferdefuß« entdecken. Er sollte nicht den geforderten Werkstarifvertrag unterschreiben, sondern eine Betriebsvereinbarung. Im Gegensatz zum Tarifvertrag kann sie zu einer bestimmten Zeit gekündigt werden und läuft nach einer entsprechenden Frist aus. Ein Tarifvertrag wirkt nach, solange kein neuer abgeschlossen ist. Dies bemängeln auch die Voith-Betriebsräte, doch sie sehen keine Basis für eine weitere Auseinandersetzung im Betrieb. Bleicher hingegen möchte einen Tarifvertrag, auch um damit die Tarifpolitik im Ländle in Bewegung zu bringen. Denn er will weg vom alten Lohngruppensystem, will eine neue Arbeitsbewertung. »Lohnrahmen 1« wird der Tarifvertrag eines Tages heißen.
Pommerenke glaubt bereits, daß Bleichers Vertrauen zu ihm für immer zerstört sei. Aber der Bezirksleiter ist nicht nachtragend. Er haßt Ja-Sager. Gewerkschaftern, die sich engagieren und dabei in seinen Augen Fehler machen oder »in der Auseinandersetzung mit dem Klassengegner« über das Ziel hinausschießen, greift Bleicher unter die Arme. Pommerenke wird später mit seinem Segen als Hauptamtlicher bei der IG Metall eingestellt. Heute ist er Landesvorsitzender des DGB in Baden-Württemberg.

Willi Bleicher sieht in Eugen Loderer sein Ziehkind. Spötter in der Bezirksleitung nennen den Heidenheimer deshalb »Stimme seines Herrn«. Bleicher kann sich den gelernten Metallgewebemacher als seinen Nachfolger vorstellen.
Doch dann läßt er an dem »Kompromißler« wieder kein gutes Haar. Loderer leidet darunter; er will es seinem Chef recht machen, aber der ändert manchmal von heute auf morgen seine Meinung.
Nach dem Tod des DGB-Landesvorsitzenden Wilhelm Reibel Anfang 1963 will Bleicher einen Vertrauten an der Spitze der Südwest-Gewerkschaften durchsetzen. Ohne auf Loderers Bedenken (»Ich hatte richtig Bammel«) einzugehen, schickt er ihn ins Rennen. Um den Kandidaten durchzuboxen, so Bleichers Kritiker damals, habe die IG Metall intrigiert und »persönliche Dinge ins Spiel gebracht«. Eugen Loderer wird schließlich gewählt, sein eigentlicher Chef bleibt jedoch Willi Bleicher.

»Ich hatte richtig Bammel«: DGB-Landesvorsitzender Loderer mit seinem Chef

Auf dem Weg zum wichtigsten Arbeitskämpfer der Republik

... dann habe ich das Wort Streik laut ausgesprochen

Willi Bleicher ist als Bezirksleiter nie ein Draufgänger. Auch wenn er zu spontanen Entscheidungen neigt, weiß er inzwischen haargenau, wann und an welcher Stelle er vorsichtig sein muß. Arbeitskämpfe bricht er nie leichtfertig vom Zaun. Mit dem Wort Streik spielt er nicht. Er kennt Niederlagen aus eigener leidvoller Erfahrung. Häufig erinnert er deshalb an die Kämpfe in der Zeit der Weimarer Republik. Sein wohl schlimmstes Erlebnis war der Steuerstreik von 1920. Damals mußte der Dreizehnjährige erleben, wie Hunderte von Familien hungerten.

Die Reichsregierung hatte mit den Stimmen der meisten SPD- und USPD-Abgeordneten 1920 eine zehnprozentige Lohnsteuer eingeführt. Vor dem Ersten Weltkrieg gab es eine derartige Steuer nicht. Die Arbeiter in Württemberg sind empört. Ihre Löhne sind ohnehin immer weniger wert, weil die Preise im Eiltempo davonlaufen. Zum Teil hatte es Lohnkürzungen gegeben. Auf turbulenten Hofversammlungen erzwingen die Arbeiter von Daimler, Bosch und der Maschinenfabrik Esslingen die Rückzahlung der Steuern, die von den Firmen einbehalten werden mußten. Der Kampf richtet sich nicht unmittelbar gegen die Kapitaleigner, sondern gegen die Regierung. Nachdem verschiedene Vermittlungsversuche gescheitert waren, rücken Einheiten der Sicherheitswehr mit Maschinengewehren an und besetzen die drei bestreikten Unternehmen. Die Firmenleitungen sperren ihre Belegschaft aus.

Tausende sind jetzt arbeitslos. Auch Willi Bleichers Vater Paul. Die Familie trifft es besonders hart, denn kurz zuvor hatten sich die Bleichers in der oberhalb von Untertürkheim gelegenen Gartenstadt Luginsland ein kleines Häuschen gebaut; sie sind deshalb stark verschuldet. Die Unterstützung der Gewerkschaft ist minimal. Die Familie weiß nicht, wie sie sich ernähren soll. Im Garten hatte man Mais, Kartoffeln und etwas Gemüse angebaut. Doch das genügt nicht. Paul Bleicher geht zusammen mit seinem Nachbarn Gotthilf Schlotterbeck Obst klauen, was damals äußerst gefährlich ist. Die Mutter trägt ihr Silber ins Pfandhaus, um wenigstens das Allernötigste einkaufen zu können. Zwar gibt es bei Bleichers Hühner und Hasen, aber auch die wollen gefüttert werden. Nachts müssen Willi Bleicher und seine beiden Brüder in Kleeäkkern Futter stehlen.

Die Auseinandersetzung um die Einführung der Lohnsteuer verschärft sich zunächst. Die Vollversammlung der Betriebsräte in Stuttgart beschließt einen »verschärften Generalstreik«. Der Aufruf wird nur zum Teil befolgt. Anfang September endet der Kampf mit einer Niederlage. Eine Maßregelungsklausel gibt es nicht. Wer wieder eingestellt werden will, muß sein Einverständnis

mit dem gesetzlichen Steuerabzug schriftlich erklären.
Bei der Wiedereinstellung ist der Willkür Tür und Tor geöffnet. Nicht nur sogenannte Rädelsführer, wie der Bleicher-Nachbar Gotthilf Schlotterbeck, bleiben draußen. Mehr als die Hälfte der Belegschaft, vor allem die jüngeren und radikaleren Arbeiter, werden nicht mehr eingestellt. Es herrscht wieder Ruhe im Daimler-Land.

Bleicher hat diese Niederlage nie vergessen: »Ich wußte, was Streik bedeutet; Streik bedeutet Hunger für viele, Streik bedeutet zuweilen den Verlust des Arbeitsplatzes, Streik bedeutet Bangigkeit und das unentwegte Fragen: Was wird am Ende des Streiks stehen? Bevor ich dieses Wort aussprach, habe ich mich deshalb immer in Hunderten Versammlungen und Zusammenkünften vergewissert, ob wir es wagen können.« Doch wenn Bleicher Gewißheit hat, wenn ihm die entscheidenden Funktionäre signalisieren, »daß sie bereit sind, alles zu tun, um ihre Belegschaft zu mobilisieren, dann habe ich das Wort Streik laut ausgesprochen«.

Noch während seiner Vorstandszeit in Frankfurt warnt Bleicher vor übereilten Kündigungen der Tarifverträge. Das Kräfteverhältnis sei nicht günstig. 1952 fordert er, Lohnerhöhungen lediglich in den Betrieben durchzusetzen, wo dies möglich ist. Noch 1954 sieht er keine Chance für einen Arbeitskampf, obwohl ihn einige Mitglieder der Ortsverwaltung in Göppingen dazu drängen. Die IG Metall hat sich von tarifpolitischen Niederlagen in Hessen (1951) und Bremen (1953) kaum erholt. Der Schock über die Verabschiedung des »gewerkschaftsfeindlichen« Betriebsverfassungsgesetzes (1952) sitzt tief.
Obwohl sich die Wirtschaft günstig entwickelt hat, geht Bleicher 1954 davon aus, daß die Kollegenschaft auch nicht den »primitivsten Anforderungen« eines Arbeitskampfes gewachsen sei. Erst IG-Metall-Chef Hans Brümmer, der bisher immer gebremst hatte, bringt den Umschwung. Er erklärt bei einer Tagung der »Großen Lohnkommission«, man müsse es jetzt wagen, um Schlimmeres zu verhindern, denn in einem halben Jahr sei der Kampf viel schwieriger.
Der Vorstand hatte Baden-Württemberg nach vielen mageren Jahren für den entscheidenden Kampf ausgesucht. Mühsam versucht die Göppinger Gewerkschaftsspitze nun, die Metaller über betriebliche Mitgliederversammlungen zu mobilisieren. Mit Erfolg: »Die Kollegen wollen es endlich einmal auf einen Streik ankommen lassen«, berichtet der damalige Göppinger DGB-Kreisvorsitzende Hans Mayr. Die Urabstimmung steht bevor, Bleicher schätzt die Stimmung so ein: »Die Kollegen gehen nicht aus gewerkschaftspolitischen Gründen in den Kammpf, auch nicht wegen ein paar Pfennigen Zulage, wohl aber wegen der Brutalität und der Gemeinheit der Unternehmer.«

Bereits bei diesem Arbeitskampf werden Konflikte sichtbar, die sich künftig in unterschiedlichen Varianten wiederholen werden. Die Göppinger sind wütend auf den Vorstand, denn die Brümmer-Fraktion, berichtet Willi Bleicher seiner Ortsverwaltung, habe jetzt wieder zum Rückzug geblasen, sie wolle ein unzureichendes Schiedsangebot akzeptieren. Bleicher muß deshalb die geplante Großkundgebung auf dem Schillerplatz verschieben. Erst nachdem sich der Stuttgarter Metallchef Karl Mössner »durch seine 180-Grad-Wendung« (Bleicher) auf die Seite des Otto-Brenner-Flügels geschlagen habe, sei es zur Ablehnung gekommen. Brümmer hätte sich auch mit der von ihm favorisierten Schwerpunktstreiktaktik nicht durchsetzen können.

»Wegen der Brutalität und der Gemeinheit der Unternehmer«: Bleicher-Kollegen Mayr (rechts) und Zimmermann

Göppingen erlebt am 23. Juni 1954 »eine gewaltige Manifestation gewerkschaftlicher Kraft«. Schließlich schaltet sich die Landesregierung in die Tarifauseinandersetzungen ein. Zuletzt wird eine Erhöhung der Stundenlöhne um acht Pfennige vereinbart.

Willi Bleicher sieht darin einen großen Erfolg, denn nicht überall sei die Kampfbereitschaft so groß gewesen wie in Göppingen. Im Filstal selbst gibt es zumindest unter aktiven Funktionären Unmut. Zinser-Betriebsrat August Zimmermann beispielsweise will wissen, warum man in das Abkommen nicht eine Teuerungsklausel eingebaut habe.
Willi Bleicher ist zufrieden. Er lobt mehrfach den Bezirksleiter der Metaller im Südwesten, seinen Freund Ludwig Becker. »Ohne ihn wäre wahrscheinlich mit vier Pfennigen abgeschlossen worden.« Und dann wird Bleicher prophetisch: »Die Auswirkungen dieses Lohnkampfes werden vielleicht erst in einigen Jahren sichtbar werden.« Bleicher sollte rechtbehalten. Schon kurze Zeit später endet der Streik der Metaller in Bayern mit einem Desaster. Das Tarifgebiet Nordwürttemberg-Nordbaden wird von nun an tonangebend sein in der Tarifpolitik der IG Metall und damit auch der anderen Einzelgewerkschaften.

Die Streikvorbereitungen in Bayern sind unzulänglich; ein Großteil der Angestellten lehnt den Arbeitskampf ab; an vielen Orten kommt es zu Auseinandersetzungen mit Streikbrechern und der Polizei. Willi Bleicher wird als Streikhelfer nach Augsburg und München geschickt. Er erlebt, wie bei Siemens in der Hoffmannstraße die Angestellten ungerührt durch eine Gasse von Streikposten gehen, die empörte Streikleitung begrüßt sie mit dem Plakat: »Hände falten, Köpfchen senken, immer nur an Siemens denken.« Bleicher sieht auch Betriebe, die dem Gewerkschaftsaufruf zu hundert Prozent folgen und ganz auf Streikposten verzichten. Doch das ist eine Ausnahme. Der Göppinger Bevollmächtigte spricht auf Versammlungen und bekommt tosenden Applaus. Er bewundert die »Begeisterung und Hingabe« der knapp 100 000 Streikenden und »den Idealismus, den sie an den Tag legen«.

»Händchen falten, Köpfchen senken ...« Auseinandersetzung mit Streikbrechern vor dem Werkstor von Siemens

Das Ergebnis nach drei Wochen Arbeitskampf: In einem Schiedsverfahren erreicht die IG Metall nicht mehr als die Deutsche Angestelltengewerkschaft (DAG) ohne Streik. Nicht einmal die Hälfte der Mitglieder stimmt dem Abschluß zu. Da keine Maßregelungsklausel vereinbart wird, entlassen die Unternehmer reihenweise sogenannte Rädelsführer. Die Niederlage ist perfekt. Die bayerischen Metaller werden sich davon nicht mehr erholen. Die IG Metall setzt von nun an auf die Kollegen im Südwesten.

Willi Bleicher zieht kurz darauf beim Gewerkschaftstag der IG Metall in Hannover Bilanz. Er hebt die Kampfbereitschaft der Arbeiter im Jahr 1954 hervor. »Das ist das Besondere, das Eigenartige, daß diese Arbeiterschaft, als die Organisation sie rief, stand und zuweilen nur schwankte und dort fiel, wo die Organisation schwankte und fiel.« Dennoch sei der Bayernstreik »gleichsam als leuchtender Meteor am finsteren Himmel sozialpolitischer Auseinandersetzungen in Deutschland in Erscheinung getreten«. Bleicher fordert von den Zweiflern deshalb, endlich wieder »an die Kraft der Arbeiterschaft« zu glauben. Den bayerischen Unternehmern wirft er vor, »gewaltiges Barbarentum an unseren Kollegen« zu praktizieren.

Betrüblich findet es Bleicher, daß man, »während unsere bayerischen Kollegen noch bluten, während ihre Wunden schmerzen, mit diesem selben Unternehmertum an einem Tisch verhandelte über eine Art Schlichtungsverfahren«.

Eine Zusammenarbeit mit den Unternehmern, später nennt man es Sozialpartnerschaft, lehnt der Göppinger Bevollmächtigte ab. »Ich bin der felsenfesten Überzeugung, daß wir es nicht notwendig haben, Arbeitsgemeinschaften zu praktizieren, die übrigens bei einer Kraftprobe auseinanderbrechen würden, die nur den Zweck haben, uns zu desorientieren und zu desorganisieren.« Gewerkschaftliches Bewußtsein entwickle sich im Kampf.
In den Lohnbewegungen sieht Willi Bleicher von nun an »die zugespitzteste Form der sozialpolitischen Auseinandersetzung im Rahmen der kapitalistischen Wirtschafts- und Gesellschaftsordnung.« Er ist nicht der Erfinder dieser These. Der Gewerkschaftstheoretiker Viktor Agatz, er galt innerhalb der SPD als Linkssozialist, hatte dafür den Begriff »expansive Lohnpolitik« geprägt. Danach solle die Lohnentwicklung nicht dem wirtschaftlichen Wachstum hinterherhinken, sondern die Nachfrage erhöhen und damit die Produktion steigern. Agatz will über lohnpolitische Fortschritte die gesellschaftlichen Kräfteverhältnisse zugunsten der Arbeiterklasse ändern. Vermögensbildung in Arbeitnehmerhand oder die Einführung sogenannter Volksaktien lehnt er ab. Obwohl sich der DGB von der Agatzschen Politik schon bald wieder abwendet, bleibt Willi Bleicher dabei. Für ihn sind Lohnkämpfe gesellschaftspolitische Auseinandersetzungen. Der Arbeitskampf könne zwar keine Revolution ersetzen, und die Gewerkschaften könnten nie eine systemsprengende Organisation werden, doch Bleicher setzt auf die Schule des Kampfes. Seit den positiven Erfahrungen von 1954 vertritt er die These: »Mir ist es lieber, zehn Pfennige mit Streik durchzusetzen, als elf Pfennige am Verhandlungstisch.«

Willi Bleicher weiß, wie unberechenbar die Eigendynamik eines Arbeitskampfes sein kann. Während 1954 die Organisation gerufen hatte und die Arbeiter folgten, meldet sich die Basis zweieinhalb Jahre später (1956/57) beim Arbeitskampf in Schleswig-Holstein – hier wird zum ersten Mal die Schwerpunktstreiktaktik angewandt – in einer für den Vorstand sehr unangenehmen Art zu Wort. Sie lehnt das Verhandlungsergebnis in zwei Urabstimmungen mit großer Mehrheit ab. Die IG Metall hatte im Norden die Gleichstellung von Arbeitern und Angestellten im Krankheitsfall gefordert. Sie wollte die Lohnfortzahlung in den ersten sechs Wochen durchsetzen sowie den Wegfall der drei Karenztage.
Bleicher und andere IG-Metall-Angestellte werden vom Vorstand nach Kiel und Flensburg geschickt – nicht als Streikhelfer, sondern als Abwiegler. Doch da hilft dem Schwaben auch sein rhetorisches Talent nicht. Die Funktionäre werden zum Teil gnadenlos ausgepfiffen; empörte Metaller verbrennen vor Streiklokalen die Gewerkschaftszeitungen, in denen der »faule Kompromiß« verkauft wird. Während die Unternehmer in der Frage der Lohnfortzahlung zu weitgehenden Zugeständnissen bereit sind, mehr Urlaub gewähren und eine bessere Urlaubsvergütung zahlen wollen, halten sie an den Karenztagen fest. Den Arbeitern ist das zu wenig. Sie fühlen sich immer noch gegenüber den Angestellten diskriminiert.
Die IG Metall streicht oder kürzt jetzt sogar Sonderzahlungen, die sie über die Streikunterstützung

Solidarität aus dem Südwesten; Niederlage für den Vorstand: Streikende Metaller im Norden lehnen einen »faulen Kompromiß« ab.

hinaus gewährt hatte. Erst in einer zweiten Urabstimmung gelingt es den Spitzenfunktionären, die Front der Gegner von 76,2 Prozent auf 57,7 Prozent zu drücken. Damit ist der Streik nach 16 Wochen beendet, denn laut Satzung hätten sich mindestens drei Viertel der Mitglieder gegen den von Bundeskanzler Konrad Adenauer vermittelten »Bonner Kuhhandel« aussprechen müssen. Der Arbeitskampf hatte die IG Metall 33 Millionen Mark gekostet.

»Junge, wenn das schiefgeht«: Tarifkontrahenten Willi Bleicher (links) und Schleyer (rechts) mit SDR-Moderator Ullrich im Fernsehstudio

Willi Bleicher hat aus den Erfahrungen der fünfziger Jahre gelernt. Streik ist für ihn das letzte Mittel, auch wenn, wie 1962, 85 Prozent der Gewerkschaftsmitglieder in der Urabstimmung dafür plädieren. Beinahe in letzter Minute einigten sich die Tarifparteien damals auf einen Kompromiß, der jedoch zumindest bei den aktiven Funktionären keinen Gefallen fand.
Ein Jahr später stehen die Zeichen bereits am 2. Januar auf Sturm: Willi Bleicher will die Tarife zum 28. Februar, dem erstmöglichen Termin, kündigen. Zwei Tage danach muß er einen Rückzieher machen. Otto Brenner möchte sich die zentralen Verhandlungen über den Abschluß eines Schlichtungsabkommens nicht vermasseln lassen. So wird erst einen Monat später gekündigt. Während die IG Metall in Nordwürttemberg-Nordbaden und Südwürttemberg-Hohenzollern auf Empfehlung des Vorstandes eine Einkommensverbesserung von acht Prozent verlangt, plädieren die Metallindustriellen und ihr Vorsitzender im Südwesten, Hannsmartin Schleyer, für eine »Lohnpause«. Der erst ein Jahr zuvor gewählte Verbandschef ist seit 1959 stellvertretendes Vorstandsmitglied bei Daimler-Benz; 1963 wird er zum ordentlichen Mitglied berufen, Zuständigkeit: Personal- und Sozialwesen. Schleyer will hart bleiben. Selbst die für 1964 vorgesehene Verkürzung der Arbeitszeit stellen die Unternehmer nun in Frage. Sie sollte die vorletzte Stufe auf dem Weg zur vierzigstündigen Arbeitswoche sein.

Willi Bleicher hat sich längst auf einen Arbeitskampf eingestellt. Der Vorstand genehmigt schließlich die Urabstimmung für die beiden großen Tarifgebiete in Baden-Württemberg sowie für Nordrhein-Westfalen. Bleicher ist unsicher. »Junge, wenn das schiefgeht«, sagt er dem neuen DGB-Landesvorsitzenden Eugen Loderer, »dann ist unser Ansehen im Eimer, wo wir den Bezirk jetzt so gut auf Vordermann gebracht haben.« Der Bezirksleiter rechnet mit Aussperrung, und davor hat er Angst. Denn nur noch die alten wissen

»Kampfstärkste Truppe«: Mannheimer Metaller (rechts) fordern Vollstreik

aus den zwanziger Jahren, was das bedeutet. Die Erfahrungen der 15000 Werftarbeiter, die 1953 ausgesperrt wurden, sind nicht bis in den Südwesten gedrungen.
Willi Bleicher will die Mitglieder mobilisieren. Die Bezirksleitung ruft zu 45 Kundgebungen während der Arbeitszeit auf. Wohl verlassen viele Arbeiter ihren Arbeitsplatz, doch nur ein Teil besucht die Kundgebungen. Die einzige Ausnahme: Mannheim. Hier versammeln sich dagegen zwischen 35000 und 40000 Metaller auf dem Marktplatz.
Wieder zweifelt Bleicher intern an seinem Entschluß. »Willi, das war richtig«, sagt Eugen Loderer, »sag mir einen Bezirk landauf, landab in der Republik, der das gemacht hätte, wenn du es nicht übernommen hättest.«

Die Metallunternehmer bieten inzwischen eine Lohnerhöhung von 3 bis 3,5 Prozent an. Auch die IG Metall in Frankfurt signalisiert Bewegung. In der Stuttgarter Bezirksleitung herrscht Unsicherheit, denn neben den Verhandlungen in Baden-Württemberg finden laufend irgendwelche Spitzengespräche statt. »Die Gespräche wurden in strenger Geheimhaltung aufgenommen«, berichtet der Verband der Metallindustriellen wenige Monate später. Während Bleichers unmittelbarer Gegenspieler in Baden-Württemberg, Hannsmartin Schleyer, an diesen »informellen Zusammenkünften« teilnimmt, schickt die IG Metall neben Otto Brenner zwei weitere Vorstandskollegen.

Zur Urabstimmung sind nur die Arbeiter aufgerufen, für die Angestellten gilt die Friedenspflicht, denn ihr Tarifvertrag hat eine andere Laufzeit. Bleicher geht auf Nummer sicher. Der üblichen Frage nach der Streikbereitschaft fügt er eine Vorbemerkung hinzu: »Die Arbeitgeber fordern einen Lohnstopp bis zum 31. Juli 1963. Bist du bereit, zur Verhinderung des Lohnstopps und für die Durchsetzung unserer achtprozentigen Lohnforderung mit allen gewerkschaftlichen Maßnahmen einschließlich der Arbeitsniederlegung einzutreten?« 87 Prozent der Südwestmetaller stimmen mit ja. Ob sie tatsächlich an Streik denken, ist unklar. Denn Urabstimmungen gab es schon viele, die letzte im Vorjahr.
Willi Bleicher hält sich an die Vorgaben des Vorstandes. Einigkeit herrscht auch in der Frage der Streiktaktik. Wie in Schleswig-Holstein setzen die Metaller, nicht zuletzt aus Kostengründen, auf Schwerpunktstreik. Nur konsequenter soll er diesmal durchgeführt werden. Willi Bleicher will zunächst lediglich 30000 Kollegen zum Ausstand rufen. Doch grau ist alle Theorie ... Die Mannheimer Metaller, die »kampfstärkste Truppe« der Gewerkschaft, bestehen auf Vollstreik. Da die IG-Metall-Spitze von ihnen abhängig ist, muß sie die »Disziplinlosigkeit« dulden. Die Mannheimer befürchten, daß bei einem für den 25. April in Reinhardhausen verabredeten Spitzengespräch ein »fauler Kompromiß« ausgemauschelt wird. Sie wollen, entsprechend dem Antrag dem Tarifkommission, bereits an diesem Tag in den Ausstand treten. Otto Brenner kann sie nur mühsam davon abhalten. Die IG Metall ruft schließlich für Montag, den 29. April 1963, in 59 Mannheimer und in 13 weiteren Betrieben in Stuttgart, Esslingen, Reutlingen, Schwenningen und Gaggenau zum Streik.
Nach den schlechten Erfahrungen in Bayern möchte Willi Bleicher Auseinandersetzungen mit der Polizei verhindern. Er geht zu Ministerpräsident Kurt Georg Kiesinger und nennt ihm zwei Möglichkeiten: »Wenn Sie in diesem Streik Polizei einsetzen, garantiere ich für nichts. Wenn Sie keine Polizei einsetzen, dann werden wir selbst dafür sorgen, daß es nicht zu Zusammenstößen kommt.« Kiesinger wählt die zweite Variante.
In der Nacht vor Streikbeginn macht Willi Bleicher in seinem klei-

»Entweder die Linie der IG Metall oder die der IG Bau«: Bau-Chef Georg Leber

nen Häuschen in Stuttgart-Sommerrain kein Auge zu. »Das hat ihn unheimlich stark beschäftigt, seelisch belastet«, erinnert sich seine Frau, die ebenfalls nicht schlafen kann. Um vier Uhr stehen die Blei-

»Der Streik steht«: Willi Bleicher bei der Diskussion mit Streikposten bei Daimler, links neben ihm Eugen Loderer

chers endlich auf. Der Bezirksleiter fährt zur nahen AEG (Trafounion) in Bad Cannstatt. Erleichterung: Die Streikposten sind zufrieden. »Keine Schwierigkeiten«, melden sie. Bleicher besucht zusammen mit Eugen Loderer weitere Stuttgarter Streikbetriebe – Daimler, Bosch, Mahle und Streicher. Zwischendurch ruft er seine Frau Anneliese an, was er sonst nie macht: »Der Streik steht!«

Fast alle Arbeiter sind dem Aufruf der IG Metall gefolgt, berichtet er noch am selben Tag bei der Vorstandssitzung, »überraschenderweise« auch die Frauen und die Ausländer. Das deckt sich mit den Angaben des Verbandes der Metallindustriellen. Bei Daimler in Untertürkheim melden sich danach am ersten Streiktag gerade 278 Arbeitswillige, in Mannheim nur zehn. Der Verband berichtet, daß »kaum eine nennenswerte Zahl Arbeitswilliger« anzutreffen war. »Die von manchen Unternehmern gehegte Hoffnung, daß die nicht organisierten Arbeiter von sich aus zur Arbeit erscheinen würden, hat sich im großen und ganzen nicht erfüllt.« Von Ausnahmen in Mannheim abgesehen, sei der Streik ruhig und diszipliniert verlaufen. Zur Verwunderung der Unternehmer hat sich die Polizei in Mannheim auch dann zurückgehalten, als sie einmal gerufen wurde.

Lange können die Metaller – es sind rund 100 000 – nicht streiken. Bereits zum 1. Mai sperren die Unternehmer alle Arbeiter in Betrieben mit über hundert Beschäftigten im nördlichen Tarifgebiet aus. Über 270 000 Männer und Frauen in Nordwürttemberg-Nordbaden sind jetzt von der Arbeit suspendiert. Am 4. Mai wird auch in Südwürttemberg-Hohenzollern ausgesperrt. Bleicher erklärt in den Streiknachrichten, die Arbeiter hätten den Wirtschaftsaufschwung durch ihren Verzicht erst möglich gemacht. »Nun hat man die ›lieben Mitarbeiter‹ alle vor die Fabriktore gesetzt: Organisierte und Unorganisierte, Männer und Frauen, Kranke und Beurlaubte, Schwerbeschädigte und werdende Mütter. Der Dr. Schleyer hat recht, wenn er von einer Totalaussperrung spricht. Es ist ein totaler Krieg gegen die Metaller dieses Landes. Er ist so erbarmungslos wie jener, den diese Herren verloren haben.«

Der Bezirksleiter hatte schon vor dem Arbeitskampf befürchtet, daß die Unternehmer der IG Metall den sozialpartnerschaftlichen Kurs aufzwingen wollen, den die Industriegewerkschaft Bau, Steine, Erden unter ihrem Vorsitzenden Georg Leber praktiziert. Willi Bleicher wirft den Unternehmern vor, Georg Leber aus politischen Gründen ei-

ne lineare Lohnerhöhung von 17 Pfennigen zu gewähren, während sie dasselbe für die Metallindustrie als unvernünftig und verantwortungslos ablehnten. Der Kommentator der Stuttgarter Zeitung sieht in dem schwäbisch-badischen Arbeitskampf einen »Wendepunkt«: »Hier kämpft eine Gewerkschaft vielleicht das letzte Gefecht um ihren Platz und den Einfluß ihrer Konzeption innerhalb der gesamten Gewerkschaftsbewegung. Am Ende dieses Kampfes, so möchte man fast glauben, kann es nur noch ein Entweder-Oder geben: entweder die Linie der IG Metall oder die der IG Bau.«

Unter Vermittlung von Bundeswirtschaftsminister Ludwig Erhard einigen sich die Tarifkontrahenten nach zwei Wochen Streik beziehungsweise Aussperrung auf einen Kompromiß: Die Löhne werden vom April an um fünf Prozent erhöht, ein Jahr später um weitere zwei Prozent. Die Laufzeit des Vertrags beträgt eineinhalb Jahre. Die Arbeitszeit wird ab 1964, wie vorgesehen, um eine weitere Dreiviertelstunde verkürzt. »Das Lohndiktat ist gebrochen«, melden die Streiknachrichten. Bleicher schreibt über den Streik, der die IG Metall 23,6 Millionen Mark kostet: »Wir sind stärker aus diesem Kampf hervorgegangen, darum haben wir gesiegt.«

Aber zunächst gibt es noch einmal Ärger unter den Südwestmetallern. Vor allem den Mannheimern ist der Abschluß zu gering. Wie viele andere sind sie empört darüber, daß sie nun sofort wieder zur Arbeit gehen sollen, obwohl die Urabstimmung noch gar nicht stattgefunden hat. Die Mannheimer streiken weiter. Auch in Karlsruhe und anderswo werden die bisher ausgesperrten Metaller bis zum Abschluß der Abstimmung zum Streik gerufen. Hannsmartin Schleyer ließ zwar unmittelbar nach der Verständigung bei Ludwig Erhard die Aussperrung aufheben, doch einzelne Firmen konnten »wegen der Auswirkungen des Arbeitskampfes aus technischen Gründen« die Arbeit auch erst stufenweise aufnehmen.

Bei der entscheidenden Tarifkommissionssitzung geht ein junger Funktionär aus Schwäbisch Gmünd, der den kranken Bevollmächtigten vertritt, ans Rednerpult. Man merkt ihm seine Aufregung an. Es kostet ihn Überwindung, Willi Bleicher und den Stuttgarter Bevollmächtigten Karl Schwab zu kritisieren. Schließlich kommt er auf den Punkt: »Kommt nicht infrage, daß wir jetzt in die Betriebe zurückgehen; die sollen uns zuerst wieder schriftlich einladen«, schimpft er und bekommt schweißnasse Hände. »Wir wollen zuerst außerhalb der Betriebe die Urabstimmung durchführen und dann entscheiden, wann wir wieder reingehen.«

Unerhört, und das müssen sich die gestandenen Funktionäre von einem »Grünschnabel« anhören. Die Mehrheit der Tarifkommission schließt sich Willi Bleicher an. Doch der Funktionär aus Gmünd und viele andere halten sich nicht an Bleichers Vorgabe. Tausende weigern sich, vor der Urabstimmung in die Betriebe zurückzugehen. Der junge Mann, der noch nicht einmal sechsundzwanzig Jahre alt ist, heißt Franz Steinkühler. Heute gibt er zu, daß »das damals eigentlich nicht zulässig war«. Wenn er selbst schon Bezirksleiter gewesen wäre, hätte es möglicherweise ein unangenehmes Nachspiel gegeben. Doch Willi Bleicher hat die »Disziplinlosigkeit« großzügig geduldet.

Schweißnasse Hände: Jungfunktionär Steinkühler wagt den Widerspruch

Vom autoritären Chef und dem Königsmacher in der IG Metall

Unsere Kollegen sind konservativ bis auf die Knochen

Willi Bleicher braucht nach Loderers Wechsel zum DGB 1963 in der Bezirksleitung einen neuen Zuarbeiter. Er entscheidet sich für den sechsundzwanzigjährigen gelernten Werkzeugmacher Franz Steinkühler, den er bereits seit elf Jahren kennt und immer gefördert hat. In Göppingen ist ihm Steinkühler schon als Lehrling aufgefallen. Er war ein »aufgewecktes Bürschchen, engagierte sich in der IG-Metall-Jugend-Gruppe und zeigte schon früh Führungsqualitäten«, berichtet Erich Mayer, damals IG-Metall-Vertrauensmann in Göppingen.

Zum ersten Mal hat der junge Steinkühler Willi Bleicher bei einer Betriebsversammlung in seinem Lehrbetrieb, der Werkzeugmaschinenfabrik Reichert & Scheuffelen (heute Ex-Cell-O, Eislingen) in der Göppinger Davidstraße erlebt. 1952 wird Steinkühler Jugendleiter. Bleicher besucht häufig die wöchentlichen Jugendabende. Franz Steinkühler: »Er hat es geschafft, junge Menschen zu fesseln und zu faszinieren. Durch seine Art, durch seinen Umgang und durch seine Erzählungen.«
Gelegentlich habe er auch über Buchenwald berichtet, »plastisch und sehr bildhaft und in einer sehr einfachen, sehr ungekünstelten Sprache. Wir Jungen sind ihm damals wirklich an den Lippen gehängt.« Bleicher habe das »Dritte Reich« nie isoliert dargestellt, sondern stets Verbindungen zur Gegenwart hergestellt, Parallelen und Unterschiede herausgearbeitet. So konnte er schnell den Bogen spannen zur Wiederbewaffnung oder zur NPD. Für Steinkühler und seine Jugendgruppe war es deshalb eine Selbstverständlichkeit, NPD-Versammlungen zu sprengen.
Willi Bleicher habe es geschafft, so Steinkühler, zu den Jugendlichen »eine unvergleichliche persönliche Bindung herzustellen«. Er kennt ihre Nöte, weiß, daß sie meist keinen Pfennig Geld in der Tasche haben. Der heutige IG-Metall-Vorsitzende erinnert sich an die Silvesterkrapfen, die Anneliese Bleicher für die Jugendgruppe bäckt: »Viele von uns haben damals zum ersten Mal in ihrem Leben einen Silvesterkrapfen gekriegt.« Oder der gemeinsame Besuch bei »Pio«, der ersten italienischen Eisdiele in Göppingen. »Da hatten wir uns als Lehrlinge gar nicht hineingetraut.« Bei den IG-Metall-Zeltlagern kann Willi Bleicher schon mal ein Spanferkel mitbringen. »Das war für uns, in unserer materiellen Lage, völlig unerreichbar.« Steinkühler kann sich auf Bleicher verlassen; selbst den Dienstwagen leiht ihm der Bevollmächtigte einmal, damit der junge Mann nach seinem Tanzkurs zum Abschlußball fahren kann.

»Wir konnten auch mit privaten Problemen zum Willi kommen«, erinnert sich Alfred Braun, der die zweite IG-Metall-Jugendgruppe im Bereich der Göppinger Verwaltungsstelle leitet. Bleicher versteht es, mit den Jungen und

»Wir sind ihm an den Lippen gehängt«: Der Göppinger Jugendleiter Steinkühler (links) mit Willi Bleicher

Mädchen in den Jugendgruppen über das Tabuthema Sexualität zu sprechen, »ohne daß dabei Schamgefühle aufgekommen wären«, sagt Franz Steinkühler. »In den fünfziger Jahren traute man sich doch nicht, offen über Präservative zu sprechen; das war geradezu sündhaft.« Willi Bleicher habe auch eigene Erfahrungen geschildert. »Die waren aus heutiger Sicht natürlich recht bescheiden. Ich denke, daß heute manche Jugendliche mehr Erfahrung haben als Bleicher damals. Aber, wie er es dargestellt hat, wie er die Beziehungen geschildert hat, die Folgen im zwischenmenschlichen Bereich, das hat uns schon etwas gegeben.« Bleichers enges Verhältnis zu Steinkühler hat vielleicht noch eine andere Wurzel: Der junge DLRG-Rettungsschwimmer hat Bleichers Sohn Gerhard vor dem Ertrinken in einem See gerettet.

Franz Steinkühler bewundert Bleicher; er ist für ihn zum Vorbild geworden. Der Göppinger Bevollmächtigte schätzt den selbstbewußten Leiter der Jugendgruppe, in dem er eigene Wesenszüge entdeckt. »Der Franz konnte schon damals aus dem Steigreif zu irgendeinem Thema eine Rede halten und die Leute überzeugen«, erinnert sich Alfred Braun. Andere empfinden den jungen Steinkühler als arrogant.

Kurz nach seiner Berufung zum Bezirksleiter setzt sich Willi Bleicher wieder für seinen Göppinger Zögling ein. Steinkühler wird 1960 Volontär bei der IG Metall. Nach einer kurzen Zeit bei der Ortsverwaltung der Gewerkschaft in Stuttgart schickt ihn Bleicher nach Schwäbisch Gmünd, weil der dortige Bevollmächtigte schwer erkrankt ist. 1963 beginnt Steinkühler in der Bezirksleitung, bekommt das Ressort Frauen und Jugend, doch er mischt sich von Anfang an in die Tarifpolitik ein, für die zwei ältere Kollegen zuständig sind. Christian Frey, der Bleicher-Vorgänger in Göppingen, kündigt. Steinkühler: »Er hatte sich vom Bezirksleiter ungerecht behandelt gefühlt.« Der zweite Mann, Wilhelm Luckscheiter, überläßt bald dem Jüngeren das Feld.

Auch Steinkühler hat es nicht leicht in der Bezirksleitung, auch er bekommt »sein Fett ab«. Bleicher hält ihn für intelligent, aber nicht klug. Ihm fehlten Führungsqualitäten. Während Bleicher mit Eugen

»Wir konnten mit privaten Problemen zu ihm kommen«: Bleicher (mit schwarzem Hut) beim Zeltlager der Göppinger Jugendgruppe. Zweite Reihe, fünfter von links: Franz Steinkühler

Loderer und Hans Mayr ein freundschaftliches Verhältnis hat, bleibt er gegenüber dem viel jüngeren Steinkühler eher der strenge Vater. Bleichers Sekretärin Margot Maier: »Der Vater war bestrebt, daß der Sohn recht gerät, und der Sohn versuchte, den Vater hin und wieder reinzulegen.«
Steinkühler hängt sein Selbstbewußtsein oder sein »übersteigertes Ichgefühl«, wie Kritiker sagen, auch in Stuttgart nicht an den Nagel. Bei allem Respekt traut er sich, seinem Lehrer und Förderer zu widersprechen. Kein Bezirkssekretär hat Bleichers Kränkungen, seine Sprunghaftigkeit und seine Launen besser überstanden als der junge Sekretär aus Göppingen.

»Das vertragen nur wenige Menschen«, urteilt Steinkühler heute. Bleichers Umgangsart sei »sehr ruppig gewesen, sehr gewöhnungsbedürftig«. »Wenn man eine andere Meinung hatte, dann mußte man gegen ihn boxen.« Und dazu gehörte Überwindung und Mut. Es habe Bezirkssekretäre und Bevollmächtigte gegeben, »die unter Willi Bleicher gelitten haben, die haben schon das Zittern gekriegt, wenn er sie nur angeguckt hat.« Bleicher sei der Meinung gewesen, »die müssen so etwas auch vertragen können«.
Bleichers Führungsstil hat Franz Steinkühler hart gemacht, aber er hat davon sicher auch profitiert. Er übernimmt viele Positionen und Methoden seines Lehrmeisters, versucht ihn teilweise zu kopieren, doch er lernt in der Auseinandersetzung mit ihm täglich hinzu. Knapp zehn Jahre lang.
Jeden Morgen pünktlich um acht Uhr trifft sich Willi Bleicher mit seinen Sekretären zur Frühbesprechung. Da wird dann gestritten und je nach Laune des Chefs kräftig geflucht. Auch Steinkühler kann emotional reagieren, wenn er sich nicht verstanden fühlt. Er verläßt das Sitzungszimmer und knallt die Tür hinter sich zu. Nach einiger Zeit geht Bleicher in das Büro seines Sekretärs und redet ihm gut zu. »Das hat mich immer beschämt«, erinnert sich der Steinkühler, »denn ich wollte nicht, daß der Bezirksleiter, den ich eigentlich respektiert habe, nur weil ich beleidigt davongelaufen bin, als Erster zu mir kommt.«
Wie in allen Gewerkschaften dominieren in der IG Metall hierarchische Strukturen. Otto Brenner ist die unumschränkte Nummer eins der größten deutschen Einzelgewerkschaft. Er bestimmt auch weitgehend die Politik im DGB. Was Brenner auf Bundesebene betreibt, setzt Bleicher auf Landesebene fort. Bezirksleiter kleinerer Gewerkschaften klagen über seine Arroganz. Bleicher stört das wenig, er ist ein ausgefuchster Taktierer und Machtpolitiker geworden; von wenigen Fehlschlägen abgesehen, setzt er seinen Willen durch.

Das gilt auch für die IG Metall in Baden-Württemberg. Da sich Bleicher gegenüber Otto Brenner bei den entscheidenden Auseinandersetzungen loyal zeigt, deckt der Vorsitzende seine Arbeit im Südwesten. Außerdem weiß Brenner, daß er ohne die Metaller im Raum Stuttgart, Heilbronn und Mannheim tarifpolitisch keine Erfolge erzielen kann. Er ist damit von der Stuttgarter Bezirksleitung abhängig.

Der Bezirk gilt als kampferprobt und zuverlässig. Die Geschäftsführer- und Bezirkskonferenzen in Baden-Württemberg haben ein weit höheres Niveau als anderswo, erinnert sich Franz Steinkühler: »Ein Verdienst von Willi Bleicher.« Trotz seiner autoritären und verletzenden Art, so urteilen alle Bevollmächtigten der Bleicher-Ära, hätten sie bei den regelmäßigen Geschäftsführerkonferenzen viel gelernt. »Das waren gesellschaftspolitische Lehrstunden«, sagt Siegfried Pommerenke.
Bleicher beginnt die Konferenzen stets mit einem Bericht zur aktuellen politischen Situation. Die meisten Funktionäre haben allerdings Angst, dem großen Meister auch nur einmal zu widersprechen. Dabei fordert er sie geradezu heraus. Am liebsten hört er Selbstkritik. Es ärgert ihn, wenn sich niemand zur Diskussion meldet. Aber er ist selbst schuld, denn wer läßt sich schon gerne vor versammelter Mannschaft gnadenlos abkanzeln.

Willi Bleicher orientiert sich bei der Führung des Bezirks an den Prinzipien des demokratischen Zentralismus; er betont dabei den Zentralismus. Auch wenn er in der Gewerkschaft keine leninistische Kaderorganisation sieht, überträgt er Führungsprinzipien der KPD auf die dortige Gremienarbeit. Er fordert Disziplin und äußerste Loyalität gegenüber der Führung. »Die Sache geht vor«, wiederholt er ständig. Personen hätten sich dem zu beugen. Das klingt kaltherzig und stößt deshalb gelegentlich auf Unverständnis und Widerspruch. Bleicher selbst ist allerdings viel zu spontan und unberechenbar, um sich ständig an diese Maxime zu halten. Erfolge und Mißerfolge, das hämmert er den Bezirkssekretären und den IG-Metall-Geschäftsführern ein, hängen vom »subjektiven Faktor« ab, von der Führung der Arbeiterklasse, vor allem von den Spitzenfunktionären der IG Metall.
Bleichers Vertrauen zu den Arbeitern und deren Spontaneität ist gering. Ohne ein straff organisiertes »Offizierscorps« an ihrer Spitze könne der Gegner nicht bezwungen werden. Und Bleicher selbst will dabei gern den General spielen. Einschränkungen seiner Kompetenzen und seiner Macht lehnt er deswegen kategorisch ab. Als in Ludwigsburg, Göppingen und anderswo die Wahl des Bezirksleiters gefordert wird, tobt derselbe. Während er in Ludwigsburg einen entsprechenden Antrag für den Gewerkschaftstag noch verhindern kann, berichtet August Zimmermann, »ist er in Göppingen voll durchgefallen«.
Bleicher kennt die Strukturen der IG Metall. Demokratische Willensbildung und Mehrheitsentscheidungen sind formal vorgeschrieben, doch tatsächlich wird Politik oft über Absprachen gemacht; gegenseitige Abhängigkeiten sind meist ausschlaggebend. Bleicher weiß, daß er ohne die Betriebsratsvorsitzenden von Daimler und Bosch keine Streiks führen kann, also läßt er sie in anderen Fragen an der langen Leine, obwohl er intern über die Kollegen fürchterlich flucht. (»Die sind doch alle mit Daimler verheiratet.«) Die Betriebsräte der Großbetriebe wiederum haben ihre Ämter nicht zuletzt der IG Metall zu verdanken. Auch sie legen sich deshalb nur im äußersten Fall mit Willi Bleicher an. Das Beziehungsgeflecht setzt sich in den Verwaltungsstellen fort.

»Bleicher ist in Göppingen durchgefallen«: August Zimmermann

Selbst bei Gewerkschaftstagen entscheiden die Delegierten aus Baden-Württemberg häufig entsprechend den Vorgaben Willi Bleichers. Er verlangt, wie alle »Bezirksfürsten«, einen geschlossenen Auftritt »seiner Spitzenfunktionäre«, was ihm meistens auch gelingt. Viele von ihnen interessieren sich zumindest für die Fragen wenig, die ihre Arbeit im Betrieb nicht berühren. So stimmen biedere Sozialdemokraten ohne mit der Wimper zu zucken für radikale oder vermeintlich radikale Bleicher-Positionen.
IG-Metall-Chef Otto Brenner kann in den wichtigsten Fragen auf die Südwest-Metaller zählen, gerade bei Personalentscheidungen. Brenner und Bleicher machen Eugen Loderer 1968 zum IG-Metall-

Bleicher war ein »Königsmacher«: Vorsitzender Loderer (links), Stellvertreter und Nachfolger Mayr (rechts)

Vize und damit fast automatisch zu Brenners Nachfolger. Bleicher: »Da habe ich den Eugen nach Frankfurt geschickt.« Bleicher lobt seinen Zögling in der entscheidenden Vorstandssitzung über alles, ist dann aber immer wieder enttäuscht, denn »sein Eugen« hat jetzt einen neuen Herrn. Beiden, Brenner und Bleicher, kann er es nicht recht machen. Er sitzt zwischen zwei Stühlen.

Als Loderer nach dem überraschenden Tod Brenners 1972 zum Ersten Vorsitzenden gewählt werden soll, unterstützt ihn wieder sein Freund aus Stuttgart. Bleicher entscheidet erneut über den Stellvertreter und späteren Loderer-Nachfolger. Er spricht sich vehement gegen den Gewerkschaftslinken Georg Benz aus, der bei der Wahl dem Vorstandskandidaten Mayr knapp unterliegt. Natürlich ist Bleicher dann auch mit Mayrs Arbeit nicht zufrieden, aber es gibt niemanden, den er nicht kritisiert hätte. Das wird Franz Steinkühler genauso ergehen, wenn er dereinst die Bezirksleitung übernehmen wird. Der Meister wird dem Zögling vorwerfen, er habe kein Herz, und ihn zum »Tarifhandwerker« abstempeln.

Während Bleicher im Stuttgarter Gewerkschaftshaus anfangs noch seinen Bürokittel trägt, wird er als Rentner etwas legerer auftreten, zumindest ohne Krawatte. In seiner Bezirksleiterzeit bevorzugt er graue Anzüge und trägt täglich Schlips. Er legt großen Wert auf korrekte Kleidung.
Auch die Gewerkschaftsangestellten und die IGM-Bevollmächtigten müssen sich seiner Kleiderordnung beugen. Sandalen sind selbst in den heißesten Sommerwochen nicht erlaubt. »Wir repräsentieren die Kollegen«, erklärt Bleicher, »und unsere Kollegen sind konservativ bis auf die Knochen. Da können wir nicht rumlaufen, als wären wir in Ferien.« Auch modischen Schnickschnack verbietet der Bezirksleiter seinen Untergebenen. Als Sakkos in den sechziger Jahren hinten einen langen Schlitz bekommen, spricht er nur vom »Furzverteilerschlitzle«. Die neue Bartmode der Männer findet er schrecklich. »Der Seemann soll sich mal wieder rasieren«, schimpft er. Selbst die Schminke seiner Sekretärin paßt ihm nicht. Als er den damaligen Bevollmächtigten von Singen mit »abgeschnittenen Handschuhen« (Autohandschuhen) und Sonnenbrille »erwischt«, gibt es Krach mit dem »Playboy«. »Du eingebildeter Fatzke, was glaubst denn du, wenn du so vor den Aluminiumwerken vorfährst, dann bekommst du nie neue Mitglieder. Und wer hat dir überhaupt den Mercedes genehmigt? Du bist ja zu schade für einen Volkswagen!«

Bei Tarifauseinandersetzungen lebt Bleicher auf. Da kann er zwölf Stunden und mehr arbeiten. In ruhigeren Zeiten hält er sich nach Büroschluß gern zu Hause auf. Er liest Zeitung und schaltet das Radio und später den Fernsehapparat ein, wenn politische Sendungen kommen. Gern geht er mit Frau und Kindern in den Weinbergen spazieren; das Ziel ist häufig das Naturfreundehaus auf dem nahen Kappelberg. Am Sonntag besucht er häufig Schwester Maria, die er sehr schätzt, und den kranken Vater in Luginsland. Wie es in jeder echten Schwaben-Familie üblich ist, schafft Bleicher am Samstag im Haus oder im Garten. Er mäht den Rasen und streicht den Gartenzaun. »Alles mußte sauber und schön gepflegt sein«, berichtet Anneliese Bleicher, die »das Kommando« in dem Häuschen im Sommerrain hat.
Willi Bleicher hat als Bezirksleiter sehr gut verdient, doch er wäre auch mit weniger ausgekommen.

Geld interessiert ihn persönlich wenig. Da er ein schlechter Rechner ist, könnte er nie eine Kasse verwalten. Zu Hause übernimmt dies seine Frau Anneliese. Aber bei den Kassierern der Gewerkschaft duldet der Bezirksleiter nicht den mindesten Fehler. Als in der Kasse von Walter Kuhn im Ulmer IG-Metall-Büro 612 Mark fehlen, veranlaßt Bleicher die Ortsverwaltung, dem Kassier fristlos zu kündigen. Der Betroffene kann zu den Vorwürfen nicht einmal Stellung nehmen. Er sieht seine Laufbahn bei der IG Metall für beendet an und sucht einen neuen Job. Schon vier Monate nach dem Bannstrahl aus Stuttgart ernennt Bleicher Walter Kuhn zum »Beauftragten des Bezirksleiters« und schickt ihn zurück nach Ulm, wo nach dem Tod des Zweiten Bevollmächtigten eine Lücke entstanden ist. Das Geld ist inzwischen in einem Schrank wieder gefunden worden. Kuhn ist heute Erster Bevollmächtigter in Göppingen.

Beim Geld versteht Willi Bleicher keinen Spaß. Da schießt er lieber übers Ziel hinaus. Kuhn ist nicht der einzige, der fliegt. Schon kleine Fehler bei Spesenabrechnungen führen im Wiederholungsfall zur fristlosen Kündigung. »In einem Fall ging es gerade um acht Mark«, erinnert sich Ernst Eisenmann. Ein anderes Mal habe der Betroffene vergessen, sich vom Wirt einen Beleg für »Rote Würste« ausstellen zu lassen und die Quittung eigenhändig ausgefüllt.
Bleicher selbst läßt sich nicht lumpen. Nach Vertreterversammlungen spendiert er gelegentlich eine Flasche Wein, »wenn wir noch gemütlich beisammen saßen«, berichtet Eisenmann. »Da hat er sich keine Rechnung geben lassen, das war unter seiner Würde«. Nobelrestaurants kann er nicht leiden. Er ist kein Genießer, bevorzugt Schwartenmagen und Leberkäs. Und wer wissen will, warum er das Zeug so in sich reinschlingt, kann einen der wenigen Hinweise auf seine Vergangenheit bekommen: »Weißt du, Büble, ich sag dir, warum ich so fresse: Das Überleben im Konzentrationslager war manchmal davon abhängig, daß man schnell gegessen hat, um an den Nachschlag heranzukommen.«

Als junger Mann hat Bleicher Bier, Schnaps und Wein verpönt, das gehörte zur Tradition der Linken in der Zeit der Weimarer Republik. Sie hatte dem unter der Arbeiterschaft verbreiteten Alkoholismus den Kampf angesagt. Noch in den ersten Nachkriegsjahren hält sich Bleicher daran. Seiner Stuttgarter Jugendgruppe verbietet er jeden Alkoholkonsum. Als er die Jungen in der Kellerschenke beim Bier erwischt, dreht er durch.
Spätestens in Göppingen »ist er auf den Geschmack gekommen«. Er kann schon vormittags ein »Viertele« trinken. In den sechziger Jahren vergeht keine DGB-Vorstandssitzung ohne den entsprechenden Bierkonsum. Bleicher wird bekannt dafür, daß er gelegentlich über den Durst trinkt. Doch Stammtische mag er nicht.

Willi Bleicher hat einen Grundsatz, und den predigt er auch seinen Funktionären: Ein Gewerk-

Alles mußte sauber sein: Samstags schafft Bleicher im Haus oder im Garten

Die Bezirksleitung feiert: Imdahl (ganz rechts), Willi Bleicher (dritter von rechts), Steinkühler (stehend), links daneben Margot Maier und Fahrer Kurt Weiß

schafter muß sich im Privatleben so verhalten, daß er von den Arbeitern, und zwar auch von den konservativen, akzeptiert wird; er darf alles tun und lassen, was Lohnabhängige tun und lassen könnten. Ein übermäßiger Bierkonsum ist so lange zulässig, wie er die Gewerkschaftsarbeit nicht behindert.

Bleicher bevorzugte Schwartenmagen und Leberkäse. Ernst Eisenmann

Bleichers Maxime gilt auch für das Verhältnis zu Frauen. Er will nicht dulden, daß Gewerkschaftsfunktionäre fremdgehen, auf keinen Fall toleriert er Affären zwischen Funktionären und Sekretärinnen in den IG-Metall-Büros. Auch Arbeiter könnten schließlich nicht die Sekretärin ihres Chefs verführen. Wenn Bleicher einen Funktionär erwischt, der ein Verhältnis zu einer IG-Metall-Angestellten hat oder mit einer anderen Frau fremdgeht, schlägt er Alarm. Das kann soweit gehen, daß er Nachforschungen anstellen läßt. Die Gespräche mit den Betroffenen gleichen einem Verhör. Tränen fließen. Bleicher bearbeitet die Kollegen so lange, bis sie sich von der Geliebten trennen. Gegebenenfalls kommt es zu »personellen Maßnahmen«.
Nur wenige widersprechen ihm. Karl Schwab, der Stuttgarter Bevollmächtigte und spätere DGB-Landesvorsitzende, wirft Bleicher eine »Pseudomoral« vor. »Ich möchte bloß wissen, wie unsere Partei auf die Idee der freien Liebe gekommen ist«, fragt Schwab, der einst wie Bleicher KPD-Mitglied war. Auch als Schwab sich scheiden lassen will, mischt sich der Bezirksleiter massiv ein.
Besonders sauer ist so mancher Kollege, als Bleicher sich selbst nicht mehr an seine ehernen Grundsätze hält, was selbstverständlich geheim bleibt. »Auch bei einem Willi Bleicher menschelt es eben«, heißt es. Doch man findet noch weitere Erklärungen. »Der Willi« sei in seinen besten Jahren im Gefängnis und im KZ gewesen; vielleicht müsse er etwas nachholen. Offenkundig hatte er die Trennung von seiner ersten großen Liebe nie vergessen können. Auch darüber spricht er – ganz selten allerdings und nur mit wenigen Vertrauten. Er saß in Buchenwald, als ihm die damalige Freundin ihren Entschluß mitgeteilt hatte.

Die lange Leidensgeschichte in der Nazi-Zeit ist zumindest eine Erklärung für die Duldsamkeit der IG-Metall-Funktionäre aus Bleichers Umgebung. Ernst Eisenmann, der unter seiner ungerechter Art gelitten hatte, verweist auf ein Buch über Menschen im KZ, das er damals gelesen hat. »Diese Leute mußten um sich herum einen Schutzwall bauen, um dann um so unbarmherziger und unnachgiebiger zu sein, damit sie sich und andere nicht in Gefahr brachten.« Unter diesem Gesichtspunkt habe er »manches bei Bleicher, was absolut irrational war«, zu verstehen versucht.

Eisenmann erinnert sich noch genau an die Prügelszene in dem DEFA-Film »Nackt unter Wölfen«. »Da wird Bleicher über den Bock gespannt und geschlagen; dann drücken sie auf seiner nackten Haut eine Zigarre aus. Bei dieser Prügelszene kann ja eine Minute unendlich sein; also mir ist beinahe übel geworden.«
Nach der Filmvorführung will Eisenmann von Bleicher wissen, ob die Darstellung nicht etwas übertrieben sei: »Das hält ein Mensch doch schier nicht aus.«
»Hast du eine Ahnung«, habe Bleicher geantwortet. »Da ist um einiges mehr geprügelt worden. Die meisten haben allerdings nicht durchgehalten.« Eisenmann hat das lange beschäftigt. »Ich habe mich gefragt, welches Naturell ein Mensch haben muß, der sich lieber tot oder ohnmächtig schlagen läßt, bevor er etwas preisgibt.«

Das Verständnis für Bleichers Ausbrüche, für sein ungerechtes Verhalten, hat allerdings eine Kehrseite. Kaum jemand bemerkt, daß sich die extrem autoritären Strukturen in der südwestdeutschen IG-Metall-Spitze nach unten weiterpflanzen. Zumindest einige Sekretäre wetteifern geradezu darin, den Kommissar zu spielen. Auch sie gehen in örtliche Gewerkschaftsbüros und kontrollieren Schreibtische und Schränke. Was sie unter ihrem Chef Willi Bleicher einstecken müssen, geben sie an Ortsbevollmächtigte oder andere Funktionäre weiter.
Das ist nichts besonderes in den Jahren vor 1968, in der Zeit vor der sogenannten antiautoritären

Studentenbewegung. Auch in anderen Gewerkschaften und Parteien herrschen hierarchische Verhältnisse. Doch was der Stuttgarter Bezirksleiter der IG Metall mit seinen »Offizieren und Unteroffizieren« in Baden-Württemberg gelegentlich aufführt, übertrifft das gewohnte Maß. Selbst Bleicher pfeift die Sekretäre deshalb manchmal zurück. Ältere und mit Willi Bleicher befreundete Bevollmächtigte lassen sich »die Lausbubereien« nicht so ohne weiteres bieten, berichtet August Zimmermann, der langjährige Göppinger Bevollmächtigte. Doch derer gibt es wenige.

Für die rebellische Jugend Ende der sechziger Jahre hat Willi Bleicher weder Verständnis noch Sympathie. Obwohl die Studenten, Schüler, Lehrlinge und Jungarbeiter mit Marx-, Engels- oder Lenin-Porträts durch die Straßen der Großstädte marschieren, tut er sie als »Bönzchen« ab. Dabei zählen die drei »Eisheiligen« der »revolutionären Linken« nach wie vor zu den Vorbildern des Stuttgarter Bezirksleiters.

Als Willi Bleicher mit Otto Brenner und Eugen Loderer die internationale Automobilarbeiterkonferenz in London besucht, bemerkt Loderer am zweiten Tag plötzlich Bleichers miese Laune. Der Stuttgarter schaut dem damaligen IG-Metall-Vize verächtlich in die Augen.
»Was ist, hab ich dir was getan?«
»Du bist das gleiche Arschloch wie der Brenner«, schimpft Willi Bleicher, »du weißt ja gar nicht, wo der Marx begraben ist.«
»Doch, hier in London«, erwidert Loderer, er habe Otto Brenner bereits gesagt, »daß sicher ein paar Kollegen oder Genossen das Grab besuchen wollen«.
Bleicher: »Genau, darauf kommt es an; jetzt sitzen wir hier in London rum, und der Größte aller Deutschen, der bedeutendste Mann, den die deutsche Geschichte je hervorgebracht hat, der liegt hier begraben. Scheiß auf die Automobilindustrie, die interessiert mich gar nicht, das läuft doch in Deutschland ganz gut.«

Loderer versucht, seinen früheren Chef zu beschwichtigen. Er spricht mit Otto Brenner. Als Bleicher erfährt, daß der Vorsitzende angeblich schon zweimal das Marx-Grab besucht habe, »ist er aus dem Häusle«: »Hab ich mir doch gleich gedacht, wie konnte ich nur zweifeln«, sagt er. Noch am selben Abend soll Bleichers Traum in Erfüllung gehen. Andächtig steht der Stuttgarter Arbeiterführer vor dem Grab mit der überdimensionalen Büste. »Daß er nicht auf die Knie gesunken ist, das war alles«, berichtet Loderer.

»Daß er nicht auf die Knie gesunken ist, war alles«: Bleicher vor dem Marx-Grab in London. Rechts Anneliese Bleicher

Ähnlich verehrt Bleicher Lenin. Als er einmal auf Einladung der sowjetischen Gewerkschaften Moskau besucht, will er unbedingt das Mausoleum mit dem einbalsamierten Führer der Oktoberrevolution sehen. Als er vor der Leiche steht, »ist er ganz ergriffen«, erinnert sich Anneliese Bleicher: »Der Lenin war für ihn eine Vaterfigur.« Nach der Rückkehr erzählt der Arbeiterführer in Stuttgart, jetzt habe er »sein Mekka« besucht.

Für Willi Bleicher ein »Verräter«: Ernst Haar hat den Notstandsgesetzen zugestimmt

Ende der sechziger Jahre hat Bleicher Schwierigkeiten mit den jungen Anhängern von Marx und Lenin, die im Gegensatz zu ihm nie Armut oder Hunger erlebt haben. Er will nicht mit Langhaarigen diskutieren, auch wenn es Jugendfunktionäre der IG Metall sind. Wenn ein junger Kollege bei Versammlungen linke Thesen vertritt, macht Bleicher ihn lächerlich. Walter Riester, 1970 bis 1977 Jugendsekretär beim DGB in Baden-Württemberg, hat den Bezirksleiter erlebt: »Der Willi sah trotz aller Enttäuschungen nur in der Arbeiterschaft ein entsprechendes Widerstandspotential gegen das System. Und dann hat er erlebt, daß sich der Widerstand an den Universitäten entwickelt hat. Und zwar in einer Weise, die ihm völlig fremd war.« Er habe sich mit den gewerkschaftskritischen Positionen der damaligen Jugend »nicht sehr sensibel auseinandergesetzt«.
Dabei war der Stuttgarter Bezirksleiter in den sechziger Jahren, wie die rebellischen Studenten, ein leidenschaftlicher Gegner der Notstandsgesetze. Als bei einer Veranstaltung im Stuttgarter Gewerkschaftshaus der damalige SPD-Abgeordnete Helmut Schmidt die positive Haltung seiner Partei zur Notstandsgesetzgebung erklärt, meldet sich Bleicher als erster zu Wort, um dem späteren Kanzler Kontra zu geben. Bleicher sieht die »Demokratie und die Rechtsstaatlichkeit« in Gefahr. »Wehret den Anfängen«, ruft er. Mit sozialdemokratischen Gewerkschaftsfunktionären wie dem Eisenbahner Ernst Haar geht Bleicher scharf ins Gericht. Für ihn sind sie Verräter, weil sie die Notstandsgesetze in der dann abgeschwächten Form befürworten.
Bei aller Kritik an Sozialdemokraten und der DGB-Führung warnt der Stuttgarter Bezirksleiter schon frühzeitig vor einem politischen Streik, berichtet Eugen Loderer. IG-Metall-Vize Alois Wöhrle und Vorstandsmitglied Georg Benz setzen dagegen auf einen radikaleren Kurs und bis zuletzt auf die Zusammenarbeit mit den Studenten und dem Anti-Notstandskomitee. Zwischen Benz und dem Stuttgarter Bezirksleiter kommt es »manchmal zu knallharten Auseinandersetzungen«, berichtet der damalige Vorständler: »Ich kam ihm wegen meiner Sympathien mit der Studentenbewegung etwas ungeheuer vor.«
Bei der Vorstandssitzung der IG Metall kurz vor der entscheidenden Abstimmung in Bonn im Mai 1968 geht es nicht mehr um den von Studenten und Professoren geforderten politischen Streik. Bleicher kann sich in diesen Tagen auch keine anderen Aktivitäten vorstellen. »Es ist falsch«, sagt er, »von unserem Bewußtsein auf die Einstellung der Masse der Mitglieder zu schließen.« Er warnt vor »falschen Vorstellungen über eine Aktionseinheit von Studenten und Arbeitern«. Es würde den Gegnern nur nützen, wenn »wir durch unpopuläre Aktionen in ein offenes Messer rennen«. Zuletzt sehen die Gewerkschaften nur noch die Möglichkeit, einen Mißbrauch der Notstandsgesetze gegebenenfalls mit Streik zu beantworten.

Innerhalb der Gewerkschaften spitzen sich die Auseinandersetzungen zwischen Jung und Alt Ende der sechziger und in der ersten Hälfte der siebziger Jahre zu. Der Apparat reagiert mit einer Welle von Ausschlußverfahren. Nicht gewerkschaftsschädigendes Verhalten ist der Grund dafür, sondern die Zugehörigkeit zu einer radikalen Gruppierung. Auch Bleicher plädiert für den entsprechenden Unvereinbarkeitsbeschluß. Für ihn sind die Marxisten-Leninisten, die Maoisten und die Trotzkisten schlichtweg »Spintisierer«. Im Ausnahmefall allerdings kann er den Ausschluß eines Maoisten verhindern, dessen gewerkschaftliche Arbeit er schätzt.
Bleichers Verhältnis zu Alt-Linken wie dem Chefredakteur der Metallzeitung, Jakob Moneta, ändert sich damit freilich nicht. Moneta, der wie Bleicher schon vor dem »Dritten Reich« politisch aktiv war, macht dem schwäbischen Ar-

beiterführer während der Tarifauseinandersetzungen 1963, 1967 und 1971 die regionalen Metall- beziehungsweise die Streik-Nachrichten. Bleicher schätzt ihn, obwohl er weiß, daß Moneta zu den führenden Trotzkisten (Gruppe Internationaler Marxisten, GIM) zählt. Mit den Ausschlüssen von jungen »Radikalinskis« hat Bleicher dagegen keine Probleme. Er sieht darin auch keinen Widerspruch zur vielgepriesenen Einheitsgewerkschaft.
Ein jahrelanger Kampf beschäftigt den Gewerkschaftsapparat und die aufmüpfige Jugend. Gesellschaftliche Entwicklungen wie die zunehmende Zerstörung der Umwelt oder die Verschärfung des Nord-Süd-Konflikts verschlafen beide, auch wenn die Jugend diese Themen später aufgreift.
Der frühere DGB-Jugendsekretär Walter Riester erinnert sich ungern an diese Zeit: »Damals sind viele, viele Jugendgruppen kaputtgegangen, da es das Leitmotiv einiger Jugendfunktionäre war, jetzt gegen den Apparat zu marschieren.« Dies sei ein sehr schmerzlicher Prozeß gewesen, der in dieser Form heute nicht mehr denkbar wäre, denn die entsprechenden Gruppen seien bedeutungslos oder ganz verschwunden und »die IG Metall würde mit solchen Konflikten wesentlich offensiver umgehen auch viel demokratischer«.

Er schätzt den Alt-Linken: »Metall«-Chefredakteur Moneta zwischen dem Bezirksleiter und seinem Tarifsekretär

Mehr innergewerkschaftliche Demokratie fordern seit Mitte der sechziger Jahre einige Untertürkheimer Daimler-Arbeiter um den IG-Metall-Vertrauensmann Willi Hoss. Der Schweißer ist Mitglied der illegalen KPD und tritt 1968 ihrer (legalen) Nachfolgeorganisation bei, der DKP. Hoss und Bleicher lernen sich schon Anfang der sechziger Jahre kennen. Die Parteimitgliedschaft interessiert den Bezirksleiter nicht. Bleicher erlebt Willi Hoss bei Betriebsversammlungen; die Arbeit des jungen Kollegen gefällt ihm: »Ein mutiger Mann, der das Herz auf dem rechten Fleck hat.«
Eines Tages, so Willi Hoss, schlägt er ihm vor, eine Stelle bei der IG Metall anzunehmen. Hoss lehnt ab, er will weiter im Betrieb Politik machen. Doch die Betriebsräte um ihren Vorsitzenden Karl Hauff lassen den Schweißer nicht zum Zuge kommen. Der SPD-Landtagsabgeordnete will das Gremium kommunistenfrei halten. Die Hoss-Gruppe formuliert ihre Kritik an der sozialpartnerschaftlichen Politik des Betriebsrats nun offen in der Zeitung »Plakat«. Bereits 1968 endet ein Untersuchungsverfahren gegen die aufmüpfigen Kollegen mit einer Rüge. Dennoch wählt die Vertreterversammlung der IG Metall in Stuttgart Willi Hoss gegen den Willen der Ortsverwaltung zum Delegierten für den bevorstehenden Gewerkschaftstag in München.
Die Auseinandersetzung spitzt sich zu, als Willi Hoss, Hermann Mühleisen und Mario D'Andrea zu den Betriebsratswahlen 1972 eine eigene Liste einreichen. Die Sensation ist perfekt: Die drei bekommen fast 28 Prozent der Stimmen. Die IG Metall wirft ihnen Disziplinbruch und eine Verstoß gegen die Satzung vor. In einem Untersuchungsverfahren wird schließlich der Ausschluß empfohlen. Willi Bleicher und Franz Steinkühler wollen vermitteln. »Daß man nach außen einheitlich auftritt, ist das primitivste Gesetz des demokratischen Zentralismus«, erklärt Bleicher dem abtrünnigen Betriebsrat bei einem dreistündigen Gespräch

im Stuttgarter Gewerkschaftshaus. »Ich hab mich auch oft über Beschlüsse geärgert, aber ich hab die Hände an die Hosennaht gelegt und darauf gewartet, bei nächster Gelegenheit einen anderen Beschluß durchzusetzen.« Bleicher prophezeit den oppositionellen Betriebsräten, daß sie außerhalb der IG Metall untergehen würden. Er erwartet von der Hoss-Gruppe, daß sie ihr Verhalten öffentlich bedauert und künftig alle Beschlüsse des Betriebsrats und der Organe der IG Metall anerkennt.

Willi Hoss und seine Kollegen lehnen die »goldene Brücke« kurz darauf schriftlich ab. Drei Tage vor seinem fünfundsechzigsten Geburtstag diktiert Bezirksleiter Bleicher seinen letzten Brief – an Willi Hoss: »Anstelle der Einsicht in Dein fehlerhaftes, undemokratisches, gewerkschaftsschädigendes Verhalten entnehmen wir Deinem Brief ein Beharren auf Deiner bisherigen Position, die zwangsläufig weg von der IG Metall führt. Du hast unsere Bemühungen, Dich zum zweiten Mal der Organisation zu erhalten, leider ignoriert, bewußt mißachtet, Deinen Ausschluß geradezu provoziert.« Der Bezirksleiter empfiehlt dem Vorstand, Hoss auszuschließen. Seine letzte Amtshandlung.

Der später grüne Bundestagsabgeordnete Willi Hoss hat 1972 mit der DKP bereits gebrochen. Seine kommunistischen Ideale wird er erst mit der Zeit ablegen. Willi Bleicher hingegen bleibt diesen Idealen bis zu seinem Lebensende treu. »Er ist in seinem Herzen immer Kommunist geblieben«, urteilt Franz Steinkühler. Aber er habe sich nicht einfach von Ostberlin oder Moskau vereinnahmen lassen.

Wenn Bleicher etwas stinkt, sagt er seine Meinung, auch gegenüber den früheren Genossen in Ost und West. Auch öffentlich greift er die Herrschenden in der DDR an, zum Beispiel in Stuttgart bei einer IG-Metall-Versammlung nach dem Mauerbau in Berlin, den er scharf verurteilt. Beim Jugendtag in Pforzheim wirft er den früheren Genossen in Stasi-Deutschland einen Mißbrauch der roten Fahne

»Das primitivste Gesetz des demokratischen Zentralismus verletzt«: Die Metall-Rebellen Vincenzo Calabro, Willi Hoss, Mario D'Andrea (von links)

vor, die nun »auf den Zwingburgen Walter Ulbrichts« wehten. Sie sei einstmals »das Symbol der Freiheit, der Brüderlichkeit und der sozialen Gerechtigkeit« gewesen, zitiert die Lokalpresse den Bezirksleiter. Sie stünde jetzt für ein »unmenschliches totalitäres Regime«, sagt Bleicher vor 8000 Zuhörern. Er spricht von der versuchten Gleichschaltung der Meinungen und verwendet damit einen Begriff, mit dem sonst die Politik der Nazis gekennzeichnet wird.

Anfang der sechziger Jahre war Bleichers Distanz zu den osteuropäischen Diktaturen vermutlich am weitesten entwickelt. Das hinderte ihn nicht daran, den Kontakt zu den früheren Buchenwald-Kameraden – zum Teil führende Parteifunktionäre – weiterhin zu pflegen und die regelmäßigen Feiern auf dem Ettersberg zu besuchen. Dabei bekommt Bleicher einmal selbst eine kleine Kostprobe der Stasi-Methoden. Da er und Eugen Ochs bei der Fahrt nach Buchenwald eine Autopanne hatten und die vorgeschriebene Route verlassen müssen, werden sie stundenlang von der Polizei festgehalten. Man verweigert ihnen zunächst sogar zu telefonieren. Bleicher tobt. Zu spät. Die beiden Buchenwald-Kameraden verpassen die Gedenkfeier.
Mehrmals hatte Bleicher in den schlimmsten Zeiten des »Kalten Krieges« für ausgewählte Kollegen Reisen nach Buchenwald organisiert. Er fährt mit ihnen nach Auschwitz, Mauthausen, in die Tschechoslowakei und nach Ungarn, wo er den damaligen Parlamentspräsidenten – ebenfalls ein Buchenwald-Häftling – kennt.

Bei Betriebsbesuchen in den sogenannten realsozialistischen Ländern schimpft Bleicher über den Schlendrian und die geringe Arbeitsdisziplin. »Der Betrieb ist kein Erholungsheim«, schnauzt er 1966 den Betriebsrat einer Fahrradfabrik in Budapest an. Als sich ein Arbeiter über das teure Fleisch beklagt, antwortet Bleicher: »Wenn du Fleisch essen willst, mußt du mehr arbeiten.« Fragen nach politischen Gefangenen bleiben nach Angaben der Reiseteilnehmer tabu. Bleicher unterstreicht inzwischen wieder bei allen Schwächen die Errungenschaften in den osteuropäischen Ländern. Er glaubt, daß die Verhältnisse sich bessern werden; er sieht eine gute Ausgangsbasis dafür, denn die Kapitalisten seien hier bereits enteignet worden, »die Macht haben wir«.
Dennoch rät der Stuttgarter Bezirksleiter auch in seinen letzten Amtsjahren kommunistisch orientierten Gewerkschaftsangestellten zur Vorsicht. Als der Reutlinger Bevollmächtigte Helmut Buck ihm mitteilt, daß er der DKP beitreten wolle, sagt Bleicher: »Du bekommst Schwierigkeiten, überlege dir das nicht nur einmal, sondern zehnmal.« Buck tritt dennoch bei – heimlich. Willi Bleicher vereinbart mit Buck und dem damaligen Vorsitzenden der DKP in Baden-Württemberg, Hugo Machelett, daß die Mitgliedschaft vertraulich behandelt wird, so berichten Buck und Machelett heute. Tatsächlich bleibt das DKP-Engagement des Bevollmächtigten viele Jahre lang auch bei den Spitzenfunktionären der IG Metall unbekannt. Dasselbe gilt für den Zweiten Bevollmächtigten der IG Metall Waiblingen, Günter Rauer.
Nach seiner Pensionierung bekennt sich Willi Bleicher offener zu seiner kommunistischen Überzeugung. Für ihn ist jetzt wieder die Sowjetunion der Hort der Revolution. Alt-Kommunist Emil Carlebach frohlockt, denn der einst Abtrünnige sei inzwischen »scharfsinnig genug« geworden, »in der Sowjetunion nicht in erster Linie Mängel und Unvollkommenheiten zu suchen.« Carlebach: »Die Frage der Staatsmacht sah er dort beantwortet: Die Werktätigen beherrschen Staat und Wirtschaft. Das war für den Arbeiterfunktionär Bleicher das Entscheidende. Alle sonstigen Fragen hatten dahinter zurückzutreten.«
Tatsächlich äußert sich Willi Bleicher Mitte und Ende der siebziger Jahre sehr positiv über die Sowjetunion. Er hält »den Stalinismus für historisch notwendig, Auswüchse hin, Auswüchse her.« Bleicher: »Die Geschichte fragt in 50 Jahren nicht mehr danach, da zählen nur noch Fakten.« Seit dem Zusammenbruch der osteuropäischen Regime heißt es bei früheren Bleicher-Freunden deshalb nur noch: »Gut, daß der Willi das nicht mehr erleben muß.«

Ratschläge für Ungarn: »Wenn du Fleisch essen willst, mußt du mehr arbeiten«

Bleichers letzter Kampf und seine Ausstrahlung auf junge Gewerkschafter

Und wenn die Welt voll Teufel wär, wir werden's doch erzwingen

Die Arbeitsteilung zwischen Willi Bleicher und Franz Steinkühler in der Stuttgarter Bezirksleitung der IG Metall ist perfekt. Bei den Tarifauseinandersetzungen gibt der Bezirksleiter die politische Richtung an, Steinkühler ist für die Feinheiten zuständig. Für die Stellen hinter dem Komma – Bleicher steht mit Zahlen auf dem Kriegsfuß – oder für tarifliche Regelungen der Arbeitsbewertung, die Steinkühler, ein Refa-Mann mit Meister-Brief, bestens kennt. Er war zuletzt für kurze Zeit bei einer Göppinger Firma Zeitnehmer und bei einem Unternehmen in Plochingen Leiter der Arbeitsvorbereitung. Er kennt die neuen Methoden der Arbeitsbewertung, Kenntnisse, die seinem Chef fehlen.

Für die Verhandlungen über den »Rahmentarifvertrag 1« sind sie unverzichtbar. In Baden-Württemberg wird fast überall die komplizierte analytische Arbeitsbewertung eingeführt. Paritätische Kommissionen, in denen Vertreter der Arbeiter und der Geschäftsleitung sitzen, bestimmen jetzt laut »Rahmentarif« über die Einstufung der Arbeit in die entsprechende Lohngruppe und damit die Höhe des Lohns. Für dieses Verfahren, das in der IG Metall zunächst umstritten ist, setzt sich Willi Bleichers Tarifexperte Steinkühler ein. In mühsamer Kleinarbeit führt die IG Metall dann die Betriebsräte in die Methoden der Arbeitsbewertung ein. Franz Steinkühler, Ernst Eisenmann und andere ziehen »fast wie Wanderprediger« von einem Seminar zum anderen. Willi Bleicher hat dafür nicht viel Verständnis, obwohl damit das Lohnniveau in zahlreichen Betrieben erheblich erhöht werden kann. Dem Bezirksleiter wären einfachere Verfahren der Arbeitsbewertung lieber gewesen, Verfahren, die jeder Arbeiter selbst nachvollziehen kann.

Zwar gibt es gelegentlich Streit mit Otto Brenner, der von seinem Stuttgarter Bezirksleiter bei Tarifverhandlungen »mehr Sitzfleisch« verlangt. Aber selbst wenn Bleicher es anders darstellt, ohne oder gar gegen den Vorstand kann auch er keine Tarifpolitik machen. Seit 1963 betreut Hans Mayr, sein Freund aus Göppinger Zeiten, diesen Bereich im Frankfurter Vorstand. Die beiden verstehen sich, Meinungsverschiedenheiten eingeschlossen. Mayr denke politisch viel zu oberflächlich und sei faul, schimpft der Bezirksleiter, wenn ihm wieder einmal etwas nicht paßt. Aber dann verträgt man sich auch wieder.

Wie kein anderer kann Willi Bleicher seine Kontrahenten bei Tarifverhandlungen beleidigen. »Er beschimpfte uns nach allen Regeln der Kunst«, berichtet Rainhard Blasig, der Hauptgeschäftsführer des Verbandes der Metallindustriellen in Baden-Württemberg. »Ihr gehört alle auf den Müllhaufen der Geschichte«, schreit er die Bosse an. Sie akzeptieren es. Auch Hannsmartin Schleyer. Als einmal ein Vertreter des Verban-

des über Bleichers Wutausbrüche nur leise vor sich hin lacht, unterbricht der IG-Metall-Chef und macht ihn vor allen zur Schnecke. Erst nach einer offiziellen Entschuldigung kann die Verhandlung fortgesetzt werden.
Unternehmervertreter, die zum ersten Mal an einer Verhandlung teilnehmen, sind entsetzt. »Das ist eben bei uns ein anderer Ton, an den müßt ihr euch gewöhnen«, versucht dann Rainhard Blasig zu beruhigen. Dabei hat Bleicher zu den Daimler-Managern Schleyer und Richard Osswald ein gutes Verhältnis. »Der Willi hat sich ausgezeichnet mit Schleyer verstanden«, berichtet Chefsekretärin Margot Maier. Bei seinem 60. Geburtstag überreicht Schleyer dem IGM-Bezirksleiter im Hotel Graf Zeppelin während der seit Jahren härtesten Tarifrunde Punkt null Uhr neben Blumen ein lebendiges Ferkel. Das »Glücksschwein« soll Bewegung in die festgefahrenen Verhandlungen bringen.

Schleyer und Bleicher treffen sich regelmäßig zum Vier-Augen-Gespräch, entweder bei Daimler oder im Gewerkschaftshaus. Schleyer kommt dann über die Tiefgarage und benutzt den Lastenaufzug, so daß ihn niemand sehen kann. Margot Maier muß Bier für den Gast bereitstellen und eine Schachtel »Simon Arzt«, Schleyers Zigarrenmarke. Dabei achtet Bleicher peinlich darauf, daß es auch die richtige »Simon Arzt« ist, »nicht die Virginia, sondern die Orient«. Er will die Form wahren. Der IG-Metall-Chef spricht Schleyer mit »Herr Doktor« an. Schleyer dagegen sagt nur Bleicher zu ihm.
Auch mit Richard Osswald trifft sich Willi Bleicher später zu Vier-Augen-Gesprächen. Eines Tages ruft der Metall-Chef Osswald in Untertürkheim an, um ihn »in einer ganz delikaten Angelegenheit« sprechen: »Aber nicht in meinem Büro und auch nicht in Ihrem.«

»Der Willi hat sich ausgezeichnet mit Schleyer verstanden«: Bleicher, Frankenberg, Schleyer (von links) bei Tarifverhandlungen

»Ja, wo machen wir es dann?« fragt Osswald.
»Im Café Kipp in Cannstatt, aber allein.« Doch dann erscheint Bleicher zusammen mit Eugen Loderer, erinnert sich Osswald, der deshalb empört ist. Antwort des Bezirksleiters: »Der Eugen wartet draußen, bis wir fertig sind.«
Bleicher hat es immer abgelehnt, Hannsmartin Schleyers Nazi-Vergangenheit im Arbeitskampf für sich auszuschlachten. Er wußte, daß der Daimler-Mann die SS-Mitgliedsnummer 227 014 hatte und daß er in den letzten Kriegsjahren als Leiter des Präsidialbüros des Zentralverbandes der Industrie für Böhmen und Mähren auch für die Bereitstellung von Arbeitskräften für Nazi-Deutschland zuständig war. Dem Chefredakteur der Metallzeitung, Jakob Moneta, erklärt Bleicher: »Die jungen Kollegen, die die Geschichte nicht kennen, müssen Schleyer nach dem beurteilen, was er heute macht. Das trägt zur Entwicklung ihres Bewußtseins viel mehr bei als seine Vergangenheit.«
Vielleicht will Bleicher auch eine Diskussion über seine eigene kommunistische Vergangenheit vermeiden. Hannsmartin Schleyer jedenfalls hatte sich entsprechend

munitioniert. Doch darüber sprechen die beiden bestenfalls unter vier Augen. Bleicher hat Schleyer schon Anfang der fünfziger Jahre kennengelernt: »Da kam er in den Vorstand der Daimler-Benz AG mit seinem bulligen Gesicht. Ich habe

Zum 60. Geburtstag ein lebendes Ferkel von Schleyer: Feierstunde mit Familie und Kollegen. Neben Willi Bleicher seine Frau und die Kinder sowie Eugen Ochs. Vorne Brenner und Wöhrle

ihn hart angegangen, ihm nie etwas geschenkt. Aber nichtsdestoweniger habe ich ihn immer akzeptiert beziehungsweise respektiert. Bei Verhandlungen wußte ich in jedem Fall, die ganze Verhandlungskommission wußte, wo sie mit ihm dran war. Wenn er nein sagte, wußte ich, es wird hart.«

»Der Otto Brenner hat bei allem immer viel Rücksicht verlangt auf die Partei«, berichtet Bleichers Sekretärin Margot Maier. »Da standen Wahlen vor der Tür, und es durfte absolut keine Unruhe geben.« Bleicher paßt die Abhängigkeit von der SPD nicht, aber er kann nicht viel dagegen machen. Er ist sauer auf Brenner und seine Leute in Frankfurt, die ihm die Tarifpolitik häufig aus den Händen nehmen. Immer wieder verhandelt der IGM-Vorstand mit der Spitze des »Gesamtverbandes der metallindustriellen Arbeitgeberverbände« (Gesamtmetall) zentral und schließt Tarifverträge ab. Dabei läßt sich Brenner seit der Rezession 1966/67 in die Wirtschaftspolitik von Karl Schiller (SPD) einbinden, der Gewerkschaften und Unternehmer über die »Konzertierte Aktion« auf seine Linie festlegt. Bleicher wettert ständig gegen diese Art von staatlicher Einmischung.

Anfang 1968 stimmt der IG-Metall-Vorstand, noch unter dem Eindruck der Rezession, bescheidenen Einkommenserhöhungen zu. Die Laufzeit der Vertrags beträgt 18 Monate. Die Konjunktur entwickelt sich 1969 günstig, die Gewinne und Preise steigen, nur der Arbeitsverdienst hinkt hinterher. Aber tarifpolitische Korrekturen sind erst wieder im Oktober 1969 möglich. Bei den zentralen Verhandlungen in diesem Jahr geht Bleicher zumindest teilweise auf Konfrontationskurs. Otto Brenner hat große Mühe, ihn vom Sinn eines tarifvertraglichen Schutzes der gewerkschaftlichen Vertrauensleute zu überzeugen, einer Forderung, die die IG Metall 1969 aufgestellt hatte. Bleicher weigert sich zeitweise sogar, mit den Unternehmern darüber zu verhandeln. Für ihn ist der Schutz der Vertrauensleute eine Frage des Kräfteverhältnisses im Betrieb.
Doch weit folgenschwerer ist der Streit um die Einkommensverbesserung 1969. Der Vorstand vergattert die Tarifbezirke bei einer Forderung von zwölf zu einem Abschluß von acht Prozent. Bleicher und die große Mehrheit der Tarifkommission in Baden-Württemberg lehnen den Kompromiß – die Erhöhung soll am 1. September in Kraft treten – als völlig unzureichend ab. Ernst Eisenmann, damals Sekretär in der Stuttgarter Bezirksleitung: »Doch da konnten wir nichts machen, denn letztendlich entscheidet der Vorstand, die Tarifkommission hat laut Satzung nur beratenden Charakter.«

Die Gewerkschaftsspitze hat ihre letzte Chance für eine Kurskorrektur vertan. Anfang September gehen die Stahlarbeiter auf die Straße; die Bewegung erfaßt schnell andere Branchen. Die Arbeiter werfen der Gewerkschaftsführung eine »Stillhaltepolitik« gegenüber der »Großen Koalition« unter Kurt Georg Kiesinger und Willy Brandt vor.

»Weitere Unruhe der Belegschaften verhindern«: Arbeitgeberfunktionäre Blasig, Schleyer, Knapp

140 000 Arbeiterinnen und Arbeiter legen innerhalb von knapp drei Wochen unabhängig und oft gegen den ausdrücklichen Willen der Gewerkschaftsspitze die Arbeit nieder und fordern höhere Löhne – mit Erfolg.
Vor allem die Beschäftigten in den industriellen Ballungsgebieten sind unzufrieden. Allein im Bereich der Stuttgart benachbarten IG-Metall-Verwaltungsstelle Waiblingen kommt es bei AEG, Bosch, Bauknecht und vier weiteren Betrieben zu spontanen Arbeitsniederlegungen, illegalen Streiks, wie die Unternehmer und zum Teil auch die Gewerkschafter sagen. Die Zahl wäre noch höher gewesen, wenn die Löhne in den meisten übrigen Betrieben (46 Firmen) nicht schon zuvor außertariflich um bis zu 50 Pfennige pro Stunde erhöht worden wären. Nicht die Gewerkschaften hatten dies durchgesetzt, sondern die Beschäftigten selbst und ihre Betriebsräte.

Dabei hatten die Baden-Württemberger noch Glück. Über ihren »Lohnrahmentarifvertrag 1« – er ist eine Antwort auf die Regeln über die analytische und summarische Arbeitsbewertung – konnten sie in den mageren Monaten 1968 und 1969 zusätzliche Erhöhungen durchsetzen, berichtet Ernst Eisenmann. »Das hat in zahlreichen Betrieben durch Höhergruppierungen acht bis zwölf Prozent gebracht.« Grund: Die im Tarifvertrag festgelegten neuen Kriterien für die Bewertung der Arbeit und die Einstufung in Lohn- und Gehaltsgruppen.
Auch in diesem Zusammenhang kam es – ganz im Sinne der IGM-Bezirksleitung – zu Arbeitsniederlegungen. Die Septemberstreiks dagegen hatte auch die IG Metall in Baden-Württemberg nicht mehr unter Kontrolle.

Willi Bleicher ist beunruhigt, als er erfährt, daß es selbst bei Daimler-Benz zu Arbeitsniederlegungen gekommen ist. Der Anlaß sei zwar die analytische Arbeitsbewertung gewesen, doch die »wahren Gründe« bestünden darin, »daß es seit 27 Monaten keine nennenswerte Lohnbewegung in der Metallindustrie mehr gegeben hat«.
Auch in Bleichers früherer Verwaltungsstelle Göppingen streiken viele Arbeiter. Bei der Ebersbacher Firma Südrad kommt es zu einem massiven Polizeieinsatz. Die Arbeiter wollen so lange ihren Ausstand fortsetzen, bis auch die Streiktage bezahlt werden.

»Da standen Wahlen vor der Tür, und es durfte absolut keine Unruhe geben«. Otto Brenner, Karl Schiller, Willi Bleicher (von rechts)

Krisenstimmung beim Verband der Metallindustrie (VMI) in Stuttgart. Vorsitzender Viktor Frankenberg (Audi/NSU) und Hauptgeschäftsführer Rainhard Blasig erwarten von der IG Metall, daß sie ihrer Funktion als Ordnungsfaktor gerecht wird. Blasig bittet Willi Bleicher zum Gespräch im kleinen Kreis. Seine Forderung: Der Bezirksleiter solle seine »organisationspolitischen Möglichkeiten voll ausschöpfen, um eine weitere Beunruhigung der Belegschaften unserer Firmen zu verhindern und die bereits gegebene Unruhe zu beseitigen«.

»Die Führung will sich bestätigen lassen, daß sie frei von Schuld ist.« DGB-Chef Vetter

Willi Bleicher lehnt die Appelle der Unternehmer zwar ab, aber er pfeift gleichzeitig Verwaltungsstellen und Betriebsräte zurück, die sich zu forsch nach vorn wagen. Da der IG Metall die Hände wegen der Friedenspflicht gebunden seien, sollten die Betriebsräte ihre Möglichkeiten nutzen, um die Lohn- und Arbeitsbedingungen zu verbessern. Doch dies müsse »von Betrieb zu Betrieb individuell geschehen«. Ein »gewerkschaftliches Aktionsprogramm« dürfe es dazu nicht geben, erklärt Bleicher seinen Geschäftsführern. Es werde »große Mühe« kosten, »diese Bewegung wieder in Griff zu bekommen«. Ohne aktive Lohnpolitik würden die Werktätigen eines Tages auch die Gewerkschaftshäuser besetzen.

Zwar gab es schon immer spontane Arbeitsniederlegungen in der Bundesrepublik, doch derart massiv hatten die Lohnabhängigen ihren Gewerkschaften noch nie die »rote Karte« gezeigt. Die Septemberstreiks sind deshalb auch das wichtigste Thema der Sitzung des DGB-Landesvorstands Mitte Oktober. Der neue DGB-Chef Heinz-Oskar Vetter gibt intern zu, »daß bei den mitbestimmten Betrieben die Mitbestimmung nicht funktioniert« habe.
Da der DGB über die exakten Ursachen der Arbeitskämpfe noch nicht ausreichend informiert sei, habe man ein Befragungsinstitut damit beauftragt, »die Ursachen in allen Einzelheiten auszuforschen«.
Willi Bleicher ist empört. Wozu haben wir denn Tausende ehren- und hauptamtliche Funktionäre, will er von Vetter wissen. Er habe im Gefühl, vermeldet das Protokoll, »die Führung des DGB und der Gewerkschaften wolle sich bestätigen lassen, daß sie frei von Schuld sei«. Dabei hatte Bleicher die ablehnende Haltung der IG-Metall-Spitze gegenüber den Streiks selbst befürwortet. Hans Mayr, damals im Vorstand zuständig für Tarifpolitik: »Ich habe mit Willi Bleicher darüber in einer Kneipe in Frankfurt diskutiert. ›Ich muß dir recht geben‹, hat er gesagt, ›du kannst nicht anders handeln.‹« Mayr wollte verhindern, daß der IG-Metall-Vorstand »zum Spielball« wird. Seine Argumentation: »Wenn wir jetzt nachgeben, dann sind wir künftig bei ähnlichen Entwicklungen nicht mehr der führende Teil, sondern der Geführte.« Mayr heute: »Ich würde es wieder so machen. Das hat nichts zu tun mit Ablehnung von Basisgedanken oder Basisbewegung.«
Willi Bleicher erklärt bei der DGB-Vorstandssitzung in Stuttgart, daß die IG Metall von den »wilden Streiks« überrascht worden sei. Bei den vorausgehenden Lohnverhandlungen »habe man sicher nicht von einer Lohnbewegung im eigentlichen Sinn sprechen können«, verteidigt Bleicher die IG Metall zumindest nach außen. Das Protokoll verzeichnet keine selbstkritische Äußerung. Doch jetzt, so Bleicher, sei »die Arbeitnehmerschaft in ihrer Gesamtheit anders geworden, als sie vorher war. Sie sei sich ihrer Rolle und ihres Wertes als Produktionsfaktor bewußter geworden«. Bleicher: »Wir müssen heute beachten, daß die Arbeitnehmerschaft nicht mehr die ist, wie die Arbeitnehmer vor 1933: diszipliniert, richtungsgebunden, SPD-freundlich. Wir müssen den Wandlungsprozeß erkennen und daraus lernen, wenn wir nicht die Rechnung ohne den Wirt machen wollen.« Das sind neue Töne. Seither hält Bleicher die abhängig Beschäftigten für konservativ und bürgerlich. Seine ständige Rede: Nicht die Mitglieder hätten die Gewerkschaftsführung zum Kampf gezwungen, sondern umgekehrt.
Willi Bleicher fordert ernsthafte Konsequenzen bei der Arbeit der Hauptamtlichen, die sich häufig wie kleine »Bönzchen« aufführten. Sie sollten sich statt dessen »in die Gedanken- und Gefühlswelt derer da unten hineindenken«, zur Basis »hinabsteigen«.

Nach dem Schock der Septemberstreiks 1969 will die IG Metall das verlorene Vertrauen bei der Mitgliedschaft wieder zurückgewinnen. 1970 hatte man, nach einer Urabstimmung, eine Einkommensverbesserung von 12,2 Prozent erreicht. Ein Erfolg für die Gewerkschaft. Im Folgejahr kommt es zur Machtprobe. Es soll Bleichers letzter Kampf werden.
Inwieweit die IG Metall dabei auf die noch junge Regierung unter Willy Brandt Rücksicht nimmt, ist nicht eindeutig zu beantworten. Den Bonnern ist der Stuttgarter Bezirksleiter nicht ganz geheuer.

Schon in den sechziger Jahren krachte es zwischen ihm und SPD-Spitzenpolitikern. Herbert Wehner hatte Bleicher bei einer Versammlung gar mit einem Ausschlußverfahren gedroht, berichtet Helmut Buck, der damals noch das SPD-Parteibuch hatte. Die Sozis sind irritiert von Bleichers klassenkämpferischen Reden und den regelmäßigen DDR-Besuchen. Der Verfassungsschutz beobachtet ihn. Ernst Haar, Eisenbahngewerkschafter und SPD-Abgeordneter aus Stuttgart, erinnert sich: »Willy Brandt wollte die Gewerkschaften unter gar keinen Umständen in einer klassenkämpferischen Rolle sehen. Und was da abgelaufen ist, das war schon schlimm; innenpolitisch ein Problem.« In Bonn sei auch über Bleichers Kontakte zu Kommunisten in der DDR gesprochen worden. »Da gab es ja die tollsten Unterstellungen«, sagt Haar. Er habe Bleicher immer in Schutz genommen, denn »der Willi« hätte sich niemals von jemandem benutzen lassen.

Als der IG-Metall-Vorstand im August über die Höhe der Forderungen diskutiert, erklärt Otto Brenner laut Protokoll, daß es nicht darum gehe, »der Regierung eine Gefälligkeit zu erweisen«. Die IG Metall müsse »eine aktive, unabhängige Tarifpolitik« betreiben. Die Metaller fordern eine Erhöhung der Löhne und Gehälter um 11 Prozent. Bleicher hatte zunächst die Zahl 13, dann die Zahl 12 und zuletzt 10 bis 12 vorgeschlagen, war damit aber unterlegen. Intern gehen er und Vorstandsmitglied Ernst Schäfer, der Gesamtbetriebsratsvorsitzende von Daimler-Benz, davon aus, daß 9 Prozent erreicht werden können.
Hannsmartin Schleyer bietet Mitte Oktober im Hotel Graf Zeppelin in Stuttgart 4,5 Prozent an. Angesichts eines Reallohnverlustes von sechs Prozent, sagt die IG Metall, sei das Angebot eine Provokation. Nach einer Schlichtung kommt es zum Eklat. Im Gegensatz zur IG Metall lehnen die Vertreter der Metall- und Elektroindustrie den Schlichtungsspruch des früheren Wirtschaftsministers von Baden-Württemberg, Hermann Veit (SPD), ab. Veit hatte eine Einkommenserhöhung von 7,5 Prozent bei einer Laufzeit von sieben Monaten vorgeschlagen. Der Arbeitskampf ist damit vorprogrammiert.

In der Stuttgarter Bezirksleitung vermutet man nun, daß die Unternehmer die SPD/FDP-Regierung in Bonn unter Druck setzen wollen. Sie könnten Bonn zu einer politischen Schlichtung zwingen und damit die Gewerkschaften und die SPD gegeneinander ausspielen. Tatsächlich hatte die Crème der bundesdeutschen Industrie – darunter Daimler-Chef Joachim Zahn und Bosch-Regent Hans L. Merkle – bei einem Geheimtreffen im 14. Stock des Daimler-Hochhauses in Stuttgart-Untertürkheim die Metallunterhändler zum Durchhalten aufgefordert. Schleyer setzt auf Verzögerung, denn kurz vor Weihnachten kann die IG Metall keinen Arbeitskampf mehr führen. Willi Bleicher befürchtet, daß der Vorstand der IG Metall dem Drängen der Unternehmerverbände auf zentrale Verhandlungen nachgeben könnte.
Aus Rücksicht auf Bonn, die öffentliche Meinung und die IG-Metall-Kasse setzt der Vorstand wieder auf Schwerpunktstreik. Die Entscheidung soll, wie acht Jahre zuvor, in Baden-Württemberg fallen. Nach Warnstreiks und der Urabstimmung ruft Bleicher für Montag, 22. November 1971, rund 60 000 Arbeiter von Daimler und Audi/

Er setzt auf Verzögerung: Schleyer (rechts) kontra Bleicher

NSU zum Streik. Die Gewerkschaft will damit Druck auf Schleyer und Viktor Frankenberg (Audi/NSU), die »beiden Oberscharfmacher« der Unternehmerseite, machen. Am nächsten Tag dehnt die Bezirksleitung den Ausstand auf 32 Unternehmen in 14 weiteren

»Das ist mir scheißegal, meine Streikfront steht«: Richard Rau (Bosch), Bleicher, Brenner, Mayr, Steinkühler, (von links)

»Die Regierung wollte ja nicht wochenlange Streiks«: Herbert Lucy (Daimler)

Verwaltungsstellen aus. 110 000 Metaller verweigern jetzt die Arbeit. Der Schwerpunkt liegt wieder in Mannheim. Am fünften Streiktag lassen die Unternehmer 360 000 Beschäftigte des Tarifbezirks aussperren.
Der stellvertretende IG-Metall-Vorsitzende Eugen Loderer, der in der Endphase der Auseinandersetzung den schwerkranken Otto Brenner vertritt, fühlt sich einem zunehmenden Druck ausgesetzt. Seine große Sorge sind die Metaller außerhalb des Kampfgebiets. Immer wieder rufen ihn Betriebsräte an und erklären, sie seien kalt ausgesperrt worden, weil die Zulieferungen aus Baden-Württemberg ausbleiben. Unsicherheit macht sich breit. Eugen Loderer: »Dann habe ich dem Willi gesagt: ›Wir müssen sehen, daß wir das Ding zu Ende bringen.‹« Doch Bleicher bleibt unnachgiebig: »Das ist mir scheißegal, meine Streikfront steht.« Er ist stolz auf die schwäbischen und badischen Arbeiter, die er bei früheren Tarifrunden nicht selten verflucht hatte (»Die können mich doch alle mal ..., die Proleten!«), weil sie wieder einmal dem Ruf zum Warnstreik nicht gefolgt waren.

Inzwischen hat Willy Brandt die Vertreter der Tarifkontrahenten in den Kanzlerbungalow nach Bonn geladen. Kanzleramtsminister Horst Ehmke meldet sich bei Eugen Loderer. Brandt wolle noch vor einer endgültigen Entscheidung über einen erneuten Schlichtungsspruch mit den Beteiligten sprechen. Die IG Metall solle deshalb dazu öffentlich noch keine Erklärung abgeben.

Bleicher ist sauer. »Scheißdreck«, faucht er Eugen Loderer an, »da gehen wir nicht hin. Wenn die Unternehmer nicht wollen, dann streiken wir eben weiter.« Herbert Lucy, Betriebsratsvorsitzender von Daimler-Benz in Mannheim und Mitglied der Verhandlungskommission, erinnert sich: »Willy Bleicher war immer ein Gegner dieser politischen Einmischung. Er hat gesagt, das ist unsere Angelegenheit.« Doch der IG-Metall-Vorstand habe gedrängt, und »die sozialliberale Koalition wollte ja nicht wochenlange Streiks, die wollte einen neuen Aufbruch«.

Als der Stuttgarter Bezirksleiter dann noch im Bundeswehr-Hubschrauber nach Bonn fliegen soll, wird er wütend: »Das mache ich nicht mit«, schimpft er, »das ist eine Kriegsmaschine, und ich bin gegen Krieg.« Eugen Loderer und Hans Mayr reden auf ihn so lange ein, bis er mitfliegt. Willy Brandt, der am nächsten Tag den Friedensnobelpreis in Oslo entgegennehmen wird, soll auf Rat seiner Minister nun auch als »Stifter des inneren Friedens« auftreten. Das Unternehmen geht schief. Der Kanzler verhält sich sehr zurückhaltend. Die Unternehmer wollen seine Mission ohnehin scheitern lassen. Hannsmartin Schleyer gibt zu, daß die entsprechenden Gremien seines Verbandes den Vor-

schlag des Schlichters bereits abgelehnt hätten.
Der Vorsitzende der »besonderen Schlichtungsstelle«, Georg Wannagat, der Präsident des Bundessozialgerichts, hatte eine Erhöhung der Löhne und Gehälter um 7,5 Prozent bei einer einjährigen Laufzeit vorgeschlagen sowie die tarifpolitische Absicherung des Weihnachtsgeldes in Höhe von 40 Prozent eines Monatseinkommens. Schleyer erklärt sich jedoch in Bonn zu weiteren Gesprächen bereit, wenn der Wannagat-Spruch im Sinne der Unternehmer abgewandelt würde.
Um vier Uhr nachts sind Bleicher und Steinkühler wieder zu Hause. Um zehn Uhr stehen sie bei der Sitzung der Großen Tarifkommission Rede und Antwort. Für den Nachmittag hat die IG Metall zu einer Großkundgebung auf dem Stuttgarter Karlsplatz gerufen. Zehntausende kommen in Bussen und Zügen. Obwohl viele Demonstranten bei der alten Elf-Prozent-Forderung bleiben wollen, die Bleicher und die IG-Metall-Spitze längst aufgegeben haben, gelingt es Bleicher, die Massen für sich zu gewinnen. Seine Rede wird immer wieder von Beifallsstürmen unterbrochen. Zitat: »Und wenn die Welt voll Teufel wär, wir werden's doch erzwingen!«

An der Spitze des Demonstrationszuges marschiert Willi Bleicher dann durch die Stuttgarter Innenstadt. »Schleyer, wir kommen, Frankenberg, wir holen dich«, rufen Sprechchöre, oder: »Hi, ha, ho, der Schleyer ist k. o.«, oder auch: »Haut dem Schleyer auf die Eier!«
Schon zwei Tage später einigen sich die Verhandlungsdelegationen zur Überraschung der Streikenden ohne Kanzler und ohne Schlichter auf einen Vertragstext, der dem Wannagat-Vorschlag nahekommt. 180 Mark (netto) mehr für die Monate Oktober bis Dezember. Eine Anhebung der Tariflöhne und Gehälter um 7,5 Prozent vom Januar an bei einer Laufzeit von einem Jahr. Desweiteren wird ein Teil des Weihnachtsgeldes beziehungsweise der jährlichen betrieblichen Sonderzahlungen abgesichert. Die IG Metall hatte mittlerweile rund 80 Millionen Mark an Unterstützungsgeldern ausgezahlt. Wie schon bei früheren Auseinandersetzungen übernehmen die Tarifparteien das Stuttgarter Ergebnis im ganzen Bundesgebiet. Willi Bleichers Gewerkschaftskarriere hat damit einen letzten Höhepunkt erreicht.

Der Fernsehredakteur Klaus Ullrich (SDR, später WDR), wohl der Journalist, der den Stuttgarter Bezirksleiter am besten kannte, hält ihn »für den letzten großen Arbeiterführer, der beispielgebend für die Emanzipation der Arbeiter gewirkt hat«. Bleicher sei ein Mann,

Eine fast körperliche Anziehungskraft: Der Bezirksleiter vor der Karlsplatz-Rede

Immer wieder Beifallsstürme: Der Agitator vor Zehntausenden Metallern in Stuttgart

»dem viele vieles verdanken, ohne zu wissen, was er für sie geleistet hat.« Richard Osswald, seit 1956 bei Daimler-Benz, zuletzt Vorstandsmitglied und an fast allen wichtigen Tarifauseinandersetzungen in Baden-Württemberg beteiligt, hält Willi Bleicher trotz aller radikalen Rhetorik für einen pragmatischen Gewerkschafter. »Er war in seiner Tarifpolitik nie ruinös für die Arbeitgeber. Auch wenn die Arbeitgeber gejammert haben, es gingen alle in Konkurs, sind sie eben nicht in Konkurs gegangen; sie haben weiter Gewinne gemacht.« Bleicher sei ein »Volkstribun im guten Sinne« gewesen, sagt Osswald: »Ich hatte vor ihm Achtung, weil er auch konsequent war.«

Konsequent bleibt Willi Bleicher auch als Pensionär, auch wenn er sich ins Tagesgeschäft seines Nachfolgers nicht einmischen will. Er warnt Franz Steinkühler vor riskanten Arbeitskämpfen für mehr Lebensqualität im Betrieb. Kein Facharbeiter würde für Erholpausen von (ungelernten) Bandarbeitern kämpfen, kein Jungarbeiter für die Verdienstabsicherung älterer Kollegen die Arbeit niederlegen. Die von Steinkühler und der Tarifabteilung in Frankfurt entwickelten Forderungen seien zudem viel zu kompliziert. Bleicher sollte sich täuschen.

Als Klaus Zwickel, heute stellvertretender IG-Metall-Vorsitzender, Mitte der siebziger Jahre die geplante Schließung von Audi/NSU in Neckarsulm verhindern will, gibt ihm Bleicher keine Chance. »Wenn sich das Kapital entschlossen hat, den Betrieb zu schließen«, sagt Bleicher dem damaligen Ortsbevollmächtigten Zwikkel, »und dies bereits öffentlich angekündigt wurde, werden die nichts mehr zurücknehmen.« Die Arbeiter und die IG Metall versuchen es trotzdem. Die Audi-Mutter VW gibt schließlich nach. Heute arbeiten in Neckarsulm 12 000 Männer und Frauen.

Für bestimmte gesellschaftliche Entwicklungen ist Bleicher in seinem letzten Lebensjahrzehnt blind. Innerhalb des Kapitalismus, so warnt er, sind viele Vorstellungen seiner Erben nicht durchsetzbar. Dies ginge nur in einer »vorrevolutionären Zeit«, erklärt er Walter Riester, den er Anfang der siebziger Jahre kennengelernt hat und damals gern als Bezirkssekretär eingestellt hätte. Riester, heute Bezirksleiter der IG Metall in Stuttgart: »Der Willi hat es als Illusion angesehen, daß wir die Massen für bessere Arbeitsbedingungen mobilisieren können.« Franz Steinkühler, zu dem der Rentner Bleicher ein immer distanzierteres Verhältnis bekam, sei als Bezirksleiter in dieser Frage viel offener und risikobereiter gewesen. Die Gewerkschaft habe zumindest einen Teil ihrer Forderungen durchsetzen können. Recht gibt Riester dem Altmeister allerdings in der Diskussion über eine Verdienstabsicherung aller Beschäftigten in einem Betrieb. Dafür hatte die IG Metall in Baden-Württemberg Ende der siebziger Jahre vergeblich gekämpft. Dies sei in einer kapitalistischen Wirtschaftsordnung, so Riester heute, nicht machbar.

Der späte Willi Bleicher hat den heutigen Bezirksleiter stark geprägt. Der damalige DGB-Jugendsekretär holt ihn zu Veranstaltungen und Seminaren. Nicht nur Riester, auch viele andere Junggewerkschafter fühlen sich zu dem »legendären Arbeiterführer« hingezogen. Die Menschen, die ihn erleben, sind fasziniert. Bleicher hat »eine körperliche Ausstrahlung« verbreitet, berichten junge Gewerkschafter aus dieser Zeit. In dem Bekenntnis zu dem Sozialisten Bleicher schwingt so etwas wie ein Glaubensbekenntnis mit. Zumindest ein Teil der bundesdeutschen Linken schwört auf den Alt-Kommunisten aus Luginsland, denn »er will eine andere, Steinkühler nur eine bessere Welt«.

Bleicher-Enkel Riester hat in den siebziger Jahren dafür gesorgt, daß Hannes Karnick und Wolfgang Richter am Gewerkschaftsapparat vorbei einen Film über das Idol der damaligen Gewerkschaftslinken machen konnten. Karnick und Richter fühlten sich emotional mit Bleicher sehr verbunden, erinnert sich Riester, dem es ähnlich ging; sie seien so begeistert gewesen, daß die Distanz verloren ging.

Willi Bleicher hatte Personenkult immer abgelehnt; in den siebziger Jahren aber gefällt er sich durchaus in der Rolle des geehrten Widerstandskämpfers und des geachteten Arbeiterführers, baut selbst an seinen Legenden mit. Obwohl er Verdienstorden zeitlebens haßte, akzeptiert er als Rentner zumindest einige Auszeichnungen: die »Carl-von-Ossietzky-Medaille« der »Liga für Menschenrechte« (1978), die »Bürgermedaille der Stadt Stuttgart« (1979) sowie die »Ehrenmedaille des deutschen Widerstandes«, die die »Vereinigung der Verfolgten des Nazi-Regimes« vergibt.

In den sechziger Jahren hatte er nur die eine Ehrenurkunde der Gedenkstätte Yad Vashem in Jerusalem für seine Verdienste bei der Rettung von Stefan Jerzy Zweig im KZ Buchenwald angenommen. »Diese Auszeichnung trage ich mit Stolz«, erklärt der Siebzigjährige bei der Verleihung des Ossietzky-Preises in Oldenburg. In der Ansprache läßt er sein politisches Leben Revue passieren. Er beschwört die Solidarität unter den Menschen, er hält an seiner Utopie fest: »Alle diese meine Lebenserfahrungen gipfeln in der Erkenntnis, daß es nicht wesentlich sei, in dieser Welt nur zu leben, sondern wesentlicher, diese Welt lebenswerter zu gestalten.«

Emotional mit Bleicher verbunden: DGB-Jugendsekretär Walter Riester

Die Beziehungen kühlten sich ab: Ratschläge für Nachfolger Steinkühler

Zeittafel

1907
Willi Bleicher wird in Stuttgart-Bad Cannstatt als fünftes Kind von Paul und Wilhelmine (geb. Bentz) Bleicher geboren (27. Oktober).

1914
Willi Bleicher kommt zur Schule (Ostern).

1919
Umzug der Familie in die Untertürkheimer »Gartenstadt« Luginsland, möglicherweise erst 1920.

1920
Steuerstreik, Aussperrung bei Daimler: Vater Paul Bleicher wird vorübergehend arbeitslos.

1922
Willi Bleicher verläßt die Schule, beginnt eine Bäckerlehre (Ostern).

1924
Willi Bleicher tritt der KPD-Jugend bei (möglicherweise 1923).

1925
Willi Bleicher legt die Gesellenprüfung als Bäcker ab (Ostern). Er tritt der Gewerkschaft der Nahrungs- und Genußmittelarbeiter bei (7. Dezember).

1927
Willi Bleicher ist zeitweise arbeitslos; er bekommt eine Stelle im Versand von Daimler-Benz in Stuttgart-Untertürkheim.

1928
Willi Bleicher wird bei Daimler in die Gießerei versetzt und kurze Zeit später entlassen (vermutlich im Mai). Er bekommt Arbeit bei der Firma Glasdach Zimmermann in Stuttgart-Feuerbach.

1929
Willi Bleicher wird aus der KPD ausgeschlossen (Mai/Juni). Er lernt Helene Beck kennen. Von Gelegenheitsjobs abgesehen, ist er bis 1934 arbeitslos.

1933
Bleicher versteckt sich vor den Nazis, flieht in die Schweiz (Mai), kehrt nach Stuttgart zurück (Sommer), flieht erneut in die Schweiz (Herbst) und nach Frankreich.

1934
Willi Bleicher kehrt nach Stuttgart zurück (Pfingsten). Die illegale KPO-Leitung in Stuttgart lehnt eine weitere Zusammenarbeit mit ihm ab. Willi Bleicher arbeitet bei Bäkker Jakob Mattheis in Stuttgart-Feuerbach (ab Mai). Er schließt sich der KPD-dominierten Widerstandsgurppe »Neckarland« in Untertürkheim an.

1935
Willi Bleicher arbeitet für die Bauunternehmung Wolfer & Göbel auf dem Daimler-Gelände in Untertürkheim (von Mai an).

1936
Willi Bleicher wird verhaftet (3. Januar) und kommt in Untersuchungshaft nach Bad Cannstatt.

1937
Willi Bleicher wird wegen Vorbereitung zum Hochverrat zu zwei Jahren und sechs Monaten Gefängnis verurteilt (22. November) und nach Ulm verlegt.

1938
Willi Bleicher kommt in »Schutzhaft« nach Welzheim (August); er

wird ins Konzentrationslager Buchenwald eingeliefert (Oktober) und arbeitet dort zunächst im Straßenbau-Kommando.

1939
Willi Bleicher kommt ins Kommando der Effektenkammer (Mai) und wird später deren Kapo.

1940
Helene Beck verläßt Willi Bleicher und heiratet einen anderen Mann.

1944
Willi Bleicher beteiligt sich an der Rettung des dreijährigen Kindes Stefan Jerzy Zweig. Er organisiert eine Feier zu Ehren des ermordeten KPD-Chefs Ernst Thälmann und wird deshalb innerhalb des KZs in verschärfte Haft genommen (28. Oktober). Er wird der Staatspolizei in Weimar überstellt (Dezember) und kommt ins Zuchthaus nach Ichtershausen in Thüringen.

1945
Buchenwald wird befreit (11. April); Willi Bleicher wird zusammen mit anderen aus dem Zuchthaus in Ichtershausen evakuiert (April). Todesmarsch durchs Erzgebirge. Befreiung durch amerikanische Truppen (Ende April). Willi Bleicher kehrt über Buchenwald nach Stuttgart zurück; er tritt erneut der KPD bei und engagiert sich im »Arbeitsausschuß«, einem kommunalen Selbstverwaltungsorgan in Untertürkheim (vom Sommer an).

1946
Willi Bleicher wird Jugendsekretär der Metallgewerkschaft in Stuttgart. Er heiratet Anneliese Metz (16. März). Er kandidiert auf der KPD-Liste für die Verfassunggebende Landesversammlung und den Gemeinderat.

1947
Geburt des Sohnes Gerhard (29. Januar), Willi Bleicher rückt in den Vorstand der Metallgewerkschaft von Württemberg-Baden auf.

1948
Willi Bleicher wird beim Gewerkschaftstag in Lüdenscheid in den Vorstand der IG Metall für die amerikanische und britische Besatzungszone gewählt (Oktober).

1949
Die Familie Bleicher zieht nach Frankfurt, dem Sitz des IG-Metall-Vorstandes (Oktober).

1950
Willi Bleicher tritt aus der KPD aus (spätestens im April). Er wird beim ersten ordentlichen Gewerkschaftstag in Hamburg (18. bis 22. September) nicht mehr für die Vorstandswahlen nominiert und arbeitet seitdem als einfacher Angestellter des Vorstandes.

1951
Bleichers Mutter Wilhelmine stirbt. Willi Bleicher wird in Göppingen zum Ortsbevollmächtigten der IG Metall gewählt (21. Oktober).

1952
Geburt der Tochter Ingeborg (11. Oktober).

1954
Harte Tarifauseinandersetzung in Baden-Württemberg, Urabstimmung, Großkundgebung in Göppingen, Bayernstreik (August). Willi Bleicher tritt der SPD bei (25. November).

1955
Willi Bleicher wird Sekretär der Bezirksleitung der IG Metall in Baden-Württemberg (19. September).

1959
Willi Bleicher wird Bezirksleiter der IG Metall in Baden-Württemberg (1. April).

1963
Streik und Aussperrung in Baden-Württemberg (29.April bis 11.Mai).

1964
Willi Bleicher trifft Stefan Jerzy Zweig, »das Kind von Buchenwald«, zum erstenmal seit der Befreiung. Großes Medien-Interesse (Januar).

1966
Bleichers Vater Paul stirbt.

1967
Harte Tarifauseinandersetzung in Baden-Württemberg; die IG Metall bereitet für Nordwürttemberg/Nordbaden einen Streik vor; Abschluß in letzter Minute (Oktober).

1971
Streik und Aussperrung in Baden-Württemberg (22. November bis 14. Dezember).

1972
Willi Bleicher tritt in den Ruhestand (Oktober); Franz Steinkühler übernimmt die Nachfolge.

1981
Willi Bleicher stirbt nach kurzer, schwerer Krankheit (23. Juni).

Nachwort

»Wir brauchen kein Denkmal« stützt sich auf schriftliche Quellen, Fotos und Gespräche mit Zeitzeugen. Hilfreich waren die Bleicher-Interviews verschiedener Journalistinnen und Journalisten und die Tonbandmitschnitte von Veranstaltungen mit Willi Bleicher. Besonders aufschlußreich ist das unveröffentlichte Interview des Fernsehjournalisten Klaus Ullrich (SDR, später WDR). Er hat mir freundlicherweise eine unredigierte Abschrift zur Verfügung gestellt. Einige Gewerkschafter und Journalisten dagegen wollten mir ihre Tonbandaufzeichnungen nicht überlassen.
Die O-Töne stammen aus den siebziger Jahren. Selbstverständlich konnte sich Bleicher damals nicht mehr an alle Details seines Lebens erinnern. Die Interviews enthalten neben vielen Wiederholungen immer wieder kleinere Widersprüche. Dies betrifft vor allem Zahlenangaben. Bleicher hat sie nicht besonders ernst genommen. Er stand mit Zahlen ohnehin auf Kriegsfuß. Einige Darstellungen haben allerdings nichts mit Bleichers unvollkommenem Erinnerungsvermögen zu tun; er hat sie erfunden.

Die Suche nach geeignetem Bildmaterial hat meine Arbeit von Anfang an begleitet. Die Fotos sollen nicht nur ein graphisches Element sein, nicht nur Illustration, sondern ein gleichwertiger Bestandteil des Buches. Sie sind wichtige historische Quellen und sagen oft mehr als das geschriebene Wort.

Zu den wichtigsten Quellen des Buches zählen rund 70 Stunden Interviews mit 52 Zeitzeugen. Die Gespräche hatten eine Dauer von zehn Minuten bis zu gut drei Stunden. Auch sie mußten hinterfragt werden. Sicher haben einige Gesprächspartner meine Fragen nicht immer erschöpfend beantwortet, aber nur ein Gewerkschaftsfunktionär war trotz wochenlanger Versuche zu keinem Interview bereit.

Willi Bleicher selbst hat kaum schriftliche Dokumente und nur wenige Fotos hinterlassen. Er war wegen seiner Erfahrungen bei der illegalen Arbeit in Nazi-Deutschland kein Freund von Protokollen. Fündig wurde ich in Bundes-, Landes- und Stadtarchiven in Berlin, Ludwigsburg, Potsdam, Stuttgart und Weimar. Wichtige Quellen liegen bei der Nationalen Mahn- und Gedenkstätte in Buchenwald. Im ehemaligen Parteiarchiv der SED, heute »Institut für Geschichte der Arbeiterbewegung«, konnten dagegen kaum Hinweise auf Bleicher gefunden werden. Einige interessante Details gibt es in der Bleicher-Akte beim Verband der Verfolgten des Nazi-Regimes in Stuttgart, die sich jedoch vorwiegend mit Fragen der Wiedergutmachung befaßt. Die Gedenkstätte Yad Vashem in Jerusalem konnte nur wenige Aussagen zu Bleicher machen.
Die gewerkschaftliche Arbeit von Willi Bleicher ist zumindest teilweise in den Archiven der IG Metall und des DGB dokumentiert, die

allerdings in der Regel kaum geordnet sind. Wichtiges Material dürfte bereits verloren gegangen sein. Ich wurde bei den IG-Metall-Verwaltungsstellen Stuttgart und Göppingen, in der IGM-Bezirksleitung, beim DGB-Landesvorstand sowie der DGB-Kreisverwaltung in Stuttgart und im Zentralarchiv der IG Metall in Frankfurt fündig. Eine systematische Auswertung aller Akten in Frankfurt war mir nicht möglich. Da sich das Archiv erst im Aufbau befindet, wäre dazu eine monatelange Arbeit erforderlich gewesen. Zufallsfunde wie ein Hinweis auf Bleicher in einem Berlin-Ordner dürften keine Seltenheit sein.
Erst nach Redaktionsschluß habe ich Kenntnis von einem regionalen Tarifarchiv bekommen, dessen Existenz auch bei den Frankfurter Archivaren unbekannt war.

Ich bedanke mich bei allen Interview-Partnern – vor allem bei Anneliese Bleicher – für ihre Mitarbeit. Ohne die Zeitzeugen wäre das Buch nicht zustande gekommen. Gefreut habe ich mich über die Hinweise von Rainer Kalbitz (Universität Dortmund), der zur Zeit an einer Otto-Brenner-Biographie arbeitet, und die Tips von Walter Dörrich und Klaus Schönhoven (Universität Mannheim), die noch 1991 einen Quellenband über die IG Metall in der frühen Bundesrepublik herausgeben wollen (Quellen zur Geschichte der deutschen Arbeiterbewegung im 20. Jahrhundert, Band 10). Ich bedanke mich bei den drei Wissenschaftlern und allen anderen, die mich in Archiven, Bibliotheken oder sonstwo unterstützt haben.

Dokumente können täuschen, Erinnerungen lückenhaft oder falsch sein. Ich habe mich zwar bemüht, Fehler zu vermeiden. Ich kann aber nicht ausschließen, doch noch auf die eine oder andere kleine Legende hereingefallen zu sein. Sicher werden sachkundige Leser, Gewerkschafter, Journalisten oder Historiker auch in diesem Buch Fehler finden. Die weitere Forschung wird möglicherweise gewisse Korrekturen erforderlich machen. Ich würde mich über entsprechende Hinweise und Kritik an meiner Arbeit freuen.

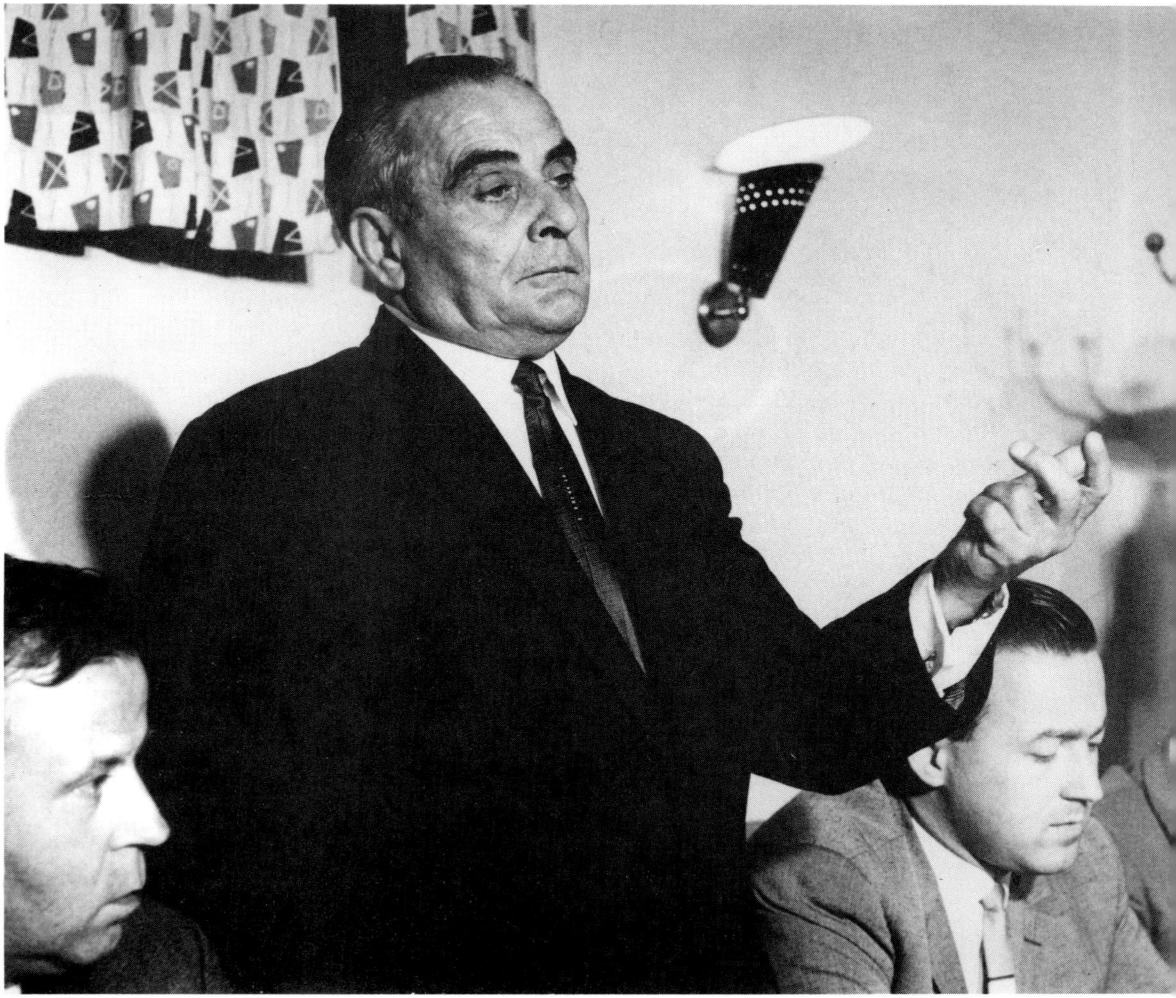

Fotos sagen oft mehr als das geschriebene Wort. Willi Bleicher mit Erben: Hans Mayr und Franz Steinkühler (rechts)

Interview-Partner

Nach dem Namen steht jeweils der heutige Wohnort; die Angaben zu den Personen beschränken sich auf ein Minimum; die Parteizugehörigkeit wird nur soweit genannt, soweit sie im Buch erwähnt ist.

Alfred Albrecht, Wien, DMV- und KPO-Jugend Stuttgart.

Helene Alphons, geb. Beck, Bietigheim-Bissingen, Freundin von Willi Bleicher, KPO-Jugend Stuttgart, DMV-Angestellte, zwei Jahre Zuchthaus in Nazi-Deutschland.

Robert Bauser, Göppingen, IGM, BRV bei Boehringer, MdL, KPD, später SPD.

Karl Beck, Göppingen, BRV bei Venski.

Georg Benz, Frankfurt am Main, Vorstandsmitglied der IGM.

Theodor Bergmann, Stuttgart, KPO-Jugend, Gruppe »Arbeiterpolitik«, emeritierter Professor.

Rainhard Blasig, Leonberg, Hauptgeschäftsführer das Verbandes Württemberg-Badischer Metallindustrieller (später Verband der Metallindustrie Baden-Württemberg).

Anneliese Bleicher, geb. Metz, Stuttgart, Ehefrau von Willi Bleicher.

Heinz Bormann, Waiblingen, IGM-Bevollmächtigter in Ebingen (heute Albstadt) und Waiblingen.

Alfred Braun, Ebersbach, BR bei Zinser, IGM-Jugend-Leiter in Ebersbach, Kreis Göppingen.

Helmut Buck, Reutlingen, IGM-Bevollmächtigter, SPD, später DKP.

Otto Burkhardt, Stuttgart, DMV- und KPO-Jugend Stuttgart.

Emil Carlebach, Frankfurt am Main, Buchenwald-Häftling, KPD, DKP.

Eugen Eberle, Stuttgart, BRV bei Bosch, bis zum Ausschluß IGM-Vorstandsmitglied, KPD.

Ernst Eisenmann, Leinfelden-Echterdingen, BRV bei Spintex, Bezirkssekretär unter Bleicher und Steinkühler, IGM-Bezirksleiter für Baden-Württemberg.

Albert Fischer, Metzingen, Buchenwald-Häftling, KPD.

Alfred Fischer, Heidelberg, BRV bei Stoll in Reutlingen, IGM-Bevollmächtigter in Heidelberg, CDU, später SPD.

Hans Gasparitsch, Stuttgart, Häftling in den KZs Dachau und Buchenwald, KPD.

Ernst Haar, Bad Velbel, GdE: Landes-, später Bundesvorsitzender, MdB (SPD), Staatssekretär unter Brandt und Schmidt.

Alfred Hauser, Stuttgart, DMV- und KPD-Jugend Stuttgart, KPD, DKP, VVN.

Erwin Holzwarth, Stuttgart, Widerstandsgruppe »Neckarland«, KZ (Moorlager), KPD, IGM (zeitweise ausgeschlossen), BRV.

Willi Hoss, Stuttgart, KPD, DKP, MdB (Grüne), IGM (17 Jahre lang

Abkürzungen:

BR (Betriebsrat),
BRV (Betriebsratsvorsitzende/-r),
CDU (Christlich-Demokratische Union Deutschlands),
DAG (Deutsche Angestellten-Gewerkschaft),
DKP (Deutsche Kommunistische Partei, 1968 gegründet),
DMV (Deutscher Metallarbeiterverband),
GdE (Gewerkschaft der Eisenbahner Deutschlands),
IGM (Industriegewerkschaft Metall),
KPD (Kommunistische Partei Deutschlands, 1956 verboten),
KPO (Kommunistische Partei-Opposition),
MdB (Mitglied des Bundestages),
MdL (Mitglied des Landtags),
SPD (Sozialdemokratische Partei Deutschlands),
VVN (Vereinigung der Verfolgten des Nazi-Regimes).

ausgeschlossen), BR (»Plakat«) bei Daimler in Untertürkheim.

Manfred Imdahl, Leinfelden-Echterdingen, IGM-Bevollmächtigter in Ebingen (heute Albstadt), IGM-Bezirkssekretär unter Bleicher, Steinkühler, Eisenmann, Riester.

Hilde Kirsamer, Göppingen, BRV bei Märklin.

Walter Kuhn, Eislingen/Fils, IGM-Sekretär in Ulm, Bevollmächtigter in Göppingen.

Gertrud Leibbrand, früher Strohbach, geb. Schneck, Berlin, KPD-Jugend Stuttgart, KPD, MdB.

Eugen Loderer, Heidenheim, IGM-Bevollmächtigter in Heidenheim, IGM-Bezirkssekretär unter Bleicher, DGB-Landesvorsitzender in Baden-Württemberg, Zweiter, dann Erster IGM-Vorsitzender.

Herbert Lucy, Mannheim, IGM, BRV bei Daimler-Benz, Gesamtbetriebsratsvorsitzender, SPD.

Hugo Machelett, Stuttgart, Landesvorsitzender der illegalen KPD, später der DKP in Baden-Württemberg.

Margot Maier, Schwäbisch Hall, Sekretärin von Willi Bleicher in der IGM-Bezirksleitung.

Erich Mayer, Villingen-Schwenningen, IGM-Vertrauensmann bei Schuler in Göppingen, IGM-Bevollmächtigter in Villingen-Schwenningen.

Hans Mayr, Dreieich, DGB-Kreisvorsitzender in Göppingen, IGM-Bevollmächtigter in Göppingen, IGM-Vorstandsmitglied, Zweiter, dann Erster Vorsitzender der IGM.

Hilde Mayr, geb. Kellenbenz, Dreieich, Sekretärin und Kassiererin bei der IGM in Göppingen.

Jakob Moneta, Frankfurt am Main, Chefredakteur von »Metall«, Trotzkist (Vereinigtes Sekretariat der Vierten Internationale).

Richard Osswald, Mühlheim, Vorstandsmitglied bei Daimler-Benz, stellvertretender Vorsitzender des Verbandes der Metallindustrie Baden-Württemberg.

Siegfried Pommerenke, Stuttgart, BRV bei Voith, IGM-Bevollmächtigter in Heidenheim, DGB-Vorsitzender in Baden-Württemberg.

Walter Riester, Stuttgart, Jugendsekretär des DGB-Landesvorstands von Baden-Württemberg, IGM-Bezirkssekretär unter Steinkühler und Eisenmann, IGM-Bezirksleiter für Baden-Württemberg.

Günter Sauter, Stuttgart, Jugendleiter der Metallgewerkschaft in Stuttgart, KPD, IGM (zeitweise ausgeschlossen), zuletzt BRV.

Gerhard Schäfer, Stuttgart, Pressesprecher des DGB-Landesvorstands. Schäfers Vater war Gesamt-BRV bei Daimler.

Eugen Schimpf, Stuttgart, Bleicher-Nachbar in Luginsland, SPD und DMV Stuttgart.

Frieder Schimpf, Stuttgart, Bleicher-Nachbar in Luginsland, SPD, BR bei Daimler in Untertürkheim.

Willy Schmidt, Frankfurt am Main, Buchenwald-Häftling, Angestellter beim IGM-Vorstand, KPD, später SPD.

Karl Schwab, Stuttgart, IGM-Bevollmächtigter in Stuttgart, DGB-Vorsitzender in Baden-Württemberg, DGB-Bundesvorstandsmitglied in Düsseldorf.

Franz Steinkühler, Oberursel, IGM-Jugend-Leiter in Göppingen, Bezirkssekretär unter Bleicher, IGM-Bezirksleiter, Zweiter, dann Erster IGM-Vorsitzender.

Ernst Veitinger, Stuttgart, DMV- und KPO-Jugend.

Otto Wahl, Stuttgart, DMV- und KPO-Jugend, KPD-Sekretär in Stuttgart.

Kurt Weiß, Waiblingen, Fahrer der Bezirksleitung unter Brümmer, Löwi, Becker, Bleicher und Steinkühler.

Karl Wörner, Stuttgart, DMV- und KPO-Jugend.

Gerhard Wrana, Albstadt, IGM-Bevollmächtigter in Ebingen (heute Albstadt).

August Zimmermann, Uhingen, DAG, dann IGM, BRV bei Zinser in Ebersbach/Fils, IGM-Bevollmächtigter in Göppingen.

Stefan Jerzy Zweig, Wien, »Buchenwald-Kind«, Kameramann.

Klaus Zwickel, Frankfurt am Main, IGM-Bevollmächtigter in Heilbronn/Neckarsulm, Zweiter IGM-Vorsitzender.

Quellen

»Wir brauchen kein Denkmal« basiert unter anderem auf Reden und Interviews von und mit Willi Bleicher. Hier eine Auswahl der verwendeten Quellen:

Willi Bleicher vor Gewerkschaftern, Tonbandabschrift, 31. Juli 1975.

Willi Bleicher, »Erinnerungen an die Zeit 1945–1953«, Tonbandmitschnitt, 1975, abgedruckt in: »Arbeiterpolitik« 7/81.

Willi Bleicher, in: »Die Kinder des roten Großvater«, hrsg. von Erasmus Schöfer, 1976.

Willi Bleicher vor Gewerkschaftern, Tonbandmitschnitt, 2. Februar 1977.

Willi Bleicher, Ansprache zur Verleihung des Carl-von-Ossietzky-Preises, in: »Beispiele für aufrechten Gang«, hrsg. von Detlev Prinz und Manfred Rexin, 1979.

Willi Bleicher, Rede in Esterwegen vom 5. Mai 1978, in: »Beispiele für aufrechten Gang«, hrsg. von Detlev Prinz und Manfred Rexin, 1979.

Willi Bleicher, in: »Unser Widerstand. Deutsche Frauen und Männer berichten über ihren Kampf gegen die Nazis«, hrsg. von Irene Hübner, 1982.

Willi Bleicher, Reden bei den Gewerkschaftstagen 1949, 1952, 1954 und 1966 in: »Willi Bleicher – ein Leben für die Gewerkschaften«, hrsg. von Georg Benz, Kurt Georgi, Leonhard Mahlein, Willy Schmidt, 1983.

Willi Bleicher während der Arbeitskämpfe 1963 und 1971 (Reden und Artikel) ebenda.

Willi Bleicher, in: »Das Daimler-Benz-Buch – Ein Rüstungskonzern im ›Tausendjährigen Reich‹«, 1987.

* * *

Peter Seubert, »Sein letzter Kampf«, Süddeutscher Rundfunk (SDR) Fernsehen, 1971.

Roman Brodmann, »Schwabenstreik«, SDR Fernsehen, 1971.

Klaus Ullrich, unveröffentlichtes Interview, unkorrigierte Tonbandabschrift, 1973.

Paul Assall, Südwestfunk (SWF) Hörfunk, 6. 3. 1977, Gespräch mit Willi Bleicher anläßlich seines 70. Geburtstags. Abgedruckt in: »Spuren der Besiegten 3«, hrsg. von Hellmut G. Haasis, 1984.

Bettina Wenk, unveröffentlichtes Interview aus dem Jahr 1978. Das Interview ist Grundlage einer SDR-Hörfunksendung sowie verschiedener Buch-Beiträge: »Interviews mit Überlebenden«, 1980; »Der Widerstand im deutschen Südwesten 1933–1945«, 1984; »Stuttgart im Dritten Reich – Anpassung, Widerstand, Verfolgung«, 1984.

Hannes Karnik und **Wolfgang Richter,** »Du sollst dich nie vor einem lebenden Menschen bükken« (35-Minuten-Film), 1978, ARD 26. 10. 1962, sowie »Willi Bleicher – Ein streitbares Leben für Arbeiter- und Menschenrechte«,

Deutschlandfunk, 8. und 15. 8. 1989, und Hessischer Rundfunk, 14. und 21. 11. 1989.

Hermann Langbein, Interview und Briefwechsel mit Willi Bleicher, unveröffentlicht, 1979.

Manfred Rexin, Willi Bleicher, in: »Beispiele für aufrechten Gang«, 1979; der Beitrag basiert auf einem langen Gespräch mit Willi Bleicher.

Udo Achten, Willi Bleicher – Aus der Geschichte lernen, in: »Signal. Das Buch für junge Menschen«, 1982. Die Darstellung basiert auf einer Tonbandaufzeichnung beim IG-Metall-Zeltlager in Markelfingen am Bodensee im Jahr 1979.

Karl Ebert (Regie), SDR Fernsehen: »Ich war dabei«. Willi Bleicher berichtet über seine Erlebnisse im KZ Buchenwald, 1980.

Leonhard Mahlein, »Wir haben noch einen weiten Weg vor uns«, Gespräch mit Willi Bleicher, in: »druck und papier« 21/80.

Georg Benz, Kurt Georgi, Leonhard Mahlein, Willy Schmidt (Herausgeber), »Willi Bleicher – ein Leben für die Gewerkschaften«, 1983. Beiträge verschiedener Autoren, unter anderen Abendroth, Bartel, Carlebach und Mahlein.

»Bleicher ist ein Mann, dem viele vieles zu verdanken haben, ohne zu wissen, was er für sie geleistet hat.« (Klaus Ullrich)

Fußnoten

1
Die wörtlichen Bleicher-Zitate der ersten sieben Kapitel stammen vor allem aus den Interviews von Manfred Rexin, Klaus Ullrich und Bettina Wenke, die der letzten sieben Kapitel vor allem aus überlieferten Dokumenten und den Interviews mit Zeitzeugen.

2
Weitere Hinweise in dem Zweig-Bericht, die darauf schließen lassen, daß Juschu bei der SS bekannt war, wurden in der DDR 1964 stillschweigend gestrichen. Zacharias Zweig war deshalb sehr verärgert über die manipulierte Veröffentlichung in der Ost-Berliner »BZ am Abend«. In der jüngsten Darstellung der Nationalen Mahn- und Gedenkstätte Buchenwald, die kurz vor der Wende erschienen ist, findet man keinen Hinweis auf die Manipulation der sechziger Jahre und die zum Teil widersprüchlichen Berichte der Häftlinge. Der Originaltext von Zweig wird nicht einmal als Quelle angegeben. – Es existieren beispielsweise unterschiedliche Angaben über die Ankunft von Zacharias und Stefan Jerzy Zweig in Buchenwald. Die Personalakte nennt den 5. 8. 1944. Nach Angaben von Willi Bleicher sind die Zweigs dagegen schon Anfang des Jahres angekommen. Häftling Walter Vielhauer berichtet, der Junge sei illegal ins Lager gekommen, die Karte nachträglich ausgestellt und rückdatiert worden. Unverständlich auch, warum der kleine Bub bei Willi Bleicher »Juschu« heißt, und bei Walter Vielhauer »Schorschi«. Der DDR-Autor der Broschüre über die Kinder in Buchenwald durfte nicht einmal aus dem Buch von Eugen Ochs zitieren (»Ein Arbeiter im Widerstand«), der als Freund und Häftlingskamerad von Willi Bleicher ein wichtiger Zeitzeuge ist. Eugen Ochs war in der DDR immer noch als alter KPO-Mann, verschrien. Ochs berichtet, daß sich auch Ludwig Becker eine Zeitlang um Juschu gekümmert habe. Viele Namen werden genannt. Sicher waren viele an der Rettung und Betreuung des Kindes beteiligt. Das bestätigt auch Willi Bleicher.

3
Nach Angaben der Mahn- und Gedenkstätte Buchenwald ist die Transportliste erst kürzlich in Auschwitz gefunden worden.

4
Besonders seit den siebziger Jahren versuchen die DDR-hörigen westdeutschen Kommunisten den inzwischen prominenten Gewerkschaftsführer Willi Bleicher für sich zu benutzen. Bleichers Auseinandersetzungen mit der KPD Ende der zwanziger Jahre und sein Parteiausschluß werden heruntergespielt oder ganz verschwiegen. Das gleiche gilt für die Meinungsverschiedenheiten im Lager.

5
Walter Bartel, der Chef der Internationalen Lagergemeinschaft Buchenwald-Dora, empörte sich wohl auch deshalb über Eugen Ochs und die Leute der Kommunistischen Opposition in Buchenwald. In einem Brief an die Vereinigung der Verfolgten des Naziregimes (VVN) in Stuttgart beklagt er, daß die Gruppe »einen festen Zusammenhalt hatte« und zwar »in strengster Illegalität vor uns«, also vor den führenden kommunistischen Häftlingen in Buchenwald. Und diesen Zusammenhalt hätten die Oppositionskommunisten auch noch später »über die Zonengrenze hinweg aufrecht erhalten«. Willi Bleicher wird in diesem Zusammenhang allerdings nicht genannt.

6
Willi Bleichers Angaben über die Zahl der an diesem Todesmarsch beteiligten Gefangenen schwanken erheblich. Nach Angaben von Mithäftling Erich Reschke beginnt der Marsch am 18. April.

7
Willi Bleicher berichtet mehrfach, er sei Anfang Mai befreit worden. Da die Amerikaner in Eger (Tschechoslowakei) am 27. April einmarschierten und in Klingenthal (Sachsen) etwa fünf Tage vorher, muß die Gruppe mit Bleicher bereits Ende April befreit worden sein. So jedenfalls sieht es die Stuttgarter Staatsanwaltschaft in einer Erklärung zum Wiedergutmachungsverfahren vom 12. September 1952. (Staatsarchiv Ludwigsburg EL 350 ES 6404)

8
Frieder Schlotterbeck ist 1930 Leiter (Sekretär) des KJVD Württemberg. Noch im gleichen Jahr wird er Mitglied des Zentralkomitees der KPD-Jugend (bis 1931) und dessen Sekretär für Agitation und Propaganda.

9
So stimmen in der Anklageschrift weder der Geburtsort noch der Beruf von Bleicher. Im Interview mit dem Journalisten Klaus Ullrich

sagt Willi Bleicher 1973, er sei Leiter der KPO-Jugend auf Landesebene gewesen. Gleichzeitig gibt er zu, nur in seiner näheren Umgebung bekannt gewesen zu sein: »Ich war ein stiller Werker und Wirker.«

10
Bleicher gibt an, dieser Vorfall habe sich »unmittelbar nach 1933« ereignet. Da er 1933 untergetaucht oder in Emigration war, können nur die Jahre 1934 und 1935 in Frage kommen. 1935 war Bleicher als Fremdarbeiter bei Daimler in Untertürkheim beschäftigt. Die NSBO geht in diesem Jahr in die Deutsche Arbeitsfront (DAF) über. Möglicherweise hat dann bereits die DAF zur Betriebsversammlung geladen oder Willi Bleicher hat die beiden Organisationen verwechselt.

11
Nach übereinstimmenden Angaben der Zeitzeugen war Willi Bleicher nie Mitglied des Sekretariats des Landesvorstandes der KPD. Bleicher hat dies mehrmals behauptet. Zum Beispiel 1975: »Ich war damals noch im Sekretariat der KPD für Baden-Württemberg.« Tonbandmitschnitt, Arbeiterpolitik 7/81.

12
Zur Politik der KPD in den Nachkriegsjahren gibt es zwar einige Veröffentlichungen. Eine systematische Auswertung der bis zur Wende 1989 meist verschlossenen Archive steht jedoch noch aus.

13
Hier der gesamte Wortlaut der Bleicher betreffenden Briefpassage von Hans Brümmer: »Nun aber noch eine unangenehme Mitteilung. Gestern war von der Polizei ein Mann hier, der im Auftrag des Innenministeriums von Nordrhein-Westfalen Auskunft über die Vergangenheit des Kollegen Bleicher, seine politische Stellung und seine politischen Handlungen verlangte. Ich weiß nicht, was das Innenministerium in Nordrhein-Westfalen zu diesem Schritt veranlaßt hat. Ich habe starke Bedenken gegen solche Handlungen. Da Du ja den Innenminister von Nordrhein-Westfalen [Walter Menzel, Anm. d. Verf.] kennst, kannst Du ja mal mit ihm über die Angelegenheit reden. Ich habe dem betreffenden Herrn mitgeteilt, daß ich Bleicher seit 1945 kenne, er sich wohl zur KPD bekannte, aber während der ganzen Zeit bis heute politisch nicht hervorgetreten ist, außerdem vor zwei Monaten aus der KPD ausgeschieden ist. Ich glaube, das Innenministerium hätte wirklich einen einfacheren Weg wählen können, als den es gegangen ist.« (Brief von Hans Brümmer an Walter Freitag vom 23. Juni 1950, IGMZA, Verwaltungsstelle Berlin, 1945 bis 1959) – Nach den Schilderungen von Anneliese Bleicher und Gertrud Leibbrand muß Willi Bleicher spätestens im April 1950 aus der KPD ausgetreten sein. Gertrud Leibbrand geht davon aus, daß er seine Austrittsabsicht noch vor dem Umzug nach Frankfurt bekannt gemacht hat, also Ende 1949. Anneliese Bleicher erinnert sich daran, daß ihr Mann im ersten Winter in Frankfurt ausgetreten sei, also 1949/50. Auch Eugen Eberle und Maria Reiff, damals Sekretärin im Stuttgarter Büro der KPD-Landesleitung, bestätigen, daß Bleicher auf jeden Fall vor dem »Münchner Parteitag« (1951) die Partei verlassen habe.

14
Siggi Neumann, der Leiter des Ausschusses für Betriebs- und Gewerkschaftsfragen beim Parteivorstand, drängte die IG-Metall-Spitze tatsächlich mehrfach zu einem energischen Einschreiten gegen die Kommunisten, die sich die Metallgewerkschaft »zum Tummelplatz ihrer gewerkschaftszersetzenden Tätigkeit« ausgesucht hätten. Ob er auch an der Aktion gegen Salm, Küll und Bleicher beteiligt war, kann bisher nicht exakt belegt werden.

15
Udo Achten, Manfred Rexin und Fritz Richert (Stuttgarter Zeitung, 7.11.1970) verlegen Bleichers Austritt aus der KPD ebenfalls ins Jahr 1951. Möglich, daß sie Bleichers schlechtem Zahlengedächtnis oder einer falschen Darstellung der Pressestelle der IGM zum Opfer fielen. Erhard Korn und Erasmus Schöfer vom Werkkreis Literatur der Arbeitswelt bringen eine andere Variante: Bleicher habe sich beim Hamburger Gewerkschaftstag »angesichts des Kräfteverhältnisses nicht mehr zur Wahl gestellt«. Sie verschieben allerdings den Gewerkschaftstag um zwei Jahre.

16
Siehe dazu auch das folgende Kapitel. Bleichers Austrittsdatum wird gern ins Jahr 1951 verlegt, weil die KPD damals die später wieder verworfene »These 37« verkündete. Da Bleicher die damalige Gewerkschaftspolitik der KPD zurecht abgelehnt habe, wiege der Austritt aus der KPD nicht so schwer. Wolfgang Abendroth hätte es besser wissen müssen. Er kannte Willi Bleicher persönlich, und er kannte die Geschichte der deutschen Linken aus eigener, zum Teil leidvoller Erfahrung; die KPD hatte ihn, wie Willi Bleicher, Ende der zwanziger Jahre aus der Partei ausgeschlossen. Nach seiner Rückkehr aus der DDR, wo er eine Professur hatte, trat Abendroth der SPD bei, die ihn 1960 verstieß. Grund: Er hatte den »Sozialistischen Deutschen Studentenbund« (SDS) unterstützt.

17
Die KPD wirft ihm »arbeiterfeindliches und vor allem gewerkschaftsfeindliches Verhalten« vor und zwar »in einem besonders schweren Fall«. Auslöser ist sein umstrittenes Verhalten bei einem Abteilungsstreik der Firma Norma (später SKF), bei der die KPD eine starke Position hat. Doch schon in der Vergangenheit habe der Stuttgarter Metall-Chef gesündigt. Die KPD-Betriebsgruppe von Norma verlangt deshalb »stürmisch eine strenge Untersuchung von seiten der Ortsverwaltung der IG Metall«. Karl Mössner tritt nach seinem Ausschluß aus der KPD der SPD bei. Er rächt sich bitterlich an seinen früheren Genossen, die reihenweise Funktionsverbot bekommen oder ausgeschlossen werden.

18
Robert Leibbrand war von 1946 bis 1950 Landtagsabgeordneter in Württemberg-Baden sowie Fraktionschef der KPD. Hermann Nuding scheidet 1951 aus dem Bundestag aus. Gertrud Strohbach (später verh. Leibbrand) rückt für ihn nach.

19
In einer Aufstellung des IG-Metall-Zentralarchivs heißt es zu Ludwig Beckers Parteimitgliedschaft: 1910 SPD; 1924 KPD; 1929 KPO; 1945 bis 1951 KPD; 1955 SPD.

20
Eugen Loderer geht davon aus, daß »der Ruf aus Frankfurt wohl nicht so deutlich kam und anbiedern wollte er (Bleicher) sich nicht.« In seinen bisher unveröffentlichten Erinnerungen schreibt Loderer: »Bleicher hat sich zwar immer geäußert, er wolle nicht mehr nach Frankfurt zurück, aber niemand weiß genau, ob er einem erneuten Ruf dorthin zu gehen nicht doch wieder Folge geleistet hätte.«

Personenregister

1. Auflage 1992.
2. Auflage 1992.

Fotos: Archiv der sozialen Demokratie, Bonn: Seite 26 links, 31 unten, 75 unten, 107 rechts. – Bohnert-Neueck, Mannheim: 128. – Rolf Decker, Stuttgart: 135. – Deutsche Presseagentur (Foto: Fischer): 128 oben. – Deutsche Presseagentur, Landesdienst Südwest, Stuttgart: 108/109, 123, 125 links. – Deutscher Gewerkschaftsbund, Bildstelle, Düsseldorf: 64. – Docfilm, Darmstadt: 139. – IG Metall, Verwaltungsstelle Mannheim: 106/107. – IG Metall, Verwaltungsstelle Schwäbisch Gmünd: 127, 129. – IG Metall, Zentralarchiv, Frankfurt a. M.: 74, 81. – Foto Joppen, Frankfurt a. M.: 93 Mitte und rechts, 99, 125 rechts. – Boris Kerber, Frankfurt a. M.: 116. – Keystone, München/Frankfurt a. M.: 104. – Fotohaus Kienzle, Waiblingen: 119. – Hans Klesper, Köln: 69 rechts oben. – Kraufmann und Kraufmann, Stuttgart: 129. – Landeszentrale für politische Bildung Baden-Württemberg, Stuttgart: 37 links, 67. – Michael Latz, Stuttgart: 36. – Barbara Meffert, Berlin: 20. – Nordmark Film, Kiel: 105. – Walter Nürnberg/K. Heinz Buchholz, München: 63. – Wilhelm Pabst, Göppingen: 84, 85, 113. – Heinz Röhnert, Berlin: 11. – Werner Schloske, Stuttgart: 39 links. – Armin Schmidt, Nürnberg: 77. – Georg Schuhmann, Stuttgart: 108. – Stadtarchiv Würzburg: 23 beide. – stern, Hamburg (Foto: Heggemann): 120. – Hans Vetter, Stuttgart: 106. – Ottmar Wiedemann, München: 67 oben. – Alle anderen Bilder stammen aus Privatbesitz.
Graphische Gestaltung: Brigitte Ruoff, Stuttgart.
Umschlagidee: Hermann G. Abmayr, Stuttgart.
Umschlagzeichnung: Ena Lindenbauer, Stuttgart.
Reproduktionen: Schwabenrepro GmbH, Stuttgart.
Druck: Clausen & Bosse, Leck.
Printed in Germany.

ISBN 3-87407-123-5